IN-FLIGHT ANNOUNCEMENT
항공기내방송

mp3 파일은 센게이지 홈페이지 (cengage.co.kr) 자료실에서 다운로드하실 수 있습니다.

Cengage

In-flight Announcement,
Second Edition

Yae Kyung Hee

ISBN-13: 978-89-6218-558-4

Cengage Learning Korea Ltd.
14F YTN Newsquare 76 Sangamsan-ro
Mapo-gu Seoul 03926 Korea

Printed in Korea
Print Number: 01 Print Year: 2023

IN-FLIGHT ANNOUNCEMENT

2판

항공기내방송

예경희 지음

Cengage

Australia • Brazil • Canada • Mexico • Singapore • United Kingdom • United States

저자소개

예경희

서울대학교 졸업
한국항공대학교 대학원 졸업

전) 대한항공 상무대우수석사무장
대한항공 객실승무부 국제승원팀장
대한항공 객실승무부 국내승원팀장
대한항공 객실훈련원 방송전임강사
대한항공 일반교육원 방송전임강사
중부대학교 항공서비스학과 교수

현) 인하공업전문대학 항공운항과 교수

항공기내방송

초판 1쇄 발행 2020년 1월 15일
2판 1쇄 발행 2023년 12월 11일

지은이 예경희
발행인 송성헌
편집기획 김민정
발행처 센게이지러닝코리아(주)
등록번호 제313-2007-000074호(2007.3.19.)
주소 서울시 마포구 상암산로 76 YTN 뉴스퀘어 14층
이메일 asia.infokorea@cengage.com
홈페이지 www.cengage.co.kr
ISBN-13: 978-89-6218-558-4
정가 25,000원

머리말

"방송은 글을 낭독하는 것이 아니라 대화하는 것이다."

방송에 있어서 가장 큰 오해는 '좋은 목소리로 잘 읽으면 된다'고 생각하는 것입니다. 남보다 좋은 목소리는 'Gift'인 건 분명하지만, 목소리만으로 좋은 방송이 되지는 않습니다. 항공 기내방송은 일반 방송과 달리 기내라는 제한된 장소로 인해 많은 제약을 받습니다. 객실승무원 또한 전문 훈련을 받은 아나운서도 아닙니다. 그럼에도 불구하고, 좋은 방송이란 듣는 사람의 몫이기 때문에 목소리만으로 '현명하고 친절한 이미지'를 연출해내는 것이 무엇보다 중요합니다. 그러기 때문에 방송에는 무엇보다 특별한 기술이 필요합니다.

기내방송과 저와의 인연은 1986년 10월, 재직 중이던 항공사의 사내교육원에 발령이 나면서 시작되었습니다. 당시에는 방송문 책자 외에는 이렇다 할 매뉴얼조차 없던 시절이었습니다. 신입직원이나 다름없던 제가 방송 기본원칙과 규정을 만들고 승무원의 교육과정 개발은 물론, 실제 강의부터 자격 평가에 이르기까지 모든 일을 도맡다 보니 어려움이 한둘이 아니었습니다.

그중에서도 가장 힘들었던 일은 기내방송 자격제도를 신설한 것이었습니다. 이 제도를 만든 취지는 직급이나 근무 연한과 관계없이 오로지 방송 실력이 우수한 승무원이 기내에서 방송을 전담하자는 것이었는데, 당시 관례에 어긋나는 획기적인 발상이라 엄청난 파장을 일으켰습니다. 이 제도가 완전히 정착되기까지 수많은 어려움을 극복해야 했지만, 현재 객실승무원의 핵심역량으로 당연시 되고 있는 것을 보면 새삼 감회가 새롭습니다.

기내방송은 객실승무원의 업무 중에서 자긍심과 만족감을 느끼게 해주는 가장 매력 있는 업무라는 것을 주저 없이 말씀드릴 수 있습니다. 특히, 비행을 처음 시작하는 승무원이라면 자신을 알리는 데 기내방송만큼 강력한 무기는 없습니다. 목소리만으로 자신에 대한 좋은 평판을 순식간에 만들어 낼 수 있기 때문입니다.

제가 방송자격제도를 처음 도입했던 초창기에는 소수 정예만 방송을 잘하면 된다는 생각이 일반적이었지만 이제는 객실승무원이라면 누구나 방송 능력은 기본적으로 갖추어야 하는 시대가 되었습니다. 개개인의 방송 능력은 항공사의 채용 면접심사에서도 중요하게 간주되고 있고, 입사 후 진급이나 승격에 있어 이 점이 크게 작용되는 중요한 직무 역량입니다.

이 책을 쓴 이유는 기내방송을 처음 배우는 학습자나 교육을 담당하고 있는 분들께 조금이라도 도움이 되는 지침서를 마련하고자 함입니다. 이 책의 목표는 전문가 수준은 아니더라도 누구나 항공사의 요구 수준까지 방송 역량을 쉽게 개발하고 향상시키는 데 있습니다.

본인은 국적 항공사에서 기내방송에 관련된 모든 제도적 기반을 다진 장본인으로서, 실제로 객실승무원의 훈련과 현장에서의 방송서비스를 담당해 온 전문가로서, 현재는 대학에서 전공학생들을 지도하고 있는 교수자로서, 누구보다 깊은 애정으로 평생의 노하우를 이 책 한 권에 담아내고자 노력하였습니다. 그러나, 저의 솔직한 심정은 여러분들이 기내방송을 좋아하고, 방송을 하는 것 자체만으로 누릴 수 있는 즐거움을 직접 경험해 보기를 바라는 마음이 더 크다고 할 수 있습니다.

이 책은 크게 두 부분으로 구성되었는데, 여러분들이 쉽게 읽어 내려갈 수 있도록 구어체의 형식을 취하려고 노력했습니다. 전반부는 기내방송을 이해하기 위해 필수적으로 알아두어야 할 기초 이론과 저의 핵심 노하우라고 할 수 있는 방송 기술에 관한 내용을 담았고, 후반부는 대표적인 방송문들을 대상으로 실질적인 연습 방법과 방송 요령을 기술하였습니다.

끝으로, 이 책이 기내방송을 처음 배우는 학습자나 방송 교육에 관심이 있는 모든 분들께 조금이라도 도움이 되기를 진심으로 소망하며, 출간이 되기까지 충고와 격려를 해주신 여러분과 정성을 다하여 출간해 주신 센게이지러닝코리아 출판사 관계자분들 모두에게 깊은 감사의 말씀을 드립니다.

저자 예경희

Contents

PART 1

기내방송의 이해
Understanding of In-flight Announcement

CHAPTER 01
기내방송의 개요 Overview of In-flight Announcement

CHAPTER 02
기내방송의 원칙 General Rules of In-flight Announcement

CHAPTER 03
기내방송의 종류 Types of In-flight Announcement

CHAPTER

01 기내방송의 개요

Overview of In-flight Announcement

1. 기내방송의 의미

1) 방송의 사전적 의미

방송의 사전적 의미는 '놓을 방(放), 보낼 송(送)'으로, 라디오, 텔레비전 따위를 통하여 널리 듣고 볼 수 있도록 음성이나 영상을 전파로 내보내는 것입니다. 그중에서 항공 기내방송이란 '비행기 안에서 승객을 대상으로 하는 방송'이라고 정의할 수 있습니다.

2) 기내방송과 TV News 프로그램의 차이점

일반적으로 사람들은 기내방송을 방송국의 TV News 프로그램과 비교를 하는 경우가 많은데, 얼핏 비슷해 보이지만 확연히 다른 점이 있습니다.

우선 방송의 목적이 다릅니다. 방송국의 TV News 프로그램은 사실 그대로의 정보를 시청자에게 신속하고 정확히 전달하는 데 목적이 있다면, 기내방송은 정보 전달에 있어 승객에 대한 '서비스와 안전' 두 가지 측면을 충족시켜야 한다는 데 그 차이점이 있습니다.

그러나, 무엇보다도 방송국의 TV News 프로그램과 확연히 다른 점은 방송을 실시하는 장소가 기내라는 제한된 장소라는 점입니다. 방송국의 전문 아나운서가 최적의 조건을 갖춘 스튜디오 안에서 전문 스태프진의 전폭적인 지원을 받으며 사전에 계획된 시나리오대로 방송을 진행하는 것과는 달리, 기내방송은 비행 중 여러 가지 요인들, 즉, 인적, 기술적, 환경적 요인에 의해 제약을 받는다는 점이 큰 차이라고 하겠습니다.

▶ **일반방송과 기내방송의 차이**

일반방송	기내방송
 ©연합뉴스	
보도나 음악, 드라마, 스포츠 등을 라디오나 텔레비전의 전파에 실어서 내보냄	비행기 안에서 승객을 대상으로 하는 방송

2. 기내방송의 목적

'서비스 VS 안전'의 두 가지 측면을 충족시켜야 함

- 서비스 측면: 승객에게 비행 중 여행에 필요한 정보 전달 등의 기능을 제공하여 승객의 알 권리를 충족시킴
- 안전 측면: 승객과 기내상황을 효율적으로 통제함으로써 승객의 안락하고 안전한 비행을 보장하기 위해 실시함

기내방송의 목적은 우선, 승객에게 여행에 필요한 정보 전달 등의 서비스로서의 기능을 제공하는 한편, 비행 안전과 관련하여 승객을 효율적으로 통제함으로써 승객의 안락하고 안전한 여행을 보장하는 데 있습니다.

또, 비정상 상황 발생 시 효과적인 정보 전달 수단으로서 승무원들이 상황과 여건에 따라 신속한 상황 판단 및 대처능력을 발휘하여 정확하고 적절하게 방송을 실시함으로써 승객의 불안감이나 궁금증을 해소하고, 승객의 알고자 하는 욕구를 충족시키는 데 그 목적이 있습니다.

따라서, 각 항공사에서는 서비스와 안전, 두 가지 관점에서 '품격 있는 기내방송서비스'를 목표로 승무원 개개인의 전달력 있고 친절한 방송 능력을 배양하는 것이 중요합니다.

▶ 기내방송의 학습목표

전달력 있고 친절한 방송 능력 배양

'현명하고 친절한 승무원'이라는 이미지를 연출하여 품격 있는 방송서비스 제공

여기서, 전달력을 신뢰도나 호소력 등을 바탕으로 승객이 믿고 따르게 만드는 힘이라 한다면, 친절성은 정성, 편안함, 호의 등으로 듣는 사람의 기분을 좋게 만드는 또 다른 힘이 됩니다. 궁극적으로, 목소리만으로 '현명하고 친절한 승무원'이라는 이미지를 연출해 낼 수 있도록 하는 것이야말로 품격 있는 방송서비스를 제공하기 위해 학습자가 반드시 습득해야 할 방송의 기술입니다.

3. 기내방송의 책임

기내방송 관련 책임은 원칙적으로 객실사무장에게 있으며, 방송 임무(Duty)를 지정받은 객실승무원에게는 2차적인 책임이 있습니다.

객실사무장은 최상위 방송자격 보유 승무원에게 방송 임무(Duty)를 부여하여 정상적인 절차에 따른 Routine 방송을 전담케 하는데, 동일 방송자격 보유 승무원이 2인 이상일 경우에는 방송 능력 등을 고려하여 지정합니다.

또, 객실사무장은 Demo 및 비정상 상황 방송을 담당하며, 비정상 상황 발생시 즉각적이고 적절한 방송을 실시하여 승객의 불안감과 궁금증 해소를 위해 최선의 노력을 하여야 합니다.

기내방송에는 기내라는 제한된 장소로 인해서 여러 가지의 제약조건들이 있습니다.

그럼에도 불구하고 방송실시자는 이 제약조건들을 모두 이겨내고 단 한번의 방송으로 모든 정보를 효율적으로 전달해야 할 책임이 있습니다.

따라서, 방송실시자는 평소 충분한 연습을 통해 본인의 방송을 표준화, 정형화된 방송으로 격상시킴은 물론, 정확한 정보 전달을 위해 최신 절차 및 지시사항을 항상 숙지하며, 실제로 기내방송을 할 때에는 최적의 방송 환경을 유지하여 적시에 방송을 제공할 수 있도록 부단히 노력해야 합니다.

무엇보다, 방송 실시자는 기내방송이 항공사의 이미지를 좌우하는 중요한 서비스라는 점을 인식하고, 대표자로서 책임감과 자부심을 갖고 전문 훈련을 받은 아나운서 못지않게 고품격 방송서비스의 임무를 실수없이 완수해야 합니다.

수준 높은 방송을 하기 위해

- 방송문을 유창하게 읽을 수 있도록 외우고,
- 방송 현장에서는 정중하고 친근감 있는 목소리와
- 미소를 띤 밝고 경쾌한 Tone으로
- 차분하고 또박또박 발음하며
- 적당한 Pause와 Speed로 숨이 차거나 막히는 일이 없이
- 말하고자 하는 핵심 내용을 반드시 강조하고
- 지루하고 어색하지 않도록 억양에 적절한 변화를 주되
- 공연히 멋을 부리기 위한 습관이 붙지 않도록 주의하며
- 매 방송 시 최선을 다해야 합니다.

CHAPTER 02

기내방송의 원칙

General Rules of In-flight Announcement

1. 노선별 기내방송 언어

방송 언어는 기본적으로 한국어, 영어를 사용하며, 항공사마다 노선별로 목적지 및 승객 분포도를 고려하여 현지 언어나 지정 외국어를 추가 실시합니다.

일반적으로, 국내선에서는 '한국어–영어' 순서로, 국제선에서는 '한국어 – 영어 – 현지어(또는 지정 외국어)' 순서로 실시합니다.

국내 항공사의 경우, 내국인으로 구성된 전세기(Charter Flight)에서는 국내선, 국제선 모두 한국어 방송만 실시하고, 특정 국가의 승객이 전체의 50% 이상인 경우에는 해당 언어의 방송을 영어보다 우선하여 실시하기도 합니다.

▶ **노선별 기내방송 언어 및 순서**

노선	방송 언어 순서
한일 노선	한국어 – 영어 – 일어
한중 노선	한국어 – 영어 – 중국어
동남아, 중동, 구주 노선	한국어 – 영어 – (현지어)
미주, 대양주 노선	한국어 – 영어
국내선	한국어 – 영어 – (중국어)

현지어 방송 우선순위

① 현지 승무원

② PRAM(Pre-Recorded Announcement Module)

③ 해당 언어 방송자격보유자

④ 카세트 플레이어

현지어 방송은 현지 승무원이 탑승하여 방송담당 승무원에 의해 실시되는 정상 상황(Routine) 방송을 자국어로 실시하는 것을 의미합니다. 예를 들어 중국 노선에서는 중국인 승무원이, 일본 노선에서는 일본인 승무원이 자국어로 방송을 실시합니다.

객실사무장이 실시하는 비정상 상황 안내방송도 객실사무장의 판단하에 현지 승무원이 실시하도록 할 수 있습니다. 이때 자세한 내용은 사무장이 현지 승무원에게 알려 주어야 하며, 승무원은 임의로 방송문의 내용을 변경해서는 안 됩니다.

현지 승무원이 탑승하였을 경우에는 현지 승무원이 직접 현장에서 방송을 실시하고, 현지 승무원이 탑승하지 않았을 경우에는 항공기의 PRAM에 해당 언어로 녹음된 방송으로 대체하여 실시합니다.

만일, 현지 승무원이 탑승하지 않았고, 탑승한 항공기에도 PRAM이 장착되어 있지 않거나 PRAM이 있다 하더라도 해당 언어로 녹음되어 있지 않은 경우에는 해당 언어 방송자격을 보유한 승무원(Home Crew)이 실시합니다.

신규 취항노선에서, 탑승한 항공기의 PRAM에 현지어로 녹음된 방송이 미처 준비되지 않은 경우 카세트 플레이어를 이용해 방송을 실시하기도 합니다.

비디오 상영 장비가 장착되지 않은 일부 항공기에서는 Safety Demo를 승무원들이 직접 시연하게 되는데, 이때 방송은 PRAM을 최우선으로 사용하고, PRAM이 없는 경우에만 객실사무장이 실시합니다.

2. 기내방송 우선순위

일반적으로 각 항공사에서는 방송실시자 또는 방송매체에 따른 기내방송의 우선순위를 지정하고 있습니다. 우선순위란 하위순위에서 방송하고 있어도 상위순위에서 방송을 시작하면 하위순위의 방송은 자동으로 중단되고 상위순위의 방송만 들리게 되는 것을 의미합니다.

기내방송 우선순위

① Cockpit Crew Announcement(운항승무원)
② Cabin Crew Announcement(객실승무원)
③ Pre-Recorded Announceent(PRAM)
④ Video Area Announcement
⑤ Boarding Music

객실에서 승무원이 방송하고 있더라도 조종실에서 운항승무원이 방송을 시작하면 자동으로 객실승무원의 방송은 중지되고 운항승무원이 하는 방송만 들리게 됩니다.
이렇게 우선순위를 지정해 놓은 이유는 승객의 안전을 확보하고 서비스를 향상하기 위함으로, 우선순위가 높으면 높을수록 방송의 내용이 승객의 안전과 서비스에 중요하다는 의미입니다.

3. 기내방송 정보전달

1) 비행 편명 읽는 법

방송에서 숫자는 승객에게 전달하여야 할 가장 중요한 정보라고 할 수 있습니다. 비행 편명을 읽을 때는 단 한번에 정확히 전달될 수 있도록 한국어나 영어 모두 한 자리 단위로 또박또박 끊어 읽습니다.

• 한국어는 숫자를 한 자리 단위로 끊어 읽으며, '0'은 '공'으로 읽음
  예) 908편: 구 공 팔 편

- 영어는 숫자를 한 자리 단위로 끊어 읽으며, '0'은 'zero'로 읽음. 단 '0'이 중간에 있는 경우는 [ou]도 가능함

  예) 908편: Nine Zero Eight (O) 또는 Nine Ou Eight (O)

2) 시간 읽는 법

시간은 12시간 단위로 시간과 븐을 구분하여 읽는 것이 일반적입니다. 현지 시각은 중요한 정보이므로 또박또박 정확하게 전달합니다. 또, 숫자 '2, 4, 5'는 한국어에서는 장음으로 발음해야 하며, 영어 방송 시, '13분과 30분', '14분과 40분', '15분과 50분'은 쉽게 구별이 되도록 악센트의 위치에 주의합니다.

- 시간과 분 단위로 구분하여 읽음

  예) 9시 25분 / Nine Twenty-Five

- 12시간 단위로 표현하여 읽음

  예) 오전(오후) 9시 25분 / Nine Twenty-Five am(pm)

- 12시를 제외한 매시 정각은 o'clock을 삽입하여 읽음

  예) 밤 12시: Twelve Midnight, 낮 12시: Twelve Noon

- 1분부터 9분까지는 '0'을 앞에 삽입하여 [ou]로 읽음

  예) 9시 1분: Nine O One

- 15분, 30분, 45분을 a quarter, a half 등으로 읽지 않음

  예) 9시 15분: Nine Fifteen(Thirty, Fourty-Five)

3) 날짜 읽는 법

- 날짜는 '월+일' 순서로 읽으며, 이때 '일'은 서수로 읽음

  예) 1월 1일: January First

2월 11일: February Eleventh

3월 31일: March Thirty-First

• 서수

1~10: first, second, third, fourth, fifth, sixth, seventh, eighth, ninth, tenth

11~20: eleventh, twelfth, thirteenth, fourteenth, fifteenth, sixteenth, seventeenth, eighteenth, nineteenth, twentieth

21~31: twenty-first, twenty-second, twenty-third, twenty-fourth, twenty-fifth, twenty-sixth, twenty-seventh, twenty-eighth, twenty-ninth, thirtieth, thirty-first

4) 공항명 읽는 법

공항명은 공항의 공식 명칭 앞에 도시명을 붙여 읽는 것을 원칙으로 합니다. 항공산업의 발달로 기존의 공항만으로는 급증하는 항공 수요를 감당하기 어려워짐에 따라 각 나라마다 도심지에서 벗어난 외곽 지역에 신공항을 건설하는 추세가 지속되어 왔습니다. 특히 한 도시 내에 여러 개의 공항이 건설되고, 공항을 이용하는 환승객도 점차 늘어 목적지 공항뿐 아니라 환승 공항에 관한 정보가 중요해짐에 따라 공항명을 정확하게 안내할 필요가 있습니다. 공항별 공식 명칭은 본문 뒤 부록에 정리해 두었습니다.

• Airport Official Name: (도시명) (공항명) International Airport

예) Seoul Gimpo International Airport

New York John F. Kennedy International Airport

• 도시명과 공항명이 같을 때는 공항명 생략

예) Incheon International Airport

Los Angeles International Airport

©Shutterstock.com

4. 기내방송 모니터링 절차

방송실시자가 아무리 방송을 열심히 준비하고 성실하게 임무를 수행한다고 하더라도 방송은 육성이 아니라 마이크를 통해 전달되는 것이므로 방송장비에 대한 사전 점검이 반드시 필요합니다. 또, 장비 점검 시 아무런 이상이 발견되지 않았다 하더라도 방송을 하는 순간, 이상 여부에 대한 실시간 모니터링이 중요합니다.
다음은 방송 모니터링 절차를 시행하고 있는 국내 항공사(FSC)의 사례입니다.

1) 객실브리핑

객실사무장은 객실브리핑 시 모니터링 취합 승무원과 해당 승무원의 근무 위치를 전 승무원에게 공지하고, 모니터링 결과를 모니터링 취합 승무원에게 전달하도록 강조합니다.

2) 승객 탑승 전

방송담당 승무원은 승객 탑승 전 PA Test 방송을 실시한 후, 다른 승무원들의 모니터링 결과에 따라 필요한 조치(마이크와의 거리 및 음량 조절, 파열음 발음 주의 등)를 취하고, 필요 시 정비사에게 도움을 요청합니다.

3) 비행 중

(1) 이륙 전: Welcome 방송 시

승무원들이 담당 Aisle에 Stand-by하여 방송문의 첫 문장인 '손님 여러분, 안녕하십니까?'에 맞춰 인사한 후, 모니터링 결과를 수신호로 모니터링 취합 승무원에게 전달합니다.

(2) 이륙 후: Seatbelt Sign Off 방송 시

방송담당 승무원은 전 승무원에게 인터폰으로 방송 실시를 알리고, 승무원들의 모니터링 준비 상태를 확인한 후 방송을 실시합니다.
각 Zone의 승무원들은 'Seatbelt Sign Off' 한국어 방송의 두 번째 문장을 듣고, 그 결과를 모니터링 취합 승무원에게 수신호로 전달합니다.

모니터링 취합 승무원이 모니터링 결과를 방송담당 승무원에게 전달하면, 방송담당 승무원은 입과 마이크 간의 거리, 성량의 강약을 조절하여 적정한 볼륨을 유지하는 등 필요한 조치를 취합니다.

(3) 비행종료 시까지

전 승무원들은 방송 모니터링에 대한 책임이 있으므로, 이후 실시되는 매 방송마다 방송실시자가 즉각적인 조치를 취할 수 있도록 실시간 모니터링을 지속적으로 실시하여 개별적으로 전달합니다.

▶ 모니터링 시 수신호

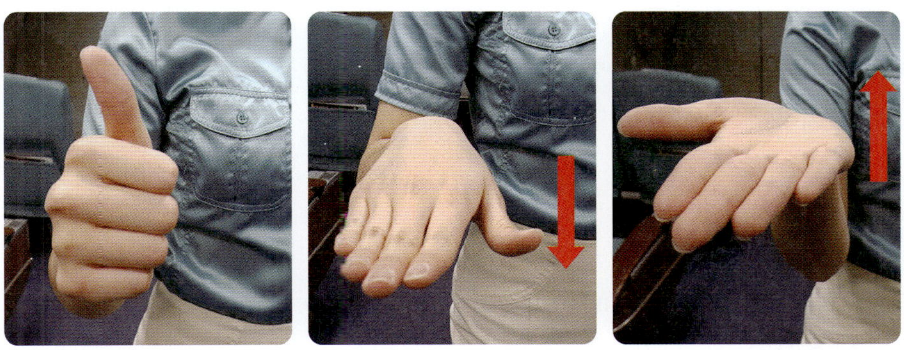

상태가 양호할 때 | 볼륨이 클 때 | 볼륨이 작을 때

CHAPTER

03 기내방송의 종류

Types of In-flight Announcement

1. 정상적 상황 안내방송

정상적 상황 안내방송은 Regular 또는 Routine 방송이라고도 하는데, 일상적인 계획된 비행 절차에 대한 안내가 목적이므로 모든 비행 편에서 반드시 실시해야 하는 방송입니다. 단, 기내판매 안내방송은 국제선에서만 실시합니다.
또, 각각의 방송 시점은 운항 · 객실 간 사전에 합의된 약속에 따라 지정되어 있습니다. 따라서 방송실시자는 적시에 적합한 방송을 할 수 있도록 평소 기내방송 절차를 숙지하고 부단히 주의를 기울여야 합니다.

1) 정상 상황 방송의 종류

- 출발 준비 안내(Preparation for Departure)
- 기장 방송(Welcome) 1)
- Door Close 2)
- 탑승환영 안내(Welcome)
- Demonstration 3)
- 이륙 안내(Take-off) 4)
- 좌석벨트 상시 착용 안내(Seatbelt Sign Off)
- 기내판매 안내(In-flight Sales)
- 목적지 공항 접근 안내(Approaching)
- 목적지 공항 착륙 안내(Landing)
- 목적지 공항 도착 안내(Farewell)

---

* 1은 기장, 2와 4는 객실사무장, 3은 객실사무장이나 비디오로 방송을 실시합니다.

2) 정상 상황 방송절차 및 방송 시점

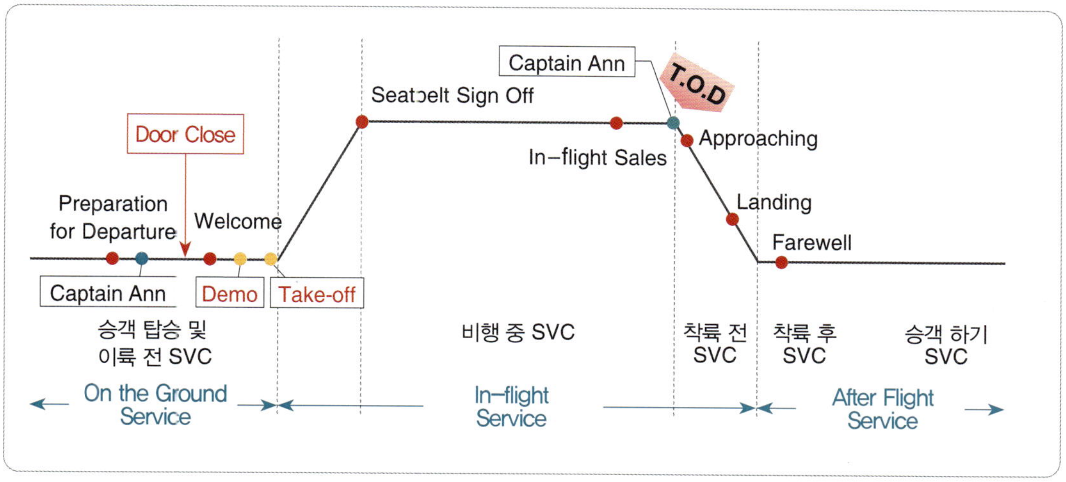

위의 그림은 정상 상황 방송 시점을 비행단계별로 항공기 비행고도에 대비하여 본 것입니다. 이는 필자가 1986년 처음 항공사에서 기내방송 훈련을 전담하면서 승무원들에게 비행서비스 절차에 대한 개념을 쉽게 설명하고자 만들었던 표입니다. 이 개념은 새내기 승무원으로 처음 비행을 시작했을 때 스스로 터득했던 비법으로서 실제로 업무에 적응하는데 크게 도움이 되었습니다.

기내방송은 정해진 서비스 절차에 따라 실시하게 되므로 비행 구간을 비행기가 지상에 있을 때와 순항 중일 때, 그리고 항공기 착륙 후로 나누어 개념을 정리하면 편리합니다.

우선, 항공기가 지상에 있을 때를 'On the Ground Service', 항공기가 이륙해서 착륙할 때까지를 'In-flight Service', 항공기 착륙 후부터 승객 하기 시까지를 'After Flight Service'로 나눕니다. 또, 'On the Ground Service'는 승객 탑승 전과 승객 탑승 및 이륙 전으로, 'In-flight Service'는 비행 중과 착륙 전까지로, 'After Flight Service'는 다시 착륙 후와 승객 하기 시, 비행종료 후'로 나눠볼 수 있습니다.

이렇게 비행을 구간별로 나눠 생각하면 비행기가 이륙하는 동안 또는 착륙하는 동안 지금까지 했던 일과 다음에 해야 할 일들을 생각하고 정리할 여유가 생기기 때문에 아무리 바쁜 비행업무라도 비교적 쉽게 적응할 수 있습니다. 각 구간별로 어떤 방송을 해야 할지 미리 생각하고 준비하는 습관을 기르는 것이 바람직합니다.

(1) On the Ground(항공기가 지상에 있을 때)

승객 탑승 전 방송담당 승무원은 방송 Test를 통해 PA System과 마이크 상태를 점검하고, Door Close 5분 전에 출발준비 안내방송(Preparation for Departure)을 실시합니다. 승객 탑승 완료 후 기장의 Welcome 방송이 끝나면 객실사무장은 Door Close 방송을 하고 항공기 Door를 닫습니다. 이어서, 방송담당 승무원은 탑승환영 안내방송(Welcome)을 실시하며, 안전브리핑(Demonstration)과 착륙점검을 마치고 Jump Seat에 착석하면 곧 이륙 신호와 함께 객실사무장의 이륙 안내방송(Take-off)이 이어집니다.

(2) In-flight(항공기가 이륙해서 착륙할 때까지)

항공기가 이륙을 시작하고 순항고도에 도달하게 되면 좌석벨트 사인이 꺼집니다. 이때 방송담당 승무원은 전 승무원에게 인터폰으로 방송 모니터링을 요청한 후 좌석벨트 상시착용 안내방송을 실시합니다. 이후 비행기가 순항하는 동안 서비스 절차에 따라 승객에게 식음료를 비롯한 제반 서비스가 제공됩니다.

장거리 비행에서는 목적지 공항 도착 40분 전쯤 항공기가 T.O.D(Top Of Decent)에 도달하면 기장이 'Cabin crew, prepare for landing!'이라는 방송을 합니다. 이것은 객실승무원에게 항공기의 하강을 알리기 위한 신호(Approaching signal)이므로 방송담당 승무원은 기장 방송을 듣는 즉시 목적지 공항 접근 안내방송(Approaching)을 실시합니다. 단, 한일 및 한중 노선에서는 T.O.D가 아닌 비행고도 2만 피트에서 방송을 실시하게 되어 있습니다. 항공기가 다시 하강하여 1만 피트에 도달했을 때 목적지 공항 착륙 안내방송(Landing)을 실시합니다.

(3) After Flight(항공기가 착륙해서 승객 하기까지)

비행기가 착륙한 직후에는 엔진 역추진으로 인해 소음이 크게 들립니다. 이 소음이 사라질 때까지 기다렸다가 목적지 공항 도착 안내방송(Farewell)을 실시합니다.

▶ 정상 상황 방송 시점 및 PA 절차

<table>
<tr><th>구분</th><th>방송문</th><th>방송 시점</th><th>PA 절차</th></tr>
<tr><td rowspan="2">승객 탑승 및 이륙 전</td><td>Preparation for Departure</td><td>Door Close 5분 전</td><td rowspan="2">① Handset 꺼내기
② 번호 4, 6(PA 버튼) 누르기
③ PTT 버튼 누르기
④ 방송하기
⑤ Reset 버튼 누르기
⑥ Handset 제자리에 놓기</td></tr>
<tr><td>Welcome</td><td>Door Close & Safety Check 후</td></tr>
<tr><td rowspan="3">비행 중 및 착륙 전</td><td>Seatbelt Sign Cff</td><td>이륙 후 Seatbelt Sign Off 시</td><td>① Handset 꺼내기
② All Attendant Call하기
③ PA 모니터링 요청하기
④ 번호 4, 6(PA 버튼) 누르기
⑤ PTT 버튼 누르기
⑥ 방송하기
⑦ Reset 버튼 누르기
⑧ Handset 제자리에 놓기</td></tr>
<tr><td>Approaching</td><td>기장 방송 후 (T.O.D. / 비행고도 2만 피트)</td><td rowspan="3">① Handset 꺼내기
② 번호 4, 6(PA 버튼) 누르기
③ PTT 버튼 누르기
④ 방송하기
⑤ Reset 버튼 누르기
⑥ Handset 제자리에 놓기</td></tr>
<tr><td>Landing</td><td>Seatbelt Sign 3회 (비행고도 1만 피트)</td></tr>
<tr><td>착륙 후</td><td>Farewell</td><td>Engine Reverse 종료 시</td></tr>
</table>

* Airbus 기종의 경우, 핸드셋의 번호 4, 6 대신 PA 버튼을 누르며, Reset 버튼은 없는 경우 생략합니다.

2. 비정상적 상황 안내방송

1) 비정상 상황의 정의

항공기 운항과 관련한 최대 관심사는 안전과 경제성 및 출도착 정시운항과 승객의 서비스에 초점이 맞춰져 있습니다. 특히, 각 부문의 공조체제 하에서 여객과 화물을 출발지에서 목적지까지 최적의 운송스케줄을 계획하여 운송하는 것이 중요한데, 비정상 상황이란 계획된 정상적인 규정과 절차에서 벗어나는 모든 운항 상황을 의미합니다.

실제로 비행 중 발생하는 비정상 상황은 매우 다양하고 복잡합니다. 그중에는 다행히 가벼운 조치만으로 수습이 가능한 사안도 있지만, 천재지변과 같이 수습이 어려운 상황도 있습니다. 또, 빈번히 발생하여 예측이 가능한 사안도 있지만, 돌발적인 상황으로 예측이 전혀 불가능한 사안도 있습니다.

항공기 운항 중에는 승객의 안전과 서비스 측면에서 최대한 비정상 상황이 발생하지 않도록 해야 하므로 승무원들의 사전예방 활동과 잘 훈련된 대처능력이 무엇보다 중요합니다.

객실승무원의 임무

객실승무원은 비행 중 승객의 안전에 가장 중요성을 두고 정상업무, 비정상 또는 비상업무 등의 직무규정에 준하여 업무수행을 해야 합니다. 이와 같은 업무를 원활히 수행하기 위해 객실승무원은 항공기규정, 기내식 서비스 외에도 항공기 비상상황에서의 대피, 위급환자에 대한 의료처치방법 등 특별한 경우에 대한 대처요령과 훈련을 받아야 합니다.

2) 비정상 상황 방송의 종류

비행 중 발생하는 비정상 상황은 크게 승객 안전에 관한 사안과 서비스 관련 승객불편 사안으로 나눌 수 있습니다.

승객 안전에 관련된 사안으로는 응급환자, 기내 화재, 기체 결함 발생 등이 있는데 이러한 사안들은 사태가 악화되는 경우 비상착륙(수)과 같은 비상사태로 발전될 수도 있습니다. 또, 서비스 관련 승객불편 사안으로는 항공기 지연 및 대기, 기상 악화로 인한 Turbulence 및 회항, 객실온도, 오락시스템, 화장실 등의 설비고장 등이 자주 발생하고 있습니다.

이러한 비정상 상황 발생 시의 안내방송은 사안의 중요성을 감안하여 객실사무장이 기장에게서 정확한 용어를 전달받아 실시하게 되어 있습니다. 최초 비정상 상황 발생 시 안내방송을 실시한 후 상황이 호전되지 않는 경우, 객실사무장은 진행 상황에 대해 추가 안내방송을 실시해야 합니다. 이 과정에서 무엇보다 객실사무장과 기장과의 원활한 의사소통이 중요합니다.

3) 비정상 상황 및 방송 시점

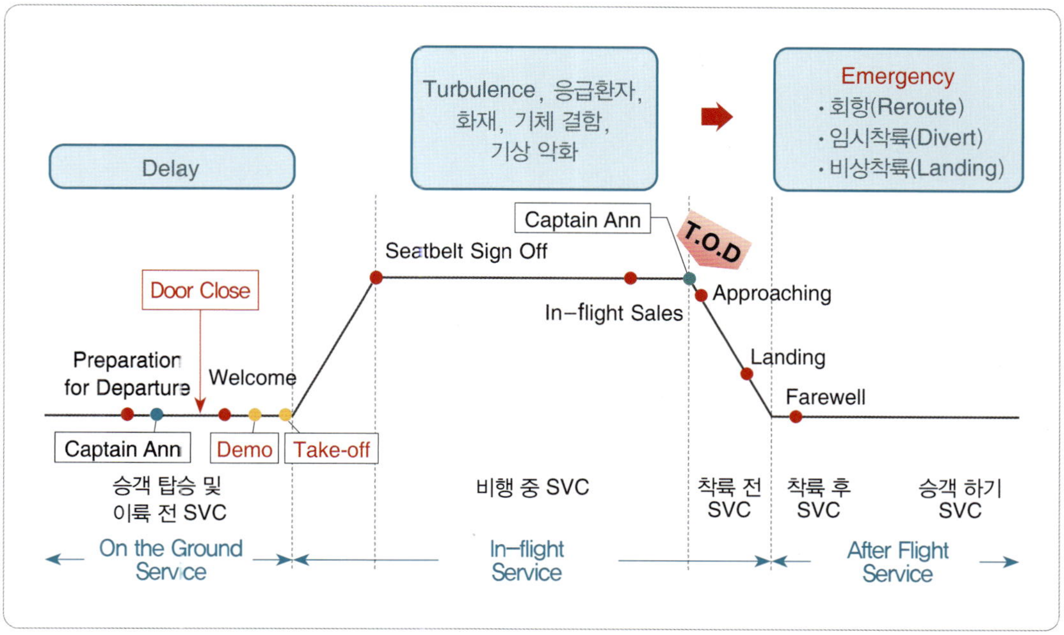

지연(Delay)은 가장 빈번하게 발생하는 비정상 상황 중의 하나로 비행 단계마다 발생할 수 있는 사안입니다. 예를 들면, 기상 악화, 연결편 항공기나 승객의 지연 도착, 항공기 점검, 수하물 탑재 등으로 인한 출발 지연, 공항이나 비행 Route상의 혼잡이나 관제탑(ATC)의 지시에 의한 이륙 지연, 항공기 이륙 후의 기상이나 기체 결함, 목적지 공항 사정 등으로 인한 착륙 지연, 항공기가 착륙한 후의 Taxi way 혼잡, Gate 사용 대기 등으로 인한 도착 지연 등이 있습니다.

또, 운항 중에 Turbulence, 응급환자, 화재, 기체 결함, 기상 악화와 같은 비정상 상황이 발생하는 경우, 다행히 상황이 호전되어 Case Close될 수도 있으나 그 반대로 사태가 악화되면 출발지 공항으로의 회항이나 인근 공항으로의 임시착륙, 또는 비상착륙과 같은 비상상황으로 발전할 수 있습니다.

따라서, 각 항공사에서는 승객의 안전을 최우선으로 비정상 상황에 대한 대응 절차를 마련하고 평소 대처훈련을 통해 상황 발생 시 승무원들이 정해진 절차대로 신속하게 조치를 취할 수 있도록 하는 데 주력하고 있습니다.

PART 2

기내방송의 기술
Technique of In-flight Announcement

CHAPTER 01

기내방송의 요인 Factors of In-flight Announcement

CHAPTER 02

언어별 방송요령 Announcement Tips for Each Language

CHAPTER 03

P.A. System 작동법 P.A. System Operation Methods

CHAPTER 01

기내방송의 요인

Factors of In-flight Announcement

1. 기내방송의 필수 요인

- 잘 들려야 함
- 믿을 만해야 함
- 호감이 가야 함
- 자연스러워야 함

기내방송에서 필수적으로 갖춰야 할 요인들은 명료성(Clarity), 신뢰성(Reliability), 친절성(Friendliness)과 편안함(Comfortableness)입니다. 방송은 잘 들려야 하고, 들어서 믿을 만해야 하며, 친절하여 호감이 가고, 자연스러워서 듣기에 편안해야 합니다.

앞에서 기내방송의 최대 목표가 목소리만으로 '현명하고 친절한 이미지'를 연출하는 것이라고 언급했듯이 앞의 두 가지 요인 즉, 명료성(Clarity)과 신뢰성(Reliability)을 현명한 이미지 연출에 필요한 필수요인으로 본다면, 뒤의 두 가지 친절성(Friendliness)과 편안함(Comfortableness)은 친절한 이미지 연출에 필요한 필수요인이라 할 수 있습니다.

그런데, 목소리만으로 듣는 사람에게 '현명하고 친절하다'는 느낌을 줄 수 있도록 하는 데는 특별한 기술이 필요합니다. 이 특별한 기술은 필자가 항공기내방송 전문가로서의 오랜 경험을 통해 터득한 비법이자 본 저서의 핵심내용이라 할 수 있습니다. 이 특별한 방송 기술에 대해서는 다음 장에서 말씀드리도록 하겠습니다.

2. 기내방송의 제약 요인

1) 환경적 요인

환경적 요인에는 난청성, 비예고성, 비영속성과 유동성 등을 들 수 있습니다.
기내라는 제한된 장소에서는 항상 소음이 있어 잘 들리지 않고, 방송은 일회성의 일방통행적 커뮤니케이션으로 이루어지기 때문에 TV 프로그램처럼 승객에게 예고하거나 여러 번 반복 재생할 수 없습니다.
따라서, 단 한번의 기회에 최대의 효과를 거두기 위해서 방송을 할 때마다 승객을 집중시키기 위한 무언가 특별한 노력과 조치가 필요합니다.
또한, 미리 작성한 원고를 읽는 일반 방송과는 달리, 상황 변화에 따라 적합한 방송을 신속하게 선택하여 실시하거나 또는 방송문의 일부 내용을 바꿔 실시해야 하는 어려움이 있습니다.

2) 기술적 요인

기술적 요인에는 항공기의 PA 시스템의 성능이나 방송실시자의 개별능력을 들 수 있습니다.
항공기 제작사에 따라 PA 시스템이 다르고, 탑승하는 항공기마다 마이크의 성능이 다르므로 비행 전 반드시 마이크를 점검하여 문제가 있는 경우 즉각 정비를 의뢰하고, 비행 중 문제가 발생하였을 때는 기록을 남겨 사후 조치를 할 수 있도록 합니다. 특히, 기내방송은 육성으로 하는 것이 아니라 반드시 마이크를 사용하게 되므로 방송의 품질면을 고려하여 평소 올바른 마이크 사용법을 잘 익혀 두어야 합니다.

3) 인적 요인

방송을 듣고 있는 승객들의 대부분은 우리와 마찬가지로 영어가 모국어가 아닌 사람들입니다. 영어와 같은 외국어 방송에서는 무엇보다 전달력이 중요하지만, 외국인 학습자로서 원어민과 같은 수준의 발음을 구사하는 데는 한계가 있습니다. 따라서 발음의 정확도보다는 발성연습을 통해 발음의 명료도를 높임으로써 목소리가 잘 들리도록 하고, 원어민의 말투를 잘 흉내 내어 자연스럽게 구사하는 편이 더 쉽고 효과적일 수 있습니다.
또, '현명하고 친절한 이미지'를 연출함에 있어 승객의 주관적인 경향이나 기호가 다르기 때문에 어느 한쪽에 치우치지 않도록 균형을 이루는 것이 중요합니다. 딱딱하고 강한 어조는 현명하고 똑똑한 느낌을 줄 수는 있으나 누군가에겐 쌀쌀맞아 불친절하게 들리고, 멋을 부리거나 어린아이 같은 말투는 친절하긴 해도 신뢰감을 주지 못할 수 있기 때문입니다. 따라서, 방송국의 News 프로그램을 진행하는 아나운서와 같이 어느 정도 정형화된 틀을 유지하는 것이 바람직합니다.
동일한 실시자의 방송도 방송 당시의 컨디션이나 마음가짐에 따라 느낌이 다르게 전달될 수 있습니다. 방송실시자는 평소 스스로 경계하며 방송 스킬을 더욱 발전시키기 위해 꾸준히 노력해야 합니다.
개인의 편견이나 선입견, 고정 관념 등도 방송에 방해가 됩니다. 예를 들면, '목소리가 나쁘거나 사투리가 심하면 무조건 방송을 못할 것이다' 혹은 '영어를 잘하거나 발음이 좋으면 방송을 잘할 것이다' 등인데, 한국어가 모국어인 우리 모두 한국어 방송을 잘하는 것은 아니라는 점을 생각해 보십시오. 외국어를 잘하는 것이 기본적인 자질로서 도움은 되겠으나 방송을 잘하는 것과는 별개의 문제입니다. 방송에는 특별한 기술이 필요하기 때문입니다.

3. 기내방송의 기본요소

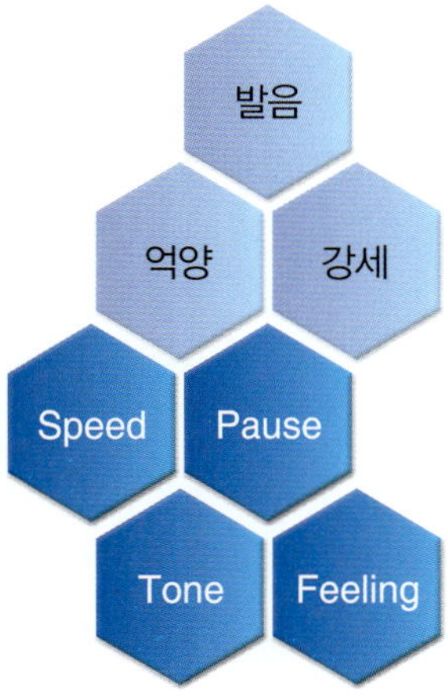

- 명확하고 분명한 발음
- 핵심단어(Keyword) 강조
- 자연스러운 억양
- 적당한 스피드
- 올바른 위치에서 끊어 읽기
- 밝고 듣기 좋은 Tone
- 상황에 맞는 감정표현

다음은 방송에 있어 기본적인 요소인 발음(Pronunciation), 억양(Intonation), 강세(Stress), 속도(Speed), 끊어 읽기(Pause), 어조(Tone), 감정(Feeling) 등에 대해 살펴보겠습니다. 이 기본 요소들은 필자가 항공사 근무시절 방송자격제도를 최초로 도입하면서 승무원들의 방송 능력 평가를 위해 채택했던 평가 항목으로서 지금까지도 사용되고 있습니다. 방송 능력 평가 시 각 항목에 대한 점수를 합산하여 최종 결과가 나오는 것이므로 최상위 등급을 받기 위해서는 어느 하나만 잘해서 되는 것이 아니라, 이 기본적인 평가 요소들을 고르게 다 잘해야 합니다.
이 중에서 발음, 억양, 강세를 1차 요소로, Speed, Pause, Tone, Feeling을 2차 요소로 나눠본다면, 1차 요소는 전달력을, 2차 요소는 친절성을 향상시키는 요소라고 볼 수 있습니다. 얼핏 Speed, Pause, Tone, Feeling 등의 2차적인 요소를 부수적인 요소라 생각하기 쉽지만 어느 정도 1차 요소가 충족된 단계 이후부터는 이 2차 요소들이 더 좋은 방송을 하는데 필수적인 요건이 됩니다.
무엇보다 방송이란 방송을 하는 사람을 위한 것이 아니라 듣는 사람을 위한 것이기 때문에 항상 듣는 사람을 배려하고 존중하는 마음이 담겨 있어야 하며, 그 마음을 듣는 사람이 느낄 수 있어야 합니다. 더구나 꼭 들려주고 싶은 메시지라면 더욱 성의를 다해 그 마음을 담아 전달할 수 있는 표현력과 연기력을 갖춰야 합니다.

1) 발음(Pronunciation)

힘 있는 발성과 정확한 입 모양은 알아듣기 쉽고 분명한 목소리를 만들어 내는 데 가장 기본적인 요구 사항입니다. 연습할 때 소리 내지 않고 눈으로 읽기만 하는 것은 가장 잘못된 방법입니다. 목소리가 너무 클 경우 듣기 시끄러울 수는 있겠지만 일단 목소리가 들려야 내용 전달이 되므로 평소 자신감 있는 큰 목소리로 연습하는 것이 효과적입니다. 힘없고 작은 목소리는 잘 들리지도 않고 성의 없이 들리므로 가장 삼가야 합니다. 기내에서 여러분의 목소리를 귀 기울여 듣는 사람은 없습니다. 여러분의 목소리가 승객들의 귀에 꽂혀야 비로소 여러분의 방송을 듣게 될 것입니다. 그것도 무언가 사람의 마음을 끄는 매력 있는 목소리이어야만 합니다.
한국어는 음운 현상에 맞는 표준어를 구사하도록 하며, 영어는 발음을 흘리거나 한국어식으로 발음을 하지 않도록 주의합니다.

2) 강세(Stress)

문장 중에 강조하여 알리고자 하는 어느 부분을 더욱 확실하게 전달하기 위해 음의 강약이나 음의 고저를 이용하여 중요한 부분을 두드러지게 하는 방법입니다. 기본적으로 중요한 정보인 항공사명, 목적지, 도착지, 공항명, 인명과 같은 고유명사와 편명, 시간, 날짜 등의 숫자는 음을 높이거나 힘을 주어 강조합니다.

영어는 강세가 있는 언어로서, 특정 음절을 음의 강약과 고저를 모두 이용하여 강조해야 합니다. 하지만, 우리말은 영어와 달리 특정 음절에 힘을 주는 대신 강조하고자 하는 단어 전체를 음의 높이(pitch)로 강조합니다. 따라서, 한국어 방송 시 끊어 읽을 때마다 습관적으로 마지막 음절에 힘을 주거나 길게 늘여 발음하는 학습자들이 종종 있는데 반드시 고쳐야 합니다.

영어의 강세와 관련된 에피소드

필자가 항공사 근무 시절 기내방송 특별과정을 운영하던 때 있었던 일입니다. 당시 한 영국인 강사가 영어방송 강의를 하고 있었는데, 한 승무원이 "'for more information'에서 'more'와 'information' 중 어느 것을 강조하는 것이 맞나요?" 라는 질문을 하였습니다. 그러자, 그 영국인 강사는 주저 없이 "It doesn't matter, but stress should be somewhere!"("상관없습니다, 하지만 어디인가는 반드시 강조를 해야합니다")이라고 대답하였습니다. 그의 말은 지극히 간단하였지만 우리말과 다른 영어의 특징을 잘 꼬집어 표현해 준 것입니다.

3) 억양(Intonation)

방송은 대화하듯이 구어체의 억양을 구사해야 합니다. 억양은 끊어 읽는 곳에서의 어조의 변화를 의미하는데, 구어체에서는 상승 어조와 하강 어조를 사용합니다. 만일, 두번 이상 똑같은 어조로 읽는다면 책을 읽는 것처럼 들리므로 적절히 상승 어조와 하강 어조를 섞어 말하는 듯이 억양을 구사해야 합니다.

기내방송의 목소리는 기내대화법에서 강조하는 고객응대 시 일대일의 나지막한 목소리가 아니라 다수의 승객을 대상으로 하는 비교적 크고 높은 톤의 목소리로, 승객을 응대할 때와는 달리 일방통행으로 이루어지는 커뮤니케이션이기 때문에 문장 끝에서는 항상 하강 어조를 사용합니다.

“손님 여러분, 안녕하십니까.”를 읽어 보십시오.
문장 끝에 의문형 문장부호인 물음표 ‘?’가 아니라 마침표 ‘.’가 사용되었으므로 상승 어조(안녕하십니까↑)가 아닌 하강 어조(안녕하십니까↓)로 읽어야 합니다. 이때 하강 어조(안녕하십니까↓)의 의미는 승객에게 질문하고 답을 기다리는 것이 아니라, ‘다들 안녕하시지요, 또는 안녕하신 줄로 믿습니다.’라는 의미로 해석하면 됩니다.
또, 저의 경험상 방송의 첫 도입 부분인 인사를 할 때, 상승 어조는 친절한 느낌이 강하여 현명한 느낌을 반감시키므로 하강 어조로 정중하게 표현하는 것이 양쪽의 이미지를 균형 있게 전달하는 데 더 도움이 된다고 생각합니다. 이것은 방송국의 News 프로그램을 진행하는 앵커들이 상승 어조 대신 하강 어조를 사용하는 것과 같은 맥락이라고 할 수 있습니다. 특히, ‘품격 있는 방송서비스’다는 전제하에서는 승무원들이 어느 정도 정형화된 틀 안에서 방송을 실시하는 것이 보다 바람직한 결과를 가져올 수 있습니다.

4) 속도(Speed)

내용 전달에 있어 적당한 속도를 유지하는 것은 중요한 기술입니다. 너무 빨리 읽으면 발음도 부정확해지고 성의 없이 들립니다. 반대로 너무 느리게 읽으면 듣기에 답답하고 말하는 것처럼 자연스럽지도 않습니다. 또, 또박또박 천천히 읽는 것만으로는 좋은 방송이 될 수 없습니다.
방송은 글을 낭독하는 것이 아니기 때문에 오히려 ‘또박또박 천천히 말하라’는 것이 더 적절한 표현이 되겠습니다. 특히, 목소리를 통해 현명한 승무원이라는 이미지를 주기 위해서는 일단 듣는 사람에게 ‘거침없다, 유창하다’는 느낌이 들게 해야 하므로 방송문이 익숙해질 때까지 외워야 합니다.
방송에 필요한 적당한 속도감은 실제로 승객과 대면하여 대화할 때를 연상하면 자연스럽게 얻을 수 있습니다. 즉, 방송문에 맞는 상황을 설정하고 승객의 질문에 대답하거나 승객이 궁금해하는 부분을 친절하게 설명한다고 상상하면서 말해 보십시오. 필요 시 자연스럽게 손동작을 곁들여 연습하면 방송에 필요한 적당한 속도감을 어느 정도 가늠할 수 있습니다.

5) 끊어 읽기(Pause)

일단 뜻이 통하도록 올바른 위치에서 끊어 읽어야 합니다. 문장에서 끊어 읽어야 할 곳에서 제대로 안 끊어 읽거나, 숨이 차서 아무 데서나 끊어 읽으면 내용이 잘못 전달될 수 있으므로 미리 어디서 끊어 읽기를 할 것인지를 표시해 둡니다.
또, 끊어 읽을 때마다 똑같은 길이로 끊어 읽으면 구어체로 들리지 않으므로 끊어 읽기를 할 때 얼마나 쉴 것인지 정도의 차이를 주어 읽습니다. 너무 많이 끊어 읽는 것도 방송의 흐름을 저해할 뿐 아니라 무엇보다 말하는 것처럼 들리지 않으므로 주의합니다.
이렇게 끊어 읽기가 필요한 이유는 한꺼번에 너무 많은 내용을 전달하게 되면 듣는 사람들이 기억하기 어렵고, 방송하는 당사자도 숨이 가빠져서 발음을 정확하게 낼 수가 없기 때문입니다. 따라서, 듣는 사람에 대한 배려뿐 아니라 방송을 하는 자신을 위해서 최소 5~6개 단어 정도마다 끊어 읽는 것이 적당합니다.

6) 어조(Tone)

밝고 알맞은 톤은 듣는 이에게 편안함과 친절한 느낌을 줍니다. 사람들은 저마다 각자 고유의 음역대를 가지고 있어 말하는 톤이 다른 것이 당연합니다. 남녀가 다르고, 어린아이와 성인이 다르고, 또 소프라노에서 베이스에 이르기까지 각자의 선호하는 톤이 다릅니다. 여기서 알맞은 톤이란 말하는 사람, 듣는 사람 모두에게 부담이 없는 톤을 말하며, 기내방송에서는 귀 기울여 들어야 하는 낮은 톤보다는 듣기에 편한 높은 톤이 더 적합한 톤이라고 할 수 있습니다.
무엇보다 밝고 활기찬 톤은 듣기 좋은 목소리를 만드는 중요한 요소입니다. 무조건 톤을 올려 읽는 것은 듣기에 부자연스럽습니다. 톤이 너무 높으면 목소리가 불안하고 어색하여 듣기에 불편합니다. 일부러 톤을 올리지 않더라도 고개를 들고 미소를 지으면서 연습을 하면 평소보다 밝은 톤을 쉽게 만들어 낼 수 있습니다. 또, 앉아 있는 것보다는 발표할 때처럼 일어서서 연습하는 것이 자연스럽게 밝은 톤을 얻는 데 효과적입니다. 반대로 너무 낮은 톤은 어둡고 무거운 느낌이 들어 좋지 않습니다. 목소리가 잘 들리지도 않고 어조 변화가 거의 없어 책 읽는 것처럼 단조롭게 들립니다. 이 경우, 핵심단어(key word)만 조금씩 올려 읽어도 전체적인 음역대가 넓어지는 효과를 얻을 수 있습니다.
그러나 알맞은 톤을 얻는 데 가장 좋은 방법은 역시 승객에게 직접 말하듯이 연습을 하는 것입니다. 실제 승객을 응대하는 상황에서는 너무 높거나 너무 낮은 톤의 목소리는 절대로 나오지 않기 때문입니다.

7) 감정(Feeling)

방송을 들었을 때 친절하고 호감 가는 목소리를 만드는 것이 중요합니다. 방송할 때는 기본적으로 성의 있고 정중한 목소리가 기본적으로 요구되지만 방송할 내용에 따라 단호하고 긴박한 어투의 목소리가 필요할 때도 있고, 감사와 사죄의 뜻을 전달하기 위해 진심이 느껴지는 호소력 있는 목소리가 필요할 때도 있습니다. 따라서 상황에 따라 목소리의 느낌을 달리하여 적절히 표현할 수 있어야 합니다.

쉬운 예로, 방송문에 자주 등장하는 인사말인 '안녕하십니까', '감사합니다', '진심으로 환영합니다', '정성을 다하겠습니다', 'Good morning', 'Thank you' 등의 문구들은 최대한의 감정을 실어 인사말로서 제대로 전달할 수 있어야 합니다.

감정을 잘 표현하기 위해서는 상대방에게 말하듯이 동작하면서 연습을 하면 좋은 효과를 얻을 수 있습니다. 배우나 가수들이 거울을 보면서 연기나 춤을 연습하는 것처럼 기내방송 역시 거울을 보면서 연습하는 것이 부족한 표현력을 기르는 데 큰 도움이 될 것입니다.

4. 기내방송의 기술

기내방송은 책을 낭독하는 것과는 다른 특별한 기술이 필요합니다. 이러한 방송의 기술을 터득하기 위해서는 먼저 방송의 특성을 이해할 필요가 있습니다.

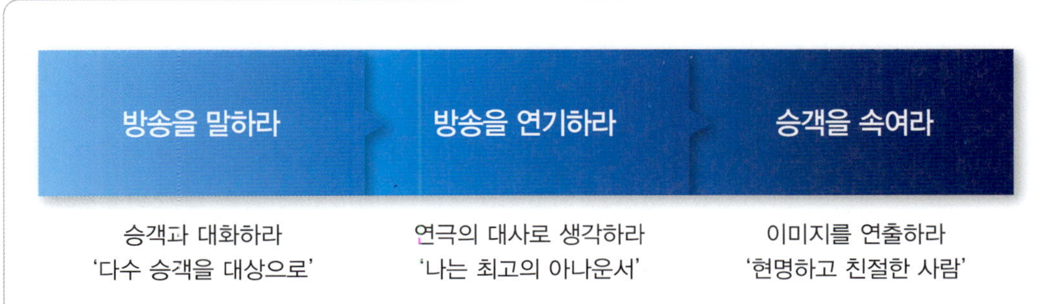

1) 방송은 대화하는 것

방송은 문장을 그대로 읽는 것이 아니라 승객과 직접 대화를 하듯이 말을 하는 것입니다. 그것도 옆에 있는 승객이 아니라 멀리 지나가는 다수의 사람을 불러 말을 거는 말투와 비슷합니다.

예를 들어, '손님 여러분, 좌석벨트를 매 주십시오'라는 문장이 있습니다.

이 문장을 읽지 말고 앞에 있는 승객에게 얘기하듯이 말해 보십시오. 또, 실제처럼 승객의 좌석벨트를 손으로 가리키는 동작을 하면서 이 말을 해 보십시오. 말투가 자연스러워지면서 말을 하는 가운데 핵심단어인 좌석벨트가 저절로 강조됩니다.

이번에는 나지막한 목소리가 아니라 큰 소리로 멀리 있는 사람을 부르는 톤으로 말해보십시오. 만일 지금 앉아 있다면 일어서서 여러 사람 앞에서 발표하는 것이라 상상하면서 이 문장을 말해보십시오.

결론적으로, 기내방송이란 승무원들이 일대일로 매 승객에게 해야 할 말을 방송담당 승무원이 대신하여 전 승객에게 전하는 말이라고 할 수 있습니다. 그러므로, 방송을 할 때마다 승객과 대화를 한다고 생각하면 저절로 자연스러운 말투를 얻게 됩니다.

2) 방송은 연기하는 것

기본적으로 좋은 방송을 하려면 구어체를 구사해야 합니다. 그런데, 필자의 경험상 방송을 처음 접하는 학습자들은 대부분 구어체를 구사하는 데 어려움이 있습니다. 방송에서는 실제상황에서와 똑같은 말투가 필요한데 이런 자연스러운 말투를 만들어내기 위해서는 특별한 연기력이 필요합니다.

가장 좋은 방법은 연기를 한다고 상상하면서 방송문의 각 문장을 연극의 대사라고 생각하고 말해 보는 것입니다. 각 문장은 실제 상황에서 승객에게 바로 사용할 수 있는 구문이므로 그저 승객에게 이야기하는 것처럼 상상하면 됩니다.

또, 자신을 최고의 아나운서라고 상상해 보십시오. 수시로 볼펜이나 주먹을 쥐고 마이크라 생각하면서 연습을 하십시오. 항공사마다 차이는 있겠지만 방송담당 승무원은 해당 비행편에서 가장 상위등급의 방송 능력자이기 마련이므로, 방송을 연습하는 매 순간 스스로 가장 방송 능력이 우수한 아나운서라는 즐거운 상상은 자신감을 북돋아 주는 데 도움이 될 것입니다.

3) 방송은 승객을 속이는 것

승객들이 내 목소리를 듣고 '어마 굉장히 실력 있고 똑똑한 승무원인가보다, 그런데 친절하기까지 하네'라는 상상을 할 수 있도록 만드는 것입니다. 실제로 외국어가 능숙하지 않아도 승객들이 방송을 듣고 당연히 외국어를 잘하는 승무원일 것이라는 상상을 하게 만들면 됩니다. 물론, 외국어에 대한 감각이 좋으면 더할 나위 없겠지만 외국어를 잘하는 것과 방송을 잘하는 것은 다른 문제라 할 수 있습니다. 한국어가 모국어인 모든 학습자가 한국어 방송을 모두 잘하는 것은 아니기 때문입니다.

단, 주의할 점이 있습니다. 승객의 기호가 다르기 때문에 현명하고 친절한 이미지 연출에 있어 어느 한쪽에 치우치지 않도록 해야 합니다. 따라서, 양쪽의 이미지를 균형 있게 전달할 수 있도록 스스로 경계하고, 방송 실력을 up-grade 시킬 수 있도록 끊임없이 노력해야 합니다.

결론적으로, 기내방송은 연기력이나 표현력 등의 특별한 기술을 필요로 합니다. 말하는 것처럼만 할 수 있다면 굳이 애쓰지 않아도 방송의 기본적인 요소들은 저절로 갖춰지게 됩니다.

이 점은 오랜 세월 항공 기내방송 전문가로서 승무원들을 지도해온 저의 motto로서 가장 효과적인 연습 방법임을 자신 있게 말씀 드릴 수 있습니다. 그동안 제가 만나봤던 객실승무원 중 방송 능력이 가장 우수했던 승무원들은 어문학이나 방송관련 전공자가 아니라, 바로 연극영화 전공자였음을 밝힙니다.

타고난 좋은 목소리는 방송을 하는 데 가장 유리한 장점입니다. 그러나 모든 사람들이 좋은 목소리를 타고나지는 않고, 기본적으로 목소리가 좋은 사람도 방송에 적합한 목소리를 만들어내기 위해서는 연습이 필요합니다. 올바른 자세와 발성이 대단히 중요하기 때문에 몇 가지 팁을 소개해 드리겠습니다.

효과적인 연습 방법

- 문장이 익숙해지도록 외워서 수시로 소리 내어 말하기
- 속삭이지 말고 큰 소리로 배에서부터 소리 내어 말하기
- 거실에 서 있는 상태로 멀리 떨어져 있는 사람들을 부르듯이 소리 내어 말하기
- 고개를 숙이지 말고 목이 열린 상태에서 소리 내어 말하기
- 욕실에서 거울 속의 나의 눈을 쳐다보며 소리 내어 말하기
- 수시로 녹음을 해서 자신의 소리를 모니터링 하기

① 문장이 익숙해질 때까지 외우기

문장이 익숙해질 때까지 어느 정도 외우고 한 문장씩 말을 해보십시오. 실제로 방송을 할 때에는 방송문을 암기해서 하는 것이 아니므로 전체 문장을 모두 다 외울 필요가 없습니다. 중간 중간 끊어 읽기를 하면서 다음 문장을 준비하면 됩니다. 다만 유창하게 말 할 수 있어야 하므로 평소 암기해 두는 것이 좋습니다. 이때 중요한 것은 단순히 낭독을 하는 것이 아니라, 말을 해야 한다는 것입니다.

② 잘 들리도록 속삭이지 말고 큰 소리로 말하기

큰 소리를 내기 위해서는 평소 복식 호흡을 통해 배에서부터 소리를 내는 발성법을 연습해 두는 것이 좋습니다. 방송에서 사용하는 목소리는 기내 대화처럼 옆 사람에게만 들리는 조용하고 낮은 일대일 기내 대화가 아니라 멀리 있는 또는 지나가는 사람을 불러 세울 수 있는 힘 있는 목소리입니다. 따라서 연습할 때는 눈으로 읽는 것은 발성에 아무런 도움을 주지 못하므로 반드시 소리 내어 연습해야 합니다.

③ 빈방이나 거실에 서 있는 상태로 발표하듯이 소리 내보기

앉아 있는 것보다는 일어서서 연습하는 것이 자연스럽게 톤이 높아지고 목소리도 커지므로 훨씬 듣기에 좋습니다. 또, 빈방이나 거실에서 연습하면 사람들 앞에서 발표하는 기분을 느낄 수 있고, 목소리가 울리기 때문에 목소리의 톤이나 볼륨을 조절하는 데 도움이 됩니다.

④ 거울 속의 나를 쳐다보며 상대방에게 말하듯이 연습하기

말을 하는 가운데 거울 속의 나와 eye-contact을 할 수 있다면, 자연스럽게 속도와 끊어 읽기가 조절되고 저절로 핵심단어(key word)에 강세가 알맞게 들어갑니다. 또, 욕실에서 연습하는 경우에는 마이크를 사용한 것처럼 소리가 울려 목소리를 들을 수 있기 때문에 감정표현을 잘 할 수 있습니다. 이것은 배우나 가수들이 연기나 댄스 연습을 할 때 거울을 보고 연습하는 것과 같은 이치입니다. 특히, '손님 여러분, 안녕하십니까', '감사합니다'와 같은 인사말은 감정 전달이 중요하므로 미소를 지으며 '거울 속의 나'에게 직접 인사를 하면서 말을 하는 연습을 해 보십시오.

⑤ 연습할 때 고개를 숙이지 말기

평상시 고개를 들고 목이 열린 상태에서 연습해야 밝고 높은 톤을 쉽게 낼 수 있습니다. 반면에, 방송문을 계속 보려고 고개를 숙이면 목젖이 눌려 톤이 낮아집니다. 따라서, 방송문을 눈높이로 들고, 5~6개 정도의 단어 길이로 끊어서 외워 말하는 것이 가장 좋습니다. 또, 가끔 주먹을 가볍게 들고 마이크라 생각하고 연습을 해보십시오. 실제 방송장면을 연상하며 연습하면 훨씬 쉽게 말하는 어조를 만들어낼 수 있습니다.

⑥ 연습한 것을 수시로 녹음해 들어 보기

만일 녹음한 방송이 자신의 귀에도 잘한다는 느낌이 든다면 본인만큼 자신에게 인색한 사람은 없기 때문에 일단 성공한 것입니다.

우선, 잘못된 발음은 없는지 주의 깊게 듣고, 속도가 너무 빨라 알아듣기 힘들거나 너무 느려 답답하지는 않은지, 끊어 읽기를 제대로 하지 못해 또는 너무 많이 끊어 읽어 막히는 느낌은 없는지, 억양 변화가 없어 단조롭거나 반대로 너무 과장되어 부자연스럽지는 않은지, 그 밖의 나쁜 습관은 없는지 조목조목 체크해 보십시오. 무엇보다 듣는 사람의 입장에서 성의 있게 들리는지, 감정표현은 제대로 되고 있는지, 최종적으로 자신의 목소리에서 '현명하고 친절한 이미지'가 제대로 느껴지는지를 확인해 보십시오.

CHAPTER

02 언어별 방송요령

Announcement Tips for Each Language

국내 항공사에서는 기내방송을 한국어와 영어를 기본으로 실시하기 때문에 각각의 언어의 특성에 맞는 방송요령을 습득하는 것이 중요합니다. 얼핏 학습자들에게 한국어가 모국어라는 점에서 영어보다 훨씬 쉽게 느껴질지는 모르지만, 전문적인 발음교육이나 방송 훈련을 받지 않은 상태에서는 한국어 방송이 오히려 더 까다롭고 어려운 언어일 수 있습니다. 본 책을 기술하는 데 있어 목적은 방송국의 아나운서와 같은 전문적인 수준이 아니라 비전문인으로서 누구나 항공사에서 필요로 하는 수준의 기내방송을 할 수 있도록 도움을 주기 위함입니다. 즉, 항공사 취업 후에 항공기 탑승근무 시 요구되는 기내방송 자격을 취득하는 데 필요한 필수적인 내용과 효과적인 방송 요령을 전달하고자 합니다.
무엇보다 '한국어는 한국어답게, 영어는 영어답게' 방송하는 것이 중요하므로 본 장에서는 방송의 기본 요소들인 발음, 강세, 억양, 끊어 읽기, 속도, 감정, 톤 등에 대한 특성을 언어별로 알아보고 한국어와 영어의 다른 점을 중심으로 효과적인 방송요령에 대해 살펴보도록 하겠습니다.

1. 발음기관

사람이 말소리를 내는 것은 공기가 발음기관을 지나면서 발음기관의 모양에 따라 장애를 받거나 공명이 일어나면서 가능한 것입니다. 따라서 음성이 발음되기 위해서는 공기의 움직임이 있어야 합니다. 이때 공기의 움직임을 일으키는 신체의 부분을 발동부라고 하고 공기의 움직임에 장애를 일으켜 여러 가지 소리를 만들어 내는 부분을 조음부라고 합니다. 또, 후두(larynx)에 있는 성대는 한 쌍의 근육으로서 붙었다 떨어졌다 하는 운동을 반복함으로써 일정한 주파수를 가지는 소리(voice)를 만들어 내는데 이 부분을 발성부라고 합니다.

▶ **발음기관의 구조**

1. 윗입술
2. 아랫입술
3. 윗니
4. 아랫니
5. 치경(잇몸, alveolar ridge)
6. 경구개(hard palate)
7. 연구개(soft palate, velum)
8. 구개수(목젖, uvula)
9. 인두(pharynx)
10. 성대(vocal cords)
11. 후두개(epiglottis)
12. 혀

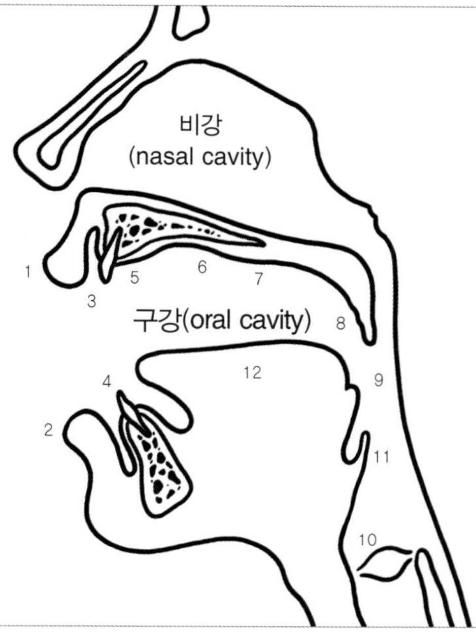

1) 허파

공기의 움직임을 일으키는 가장 중요한 기관은 허파입니다. 허파는 풀무의 역할을 하며, 공기를 목, 코, 입으로 밀어내는 역할을 합니다. 허파에서 나온 공기는 가장 먼저 만나게 되는 발음기관인 후두(larynx)를 통과하게 됩니다.

2) 후두

후두에는 성대(vocal cords)라고 부르는 강력한 두 개의 근육이 있는데, 신축성이 커서 공기의 흐름을 조절할 수 있도록 열고 닫는 정도를 자유롭게 조정할 수 있습니다. 두 성대 사이의 공간을 성문(glottis)이라고 합니다.

▶ 후두의 구조

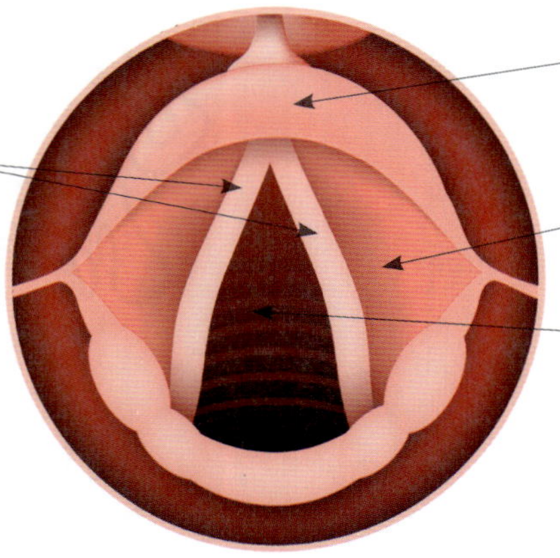

목소리의 높낮이는 어떻게 달라질까요?

목소리의 높낮이는 성대의 진동수에 따라서 결정됩니다. 대체로 성별과 연령 및 개인 특성에 따라 진동수가 달라지는데, 성대가 길고 두꺼울수록 진동수가 낮아 소리가 낮으며 반대로 성대가 짧고 얇을수록 진동수가 많아 소리가 높아집니다. 어린이와 여자는 남자보다 소리가 높은 편입니다. 남자 목소리의 평균 진동수는 초당 100~150이고 여자의 평균은 200~300입니다. 또, 남자의 낮은 목소리는 진동수가 초당 60에서 70인데 비해, 여자 소프라노의 상한선은 초당 1,200에서 1,300입니다.

목소리의 크기는 어떻게 달라질까요?

성대의 개폐에 따른 진동수가 목소리의 높낮이를 결정하는 데 반해서 성대가 열릴 때의 폭, 즉 진폭(振幅)은 목소리의 크기를 결정합니다. 성문 아래에서 올라오는 기류의 압력이 높으면 높을수록 진폭이 커져서 소리가 커지고, 기압이 낮을수록 진폭이 작아져서 소리도 작아집니다.

후두를 통과한 공기는 아래 그림과 같이 인두(pharynx), 비강(nasal cavity), 구강(oral cavity)의 여러 기관들을 지나면서 끊임없이 그 모양이 바뀝니다. 보통 숨을 쉴 때, 우리는 입을 닫고 코로 기류를 들이마셨다 내쉬기를 반복합니다. 허파에서 올라온 기류는 코를 통하여 대기로 나가게 되지만, 오른쪽 그림과 같이 입을 열고 숨을 쉬는 경우에는 코와 입으로 모두 기류가 나갈 수 있습니다.

▶ 발음 생성에 필요한 공간

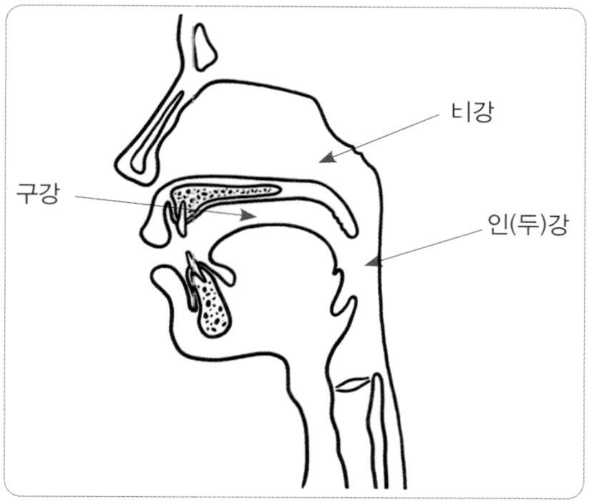

▶기류의 두 가지 통로

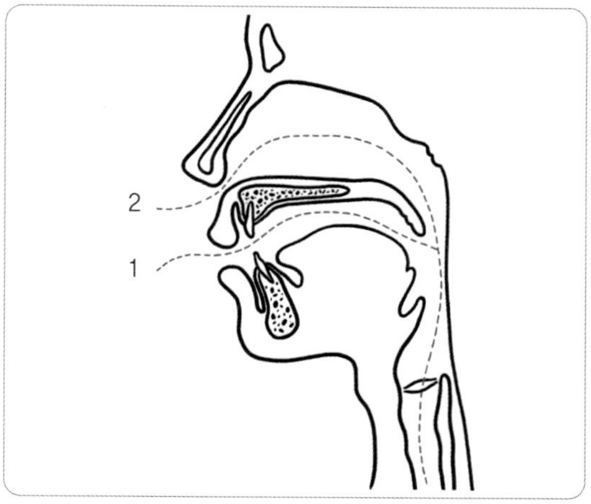

3) 구강

구강이란 입안을 말하는데, 구강의 크기와 형태는 혀의 움직임으로 말미암아 끊임없이 그리고 다양하게 변합니다. 인간이 여러 가지 말소리를 자세히 조음할 수 있는 것은 무엇보다도 모양을 자유자재로 바꿀 수 있고 기동성을 가진 혀의 동작에 의해서입니다. 구강에서는 혀의 위치를 아래위로, 혹은 앞뒤로 바꿈으로써 음의 특질을 바꿀 수 있습니다. 따라서, 구강은 단순한 공명강의 구실만 하는 것이 아니라 자음과 모음 같은 여러 가지 말의 소리를 분화시키는 중요한 구실을 합니다.

하지만 말소리의 대부분인 구강음은 코로 가는 통로를 막은 상태로 산출됩니다. 연구개를 올려 인두벽에 대어 비강통로를 차단하면 허파에서 올라온 기류가 비강으로 흐르지 못하고 구강으로만 흐르게 되어 구강음(oral sound)이 생성됩니다. 반면에 연구개를 내린 상태로 허파에서 올라온 기류가 흐르게 되면 비강으로 공기가 통하게 되어 비음(nasal sound)이 생성됩니다.

▶ **비음과 구강음의 조음 방법**

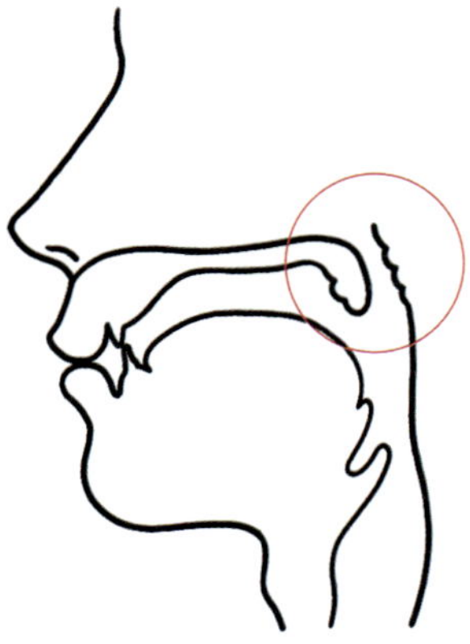

비음[m]

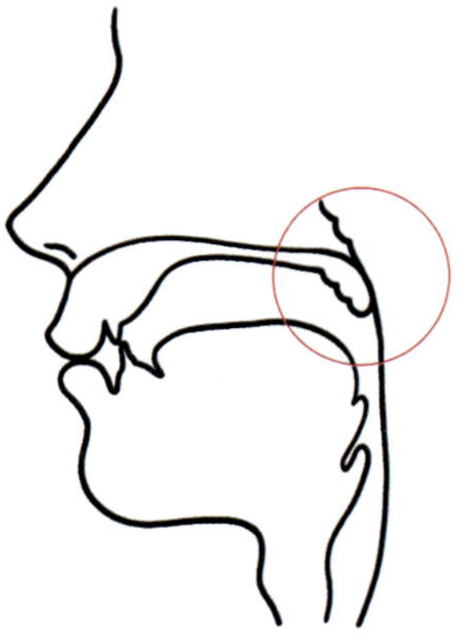

구강파열음[p]

4) 입천장

이나 입술, 입천장의 뒷부분에 있는 목젖 등의 위치와 발음기관 상호 간의 움직이는 방식에 의해 여러 가지의 음이 만들어집니다. 혀는 윗니 바로 뒤쪽으로 약간 불룩한 치경(잇몸, alveolar ridge), 입천장의 딱딱한 부분인 경구개(hard palate), 그 뒷부분에 있는 물렁물렁한 연구개(soft palate, velum), 연구개의 끝부분이며 구강 쪽으로 드리워져 있는 구개수(목젖, uvula)를 향해 이동할 수도 있습니다.

▶ **입천장의 부위별 명칭**

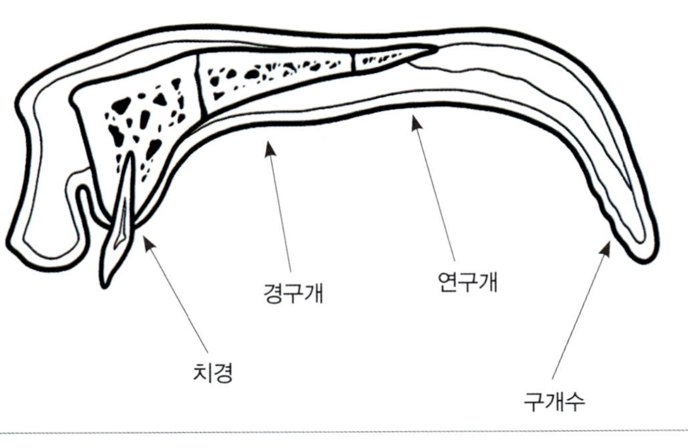

5) 혀

말소리가 만들어지는 과정을 이해하기 위해서는 혀의 부위별 명칭을 아는 것이 필요합니다. 혀의 가장 앞부분을 혀끝(설첨, tongue tip)이라고 하고, 그 뒤로 입을 다문 자연스러운 상태에서 치경(잇몸)부와 닿아 있는 부분, 즉 혀끝에서 약 10~15mm정도 되는 부분을 혓날(설단, tongue blade), 나머지 혀의 위 표면을 통틀어 혓몸(설배, tongue body)이라고 합니다. 혓몸은 다시 그 위치에 따라 전설(front), 중설(central), 후설(back)로 나누며, 이 후설부 뒤로 혀의 깊숙한 부분을 혀뿌리(설근, tongue root)라고 합니다.

▶ 혀의 부위별 명칭

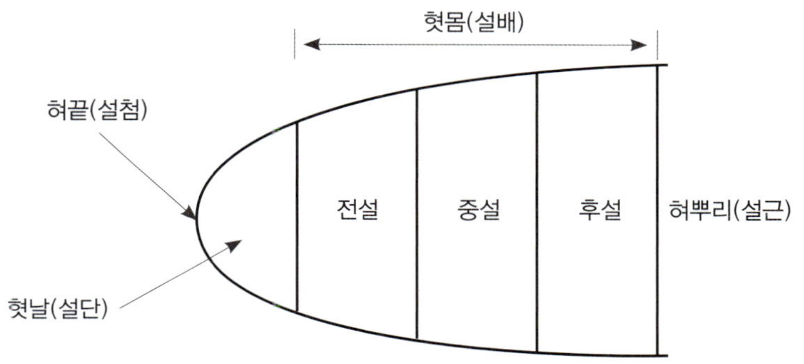

2. 유성음과 무성음

▶ 유성음과 무성음

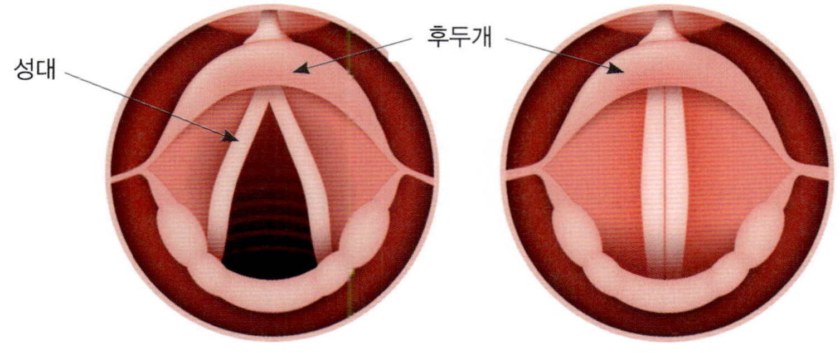

성문이 열린 상태(무성음) 성문이 닫힌 상태(유성음)

허파에서 나온 공기 그 자체로서는 언어 음을 만들어 내지 못하므로 공기의 흐름이 여러 가지 특질과 특성을 가지는 음파로 바뀌어야 합니다. 이러한 과정은 성대의 개방 정도를 다양하게 바꿈으로써 시작되며, 성대는 끊임없이 유동적인 상태를 유지하게 됩니다. 성대가 닫히게 되면 공기의 통과 경로가 협소하게 됨으로써 성대근육이 떨리게 되는데 이렇게 생기는 소리를 유성음(voiced sound)이라 하며 반대로 성대근육이 넓게 벌어져서 기류가 부드럽게 흘러나올 수 있게 되면 무성음(voiceless sound)이 만들어집니다. 모음은 특수한 경우가 아니면 모두 유성음으로 발음됩니다.

Unvoiced(no vibration)	Voiced(vibration)
[f] fat	[v] vat
[k] come	[g] gum
[p] pit	[b] bit
[s] sip	[z] zip
[t] ton	[d] done
[tʃ] chin	[dʒ] gin
[θ] thick	[ð] this
[ʃ] pressure	[ʒ] pleasure

쌍을 이루는 [f]와 [v], [k]와 [g], [p]와 [b], [s]와 [z], [t]와 [d], [tʃ]와 [dʒ], [θ]와 [ð], [ʃ]와 [ʒ]는 각각 동일한 조음 위치와 조음방식에 의해 만들어지는 소리이지만 왼쪽은 성대가 진동하지 않는 무성음이고 오른쪽은 성대가 진동해서 생기는 유성음입니다.

유성음과 무성음 구별 방법

어떤 소리가 유성인지 무성인지를 확인하는 방법은 다음과 같습니다.

① 엄지와 검지를 목젖(Adam's app e)에 가볍게 대고, [v]음을 [vvvvvv]로 길게 소리를 내는 동안 생기는 진동을 느껴보십시오. 이번에는 영어의 [f]음을 [ffffffff]로 길게 내어 보십시오. 아무런 떨림도 느낄 수 없을 것입니다. 따라서 [v]는 유성음이고 [f]는 무성음입니다.

② 두 손으로 귀를 감싸고 [zzzzzz]를 발음하는 동안에 머리에 울리는 소리를 느껴 보십시오. 이번에는 [ssssss]를 발음해 보십시오. 아무런 울림도 느낄 수 없을 것입니다. 따라서 [z]는 유성음, [s]는 무성음입니다.

③ [ssss], [zzzz], [szszszsz]를 신속하게 번갈아 발음해 보십시오. 차이점을 확연히 느낄 수 있을 때까지 반복해서 연습해 보십시오.

연습

무성음과 유성음을 구별하여 발음해 보십시오.

[p] [b]	pack big pray pond poppy back pig bray bond hobby
[f] [v]	few fine face feel fast view vine vase veal vast
[s] [z]	seal rice ice cease pence zeal rise eyes seize pens
[tʃ] [dʒ]	chick chill choke chunk chess jig jill joke junk jazz
[tr] [dr]	trick trill try train trip drug drill dry drain drip

3. 자음과 모음

1) 자음과 모음의 정의

(1) 자음

- '아들 자(子), 소리 음(音)': 뜻은 '아들 소리', 또는 '자식 소리'
- 허파에서 나온 공기가 성도의 어느 한 부분에 의해 방해를 받음으로써 만들어지는 소리

(2) 모음

- '어미 모(母), 소리 음(音)': 뜻은 '어미 소리'
- 기류의 방해나 폐쇄 없이 만들어지는 소리

2) 자음과 모음의 차이

음성은 크게 자음(consonant)과 모음(vowel)으로 구분됩니다. 자음은 유성음이든 무성음이든 허파에서 나온 공기가 입 밖으로 나가는 동안 흐름이 막히거나 방해를 받음으로써 만들어지는 반면에 모음은 아무런 방해 없이 만들어지는 음입니다.
자음은 공기의 흐름이 장애를 받을 때 생기는 소리이므로, 그 장애가 조음부의 어느 곳에서 일어나는지, 어떤 방식으로 일어나는지에 따라 구별할 수 있습니다. 전자를 자음의 조음 위치, 후자를 조음 방법이라고 합니다.
반면, 모음은 공기의 흐름이 입속에서 아무런 장애를 받지 않지만, 입술이나 혀의 위치가 바뀔 때마다, 또는 공기가 나가는 길의 모양이 바뀜에 따라 모음의 음색도 달라집니다.

보통 모음은 세 가지 중요한 변수로 분류됩니다.

- 혀의 높이: 혀가 입천장과 얼마나 가까이 있는가?
- 혀의 사용되는 부분: 입천장에 가까운 최고점이 혀의 어느 부분인가?
- 입술의 모양: 원순인가 평순인가?

3) 국제음성기호(International Phonetic Alphabet; IPA)

국제음성기호(IPA)는 국제음성학협회(International Phonetic Association; IPA)에서 전 세계 언어의 음성을 표준적인 방법으로 표기하기 위해 고안한 국제표준기호로서 로마자를 중심으로 그리스 문자들을 활용하고 있습니다.
아래 IPA표는 모음사각도입니다. 혀의 정점의 앞뒤와 높고 낮음의 극단적인 위치를 연결하여 사각형으로 표시하고, 사각형 내의 어떤 발음을 발음할 때의 혀의 최고점의 위치를 나타낸 것입니다. 하나의 위치에 드 개의 기호가 있으면 오른쪽 것이 원순모음, 왼쪽 것이 평순모음이 됩니다.

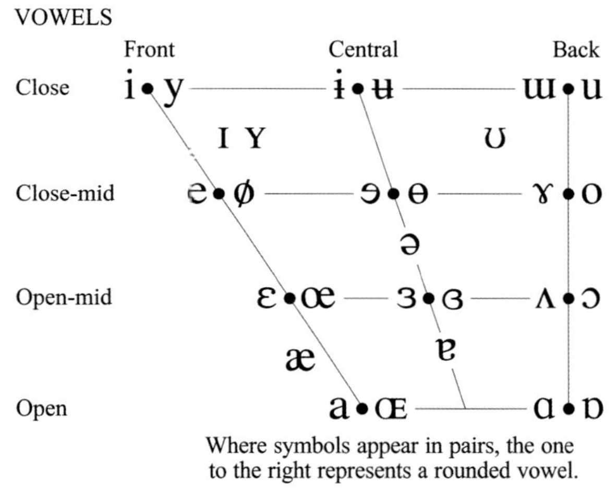

(1) 폐모음과 개모음

[i]와 [u]는 발음할 때 혀가 올라가고 입이 닫히는 폐모음이며, [a]는 발음할 때 혀가 내려가고 입이 열리는 개모음입니다. 폐모음과 개모음 사이에 반폐모음과 반개모음이 있습니다.

(2) 전설모음과 후설모음

[i]는 혀의 가장 높은 정점이 입안의 앞쪽에 있는 전설모음, [u]는 혀의 정점이 뒤쪽에 있는 후설모음입니다. 전설모음과 후설모음 사이에 중설모음이 있습니다.

(3) 원순모음과 평순모음

[i]는 발음할 때 입술이 평평한 평순모음, [u]는 입술이 둥그렇고 약간 앞으로 나오는 원순모음(rounded vowel)입니다.

아래의 IPA표는 허파의 날숨소리 자음들만 표시한 것으로, 가로축은 가장 왼쪽의 입술에서부터 오른쪽으로 입안을 들어가면서 조음이 일어나는 위치를 표시하고, 세로축은 공기가 지나가는 길에 장애를 일으키는 조음 방법을 나타냅니다. 그리고, 각 칸의 왼쪽 기호는 무성음을, 오른쪽 기호는 유성음을 나타냅니다. 음영 표시 부분은 발음이 불가능하다고 판단된 것들입니다.

CONSONANTS (PULMONIC)

	Bilabial	Labiodental	Dental	Alveolar	Postalveolar	Retroflex	Palatal	Velar	Uvular	Pharyngeal	Glottal
Plosive	p b			t d		ʈ ɖ	c ɟ	k ɡ	q ɢ		ʔ
Nasal	m	ɱ		n		ɳ	ɲ	ŋ	ɴ		
Trill	ʙ			r					ʀ		
Tap or Flap		ⱱ		ɾ		ɽ					
Fricative	ɸ β	f v	θ ð	s z	ʃ ʒ	ʂ ʐ	ç ʝ	x ɣ	χ ʁ	ħ ʕ	h ɦ
Lateral fricative				ɬ ɮ							
Approximant		ʋ		ɹ		ɻ	j	ɰ			
Lateral approximant				l		ɭ	ʎ	ʟ			

Symbols to the right in a cell are voiced, to the left are voiceless. Shaded areas denote articulations judged impossible.

4. 한국어 방송요령

1) 한국어의 자음 체계

아래 표는 한국어의 자음을 조음 위치와 조음 방법, 발성유형에 따라 분류한 것입니다. 한국어에는 19개의 자음이 존재하는데, 이 자음들은 양순음, 치경음, 경구개음, 연구개음, 성문음의 5가지 조음 위치와 폐쇄음(파열음), 마찰음, 파찰음, 비음, 유음의 5가지 조음 방법으로 생성됩니다. 또 폐쇄음과 파찰음은 평음, 경음, 격음의 3가지의 발성유형을, 마찰음은 평음과 경음 2가지의 발성유형을 보입니다.

▶ 한국어의 자음

조음 방법		발성유형	조음 위치				
			양순음	치경음	경구개음	연구개음	성문음
장애음	폐쇄음 (파열음)	평음	ㅂ [p]	ㄷ [t]		ㄱ [k]	
		경음	ㅃ [p*]	ㄸ [t*]		ㄲ [k*]	
		격음	ㅍ [ph]	ㅌ [th]		ㅋ [kh]	
	마찰음	평음		ㅅ [s]			ㅎ [h]
		경음		ㅆ [s*]			
	파찰음	평음			ㅈ [tʃ]		
		경음			ㅉ [tʃ*]		
		격음			ㅊ [tʃh]		
공명음	비음		ㅁ [m]	ㄴ [n]		ㅇ [ŋ]	
	유음			ㄹ [l(r)]			

장애음이란 성도의 일부가 좁아지면서 성도를 빠져나오는 기류가 장애를 받으면서 만들어지는 소리입니다. 한국어의 19개 자음 중에서 파열음, 마찰음, 파찰음 15개의 자음이 장애음에 속합니다. 한국어 장애음의 큰 특징은 모두 성대를 진동하지 않고 산출되는 무성음이라는 것입니다.

반면, 공명음이란 기류가 성도를 빠져나오면서 아무런 장애를 받지 않고 만들어지며 모두 성대 진동을 동반하는 소리로, 19개 자음 중에서 4개에 불과합니다. 모든 모음은 공명음에 해당하며, 한국어 자음 중에서는 비음과 유음이 공명음에 속합니다.

(1) 조음 위치에 따른 분류

▶ **조음 위치에 따른 분류**

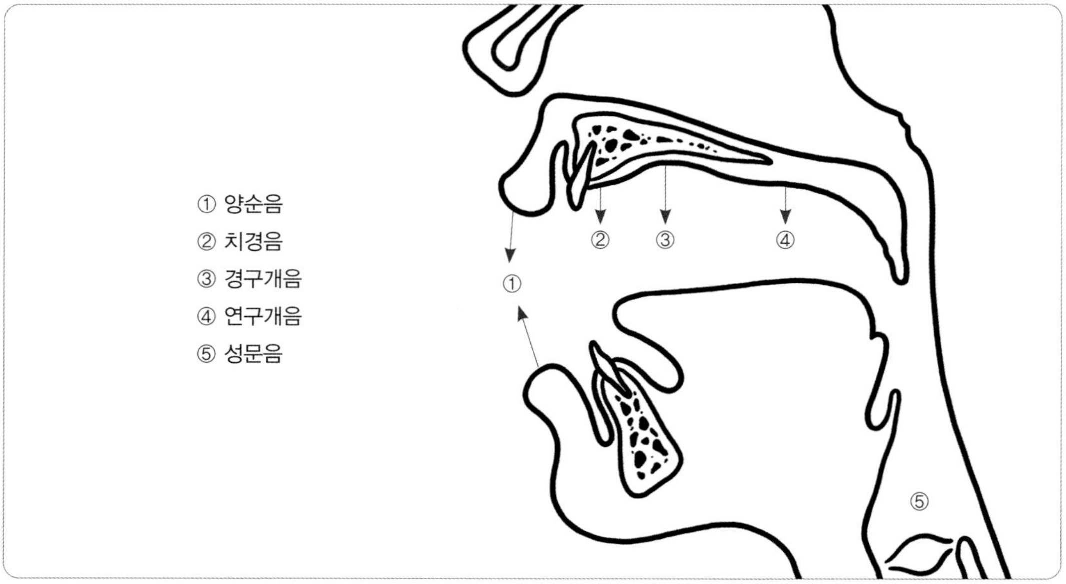

① 양순음 /ㅂ, ㅃ, ㅍ, ㅁ/
입술에서 나는 소리입니다.

② 치경음 /ㄴ, ㄷ, ㄸ, ㅌ, ㅅ, ㅆ, ㄹ/
혀끝 또는 혓날이 치조(윗니 바로 뒷부분부터 우툴두툴한 부분까지)에 닿아서 나는 소리입니다.

③ 경구개음 /ㅈ, ㅉ, ㅊ/
혓몸(전설)이 경구개(치조 뒤쪽의 딱딱하고 높고 둥근 부분)에 닿아서 나는 소리입니다.

④ 연구개음 /ㄱ, ㄲ, ㅋ, ㅇ/
혓몸(후설)이 연구개(경구개 뒤쪽의 물렁물렁한 부분)에 닿아서 나는 소리입니다.

⑤ 성문음 /ㅎ/

성문(성대와 성대 사이)에서 나는 소리, 후음(목구멍소리)입니다.

(2) 조음 방법에 따른 분류

한국어의 자음은 조음 방법에 따라 파열음, 마찰음, 파찰음, 비음, 유음으로 나눕니다. 또, 마찰음과 파찰음을 치찰음(sibilant)이라고도 합니다.

① 파열음 /ㅂ, ㅃ, ㅍ, ㄷ, ㄸ, ㅌ, ㄱ, ㄲ, ㅋ/

폐에서 나오는 소리를 막았다가 터뜨리듯 급하게 열어서 내는 소리입니다.

조음 방법	발성유형	조음 위치				
		양순음	치경음	경구개음	연구개음	성문음
폐쇄음 (파열음)	평음	ㅂ [p]	ㄷ [t]		ㄱ [k]	
	경음	ㅃ [p*]	ㄸ [t*]		ㄲ [k*]	
	격음	ㅍ [ph]	ㅌ [th]		ㅋ [kh]	

- /ㅂ/ 두 입술을 모아 공기를 막았다가 터뜨려 내는 소리
- /ㄷ/ 혀끝을 윗잇몸에 갖다 대어 공기를 막았다가 터뜨려 내는 소리
- /ㄱ/ 후설을 연구개 가까이 가져가 공기를 막았다가 터뜨려 내는 소리

② 마찰음 /ㅅ, ㅆ, ㅎ/

공기가 지나가는 통로를 좁혀 그 좁은 틈으로 내보내 마찰을 일으키면서 내는 소리입니다.

조음 방법	발성유형	조음 위치				
		양순음	치경음	경구개음	연구개음	성문음
마찰음	평음		ㅅ [s]			ㅎ [h]
	경음		ㅆ [s*]			

- /ㅅ/ 혀끝을 윗잇몸에 근접시켜 공기의 통로를 좁혀 마찰을 내는 소리
- /ㅎ/ 성대의 사이를 좁혀 마찰을 일으켜 내는 소리

③ 파찰음 /ㅈ, ㅉ, ㅊ/

파열음처럼 폐쇄되는 과정을 거치긴 하지만 파열되는 과정에서 마찰음처럼 마찰을 일으키는 소리입니다.

조음 방법	발성유형	조음 위치				
		양순음	치경음	경구개음	연구개음	성문음
파찰음	평음			ㅈ [tʃ]		
	경음			ㅉ [tʃ*]		
	격음			ㅊ [tʃh]		

- /ㅈ/ 혓바닥을 경구개에 가져가 공기의 흐름을 막았다가 통로를 좁혀 마찰을 일으켜 내는 소리

④ 비음 /ㄴ, ㅁ, ㅇ/

연구개와 목젖을 내려 비강으로 통하는 통로가 열리게 하여 코로 공기를 내보내면서 내는 소리입니다.

조음 방법	조음 위치				
	양순음	치경음	경구개음	연구개음	성문음
비음	ㅁ [m]	ㄴ [n]		ㅇ [ŋ]	

- /ㄴ/ 혀끝이나 혓날을 윗잇몸에 갖다 대 구강으로 나가는 통로를 막고 비강으로 공기를 흘려보내는 소리
- /ㅁ/ 두 입술로 구강을 막고 비강으로 공기를 흘려보내는 소리
- /ㅇ/ 후설은 연구개 앞쪽에 대고 연구개 부분을 하강시켜 기류를 비강으로 흘려보내는 소리

⑤ 유음 /ㄹ/

공기를 물 흐르듯 자연스럽게 흘려보내는 방식으로 혀끝은 윗잇몸에 가볍게 대었다가 떼어서 공기를 흘려보내거나 혀끝을 윗잇몸(치조)에 갖다 댄 채 공기를 양옆으로 흘려보내서 만들어내는 소리입니다.

조음 방법	조음 위치				
	양순음	치경음	경구개음	연구개음	성문음
유음		ㄹ [l(r)]			

음운 환경에 따라 유음은 두 개의 변이음, 즉, 탄설음과 설측음으로 발음이 됩니다. 탄설음 [r]은 혀끝으로 치조를 가볍게 치고 내려오면서 내는 소리이며, 설측음 [l]은 혀끝을 치조에 갠 채 공기를 양 옆으로 흘려보내면서 내는 소리입니다.

▶ 유음의 변이음

음소	변이음	음운 환경	예
/ㄹ/	[r]	어드초성	라디오[radio], 라면[ramyΛn]
		어중 모음 뒤	다리[tari], 사람[saram]
	[l]	어중 [l] 뒤	달라요[tallayo], 골라요[kollayo]
		더말	달[tal], 길[kil]

2) 한국어의 모음 체계

모음(母音)은 성대의 진동을 받은 소리가 성도를 거치면서 아무런 방해를 받지 않고 나오는 소리로 한국어에는 21개의 모음이 있습니다. 이중 단모음은 10개, 이중모음 11개입니다.

단모음은 하나의 소리로 구성되어 발음을 시작할 때부터 끝낼 때까지 혀의 위치나 입 모양에 변화가 일어나지 않으나 이중고음은 하나의 소리 이상으로 구성되어 발음할 때 혀의 위치나 입 모양에 변화가 일어나는 모음을 말합니다.

구분	소리 내는 방법	해당 모음
단모음 (10개)	발음할 때 입술이나 혀가 고정되어 움직이지 않음	ㅏ, ㅔ, ㅓ, ㅐ, ㅗ, ㅚ, ㅜ, ㅟ, ㅡ, ㅣ
이중모음 (11개)	발음할 때 입술 모양이 바뀌거나 혀가 움직임	ㅑ, ㅒ, ㅕ, ㅖ, ㅘ, ㅙ, ㅛ, ㅝ, ㅞ, ㅠ, ㅢ

(1) 단모음

아래 표는 단모음을 혀의 높낮이와 혀의 최고점의 앞뒤 위치, 입술 모양에 따라 분류한 것입니다.

▶ 한국어의 단모음

혀의 위치 / 입술 모양 / 혀의 높낮이	전설모음		후설모음	
	평순모음	원순모음	평순모음	원순모음
고모음	ㅣ [i]	ㅟ [ü]	ㅡ [ɪ]	ㅜ [u]
중모음	ㅔ [e]	ㅚ [ö]	ㅓ [ə]	ㅗ [o]
저모음	ㅐ [ɛ]		ㅏ [a]	

① 혀의 최고점 위치에 따른 분류

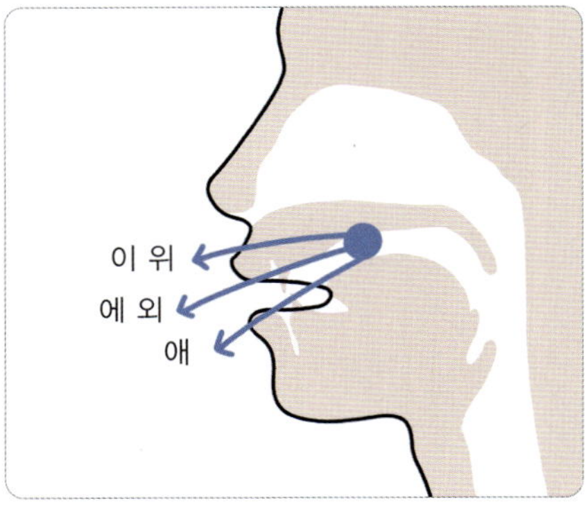

전설모음

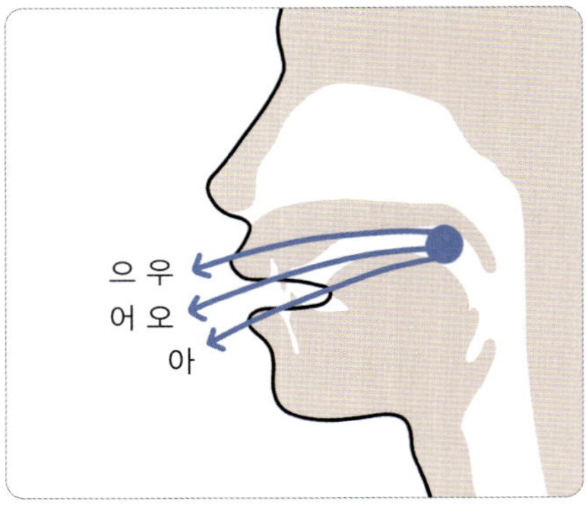

후설모음

구분	소리 내는 방법	해당 모음
전설모음	입천장의 중간점을 기준으로 혀의 최고점이 앞쪽에 있을 때 발음하는 모음	ㅣ, ㅟ, ㅔ, ㅚ, ㅐ
후설모음	혀의 최고점이 뒤쪽에 있을 때 발음하는 모음	ㅡ, ㅜ, ㅓ, ㅗ, ㅏ

② 혀의 높낮이에 의한 분류

구분	소리 내는 방법	해당 모음
고모음	입이 조금 열려서 혀의 위치가 높음	ㅣ, ㅟ, ㅡ, ㅜ
중모음	입이 더 열려서 혀의 위치가 중간임	ㅔ, ㅚ, ㅓ, ㅗ
저모음	입이 크게 열려서 혀의 위치가 낮음	ㅐ, ㅏ

고모음은 입이 조금만 열리므로 폐(閉)모음, 저모음은 입이 많이 벌어지므로 개(開)모음이라 부르기도 합니다.

▶ 모음사각도

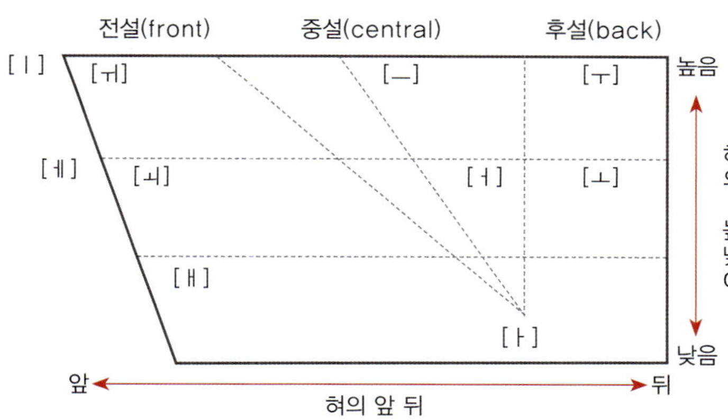

모음사각도는 한국어의 단모음을 조음 위치에 따라 사각형으로 분류하여 그림으로 나타낸 것입니다. 모음사각도를 이용해 각 모음의 혀의 높낮이와 최고점의 위치를 비교해 발음해 보면 차이점을 느낄 수 있습니다.

③ 입술 모양에 의한 분류

구분	소리 내는 방법	해당 모음
원순모음	발음할 때 입술을 둥글게 오므려 내는 모음	ㅗ, ㅚ, ㅜ, ㅟ
평순모음	발음할 때 입술을 둥글게 오므려 내지 않는 모음	ㅏ, ㅔ, ㅓ, ㅐ, ㅡ, ㅣ

연습

단모음 /ㅚ/나 /ㅟ/를 발음해 보십시오.

발음을 할 때 입술을 둥글게 유지하는 원순모음으로 원칙은 입술 모양과 혀의 위치가 변하지 않는 단모음입니다. 하지만 단모음임에도 이중모음으로 발음하는 사람이 많아 이중모음 발음도 허용하고 있습니다. 발음을 할 때, 양손의 검지로 입술 끝을 고정시켜 입술이 움직이지 않는지 확인하면서 발음해 보십시오.

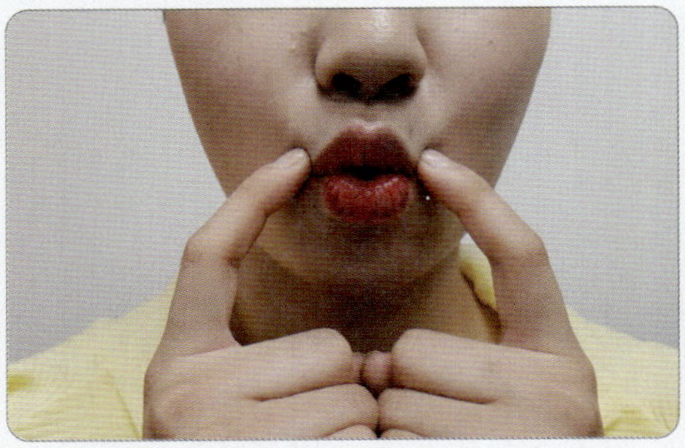

단모음 /ㅚ/의 조음 방법

단모음 /ㅟ/의 조음 방법

(2) 이중모음

이중모음은 두 개의 조음동작으로 만들어지는 모음으로 하나의 묶음으로 분석할 수도 있지만 '단모음+반모음(활음)'의 결합으로 분석할 수도 있습니다. 반모음이란 기본적으로 모음과 같은 원리로 생성되지만 모음과는 달리 단독으로 하나의 음절을 구성하지 못하는 특성이 있습니다.

또, 이중모음은 반모음과 단모음의 결합 순서에 따라서 '반모음+단모음' 구성의 상향 이중모음과 '단모음+반모음' 구성의 하향 이중모음으로 분류됩니다. 한국어의 이중모음은 모두 상향 이중모음으로, 반모음이 단모음에 선행하는 형태로만 존재합니다.

반모음(반자음; 전이음; 활음)

반모음은 모음과 달리 혼자 독립적으로 발음되지 않고 언제나 다른 모음과 결합하여 발음됩니다. 이처럼 모음과 달리 혼자 음절을 이루지 못하는 점 때문에 '반자음(semi-consonant)'으로도 불립니다. 또, 반모음은 지속성이 없이 곧바로 한 소리에서 다른 모음 자리로 옮겨 가는 소리라는 점에서 '전이음' 또는 '활음(glide)'으로도 불립니다.

① ㅑ, ㅕ, ㅛ, ㅠ

반모음 /y/에서 /ㅏ, ㅓ, ㅗ, ㅡ/로 옮겨가는 소리로, 단모음 /ㅣ/의 입 모양에서 재빨리 /ㅏ, ㅓ, ㅗ, ㅜ/를 이어서 발음하는 소리입니다.

단, 경구개 파찰음 /ㅈ, ㅊ, ㅉ/ 다음에는 반모음 /y/가 올 수 없으므로 이중모음인 /ㅑ, ㅕ, ㅛ, ㅠ/는 경구개 파찰음 다음에 단모음으로 발음이 됩니다.

예) 추워져요 → [추워저요], 가르쳐 → [가르처], 살이 쪄서 → 살이 [쩌서]

② ㅒ, ㅖ

반모음 /y/에서 /ㅐ, ㅔ/로 옮겨가는 소리로, 단모음 /ㅣ/의 입 모양에서 재빨리 /ㅐ, ㅔ/를 연이어 발음하는 소리입니다. /ㅒ, ㅖ/는 자음 다음에 올 때는 단모음으로도 발음합니다.

예) 계절 → [계절/게절], 관계 → [관계/관게], 실례 → [실례/실레]

③ ㅙ, ㅞ, ㅚ

/ㅙ/나 /ㅞ/는 /ㅗ/나 /ㅜ/를 발음할 때처럼 입술이 작게 오므라져 있다가 입술이 벌어지면서 /ㅐ/나 /ㅔ/ 발음으로 끝나는 소리를 말합니다. 그리고, /ㅚ/를 단모음이 아닌 이중모음으로 실현할 때는 /ㅙ/, /ㅞ/와 다르지 않습니다.

예) 왜가리, 위궤양, 외화, 외국

④ ㅟ

반모음 /w/에서 /ㅣ/로 옮겨가는 소리로, /ㅜ/를 발음할 때처럼 입술이 작게 오므라져 있다가 /ㅣ/로 옮겨가며 발음하는 소리입니다.

예) 귀국, 귀중품, 위험, 취약

⑤ ㅢ

/ㅡ/의 입 모양에서 시작해서 재빨리 /ㅣ/로 옮겨가는 소리입니다. 음운론적 환경이나 문법적 환경에 따라 발음이 달라집니다.

- 단어의 첫 음절에 오는 /ㅢ/: [ㅢ]로 발음

  예) 의사 → [의사], 의하면 → [의하면]

- 자음 뒤에 오는 /ㅢ/: [ㅣ]로 발음
  예) 저희 → [저히], 유의 → [유이], 주의 → [주이]
- 관형격 조사 '의': [ㅔ]로 발음
  예) 기장의 → [기장에], 여러분의 → [여러분에] → [여러부네]

3) 한국어의 음운 현상

지금부터 발음 시 주의해야 할 한국어의 음운 현상을 정리해 보도록 하겠습니다.

(1) 연음화

연음은 자음으로 끝나는 음절 뒤에 모음이 올 때, 앞 음절의 종성이 뒤 음절의 초성으로 옮겨져서 발음되는 것을 말합니다.

① 홑받침이나 겹받침이 모음으로 시작된 형식형태소(조사, 어미, 접미사)와 결합하는 경우에는 제 음가대로 뒤 음절의 첫소리로 옮겨 발음됩니다.

- 홑자음+형식형태소
  옷이[오시], 먹으면[머그면], 손잡이[손자비]
- 겹자음+형식형태소
  값이[갑씨], 읽을[일글], 맑은[말근], 없어요[업써요]

② 받침 뒤에 모음 'ㅏ, ㅓ, ㅗ, ㅜ, ㅟ'들로 시작하는 실질형태소(명사, 동사, 형용사, 부사)가 연결되는 경우에는 대표음으로 바꾸어서 뒤 음절의 첫소리로 옮겨 발음합니다.

- 홑자음+실질형태소
  옷안[온안] → [오단], 겉옷[걷옷] → [거돋], 꽃 위[꼳위] → [꼬뒤]
- 겹자음+실질형태소
  값 없는[가범는], 닭 위에[다귀에], 흙 위에[흐귀에]

(2) 격음화

파열음 'ㄱ, ㄷ, ㅂ'과 파찰음 'ㅈ'이 앞이나 뒤의 'ㅎ'과 결합하여 격음으로 바뀌는 현상입니다. 유기음화 또는 거센소리라고도 합니다. 한국어에서의 격음화는 단어 내에서뿐 아니라 단어와 단어 간에도 일어납니다.

- 단어 내
  축하[추카], 입학[이팍]
- 단어와 단어
  이륙 후[이류쿠], 국 한그릇[구칸그릇], 옷 한 벌[오탄벌]

① 순행적 격음화

- 어떻게[어떠케], 좋고[조코], 그렇지만[그러치만]

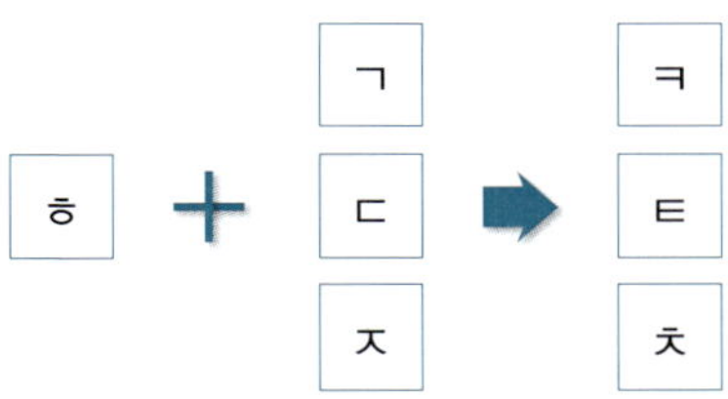

- 그렇게[그러케]
- 그렇다[그러타]
- 그렇지[그러치]

② 역행적 격음화

- 입학[이팍], 주목해[주모캐], 막히다[마키다], 솔직히[솔찌키], 따뜻하다[따뜨타다]

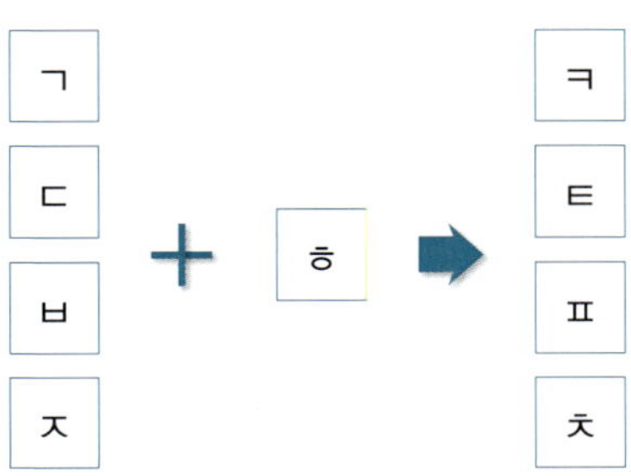

- 축하[추카]
- 맏형[마텽]
- 입학[이팍]
- 맞히다[마치다]

(3) 경음화

① 받침 /ㄱ, ㄷ, ㅂ/ 뒤에 오는 /ㄱ, ㄷ, ㅂ, ㅅ, ㅈ/이 된소리로 바뀌는 현상으로, 예외 없이 일어나므로 필수적인 경음화라고 합니다.

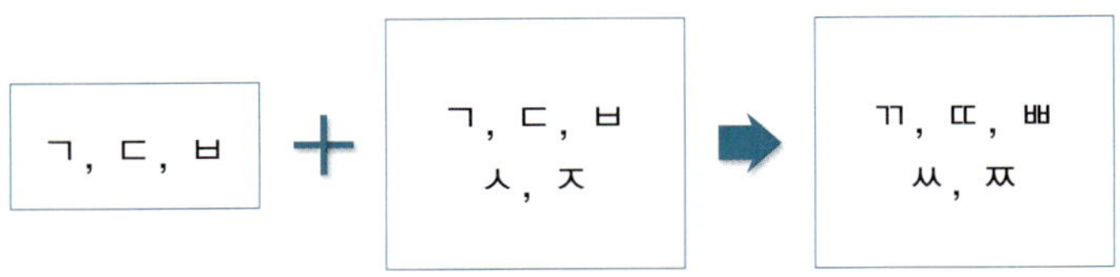

- 학교[학꾜]
- 식당[식땅]
- 꽃밭[꼳빧]
- 학생[학쌩]
- 극장[극짱]

② 한자어에서 /ㄹ/ 받침 뒤에 연결되는 /ㄷ, ㅅ, ㅈ/은 된소리로 발음합니다. 단, /ㄹ/ 뒤의 /ㄱ, ㅂ/은 경음화 되지 않습니다.
예외) 결과[결과], 발견[발견], 출발[출발], 활발[활발]

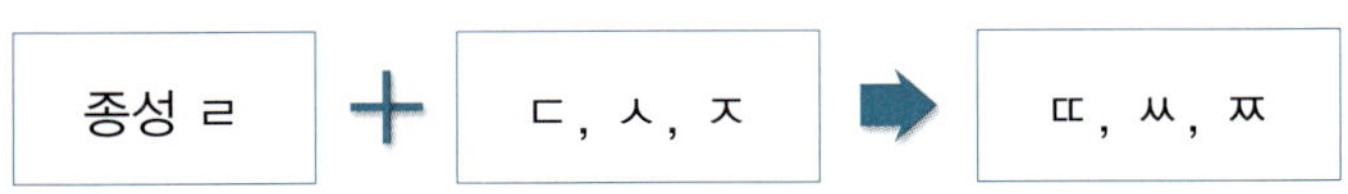

- 결석[결썩]
- 발달[발딸]
- 결정[결쩡]

③ 받침 /ㄴ(ㄵ), ㅁ(ㄻ)/ 뒤에 오는 /ㄱ, ㄷ, ㅅ, ㅈ/은 된소리로 발음합니다. 단, 피동, 사동의 접미사 '-기-'는 경음화되지 않습니다.
예외) 안기다, 감기다, 숨기다, 굶기다, 옮기다

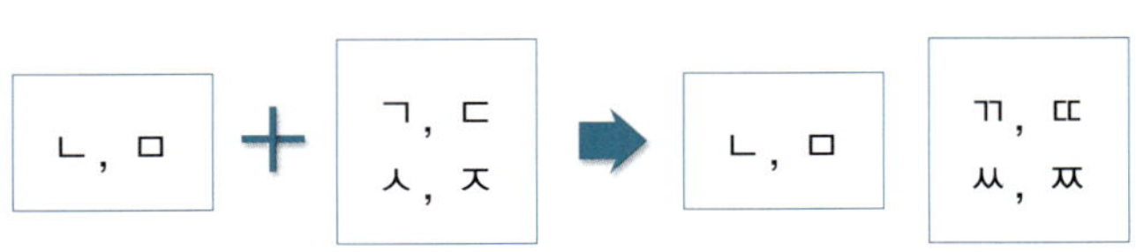

- 안고[안꼬]
- 숨다[숨따]
- 감지[감찌]
- 젊고[점꼬]
- 닮지[담찌]

④ 어미 '_(으)ㄹ' 뒤에 연결되는 /ㄱ, ㄷ, ㅂ, ㅅ, ㅈ/은 된소리로 발음합니다.

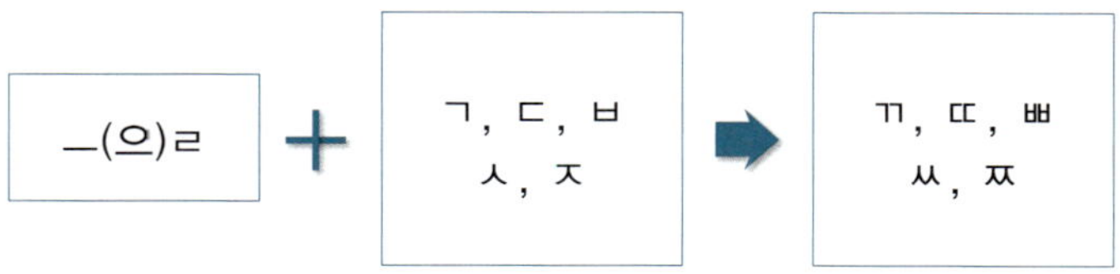

- 갈 것을[갈꺼슬]
- 갈 데가[갈떼가]
- 갈 바를[갈빠를]
- 갈 수는[갈쑤는]
- 갈 지는[갈찌는]

(4) 구개음화

받침 /ㄷ, ㅌ/이 조사나 접미사의 모음 /ㅣ/와 결합하는 경우 /ㅈ, ㅊ/으로 바뀌어 뒷음절 첫소리로 옮겨 발음되는 현상입니다.

'닫히다', '묻히다', '굳히다'와 같이 'ㄷ' 뒤에 접미사 '히'가 결합되어 '티'를 이루는 것은 [치]로 발음합니다.

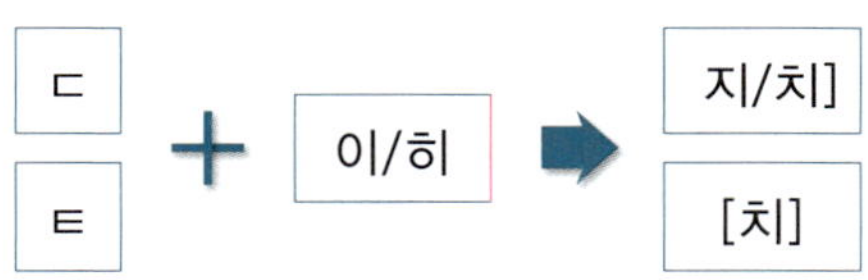

- 해돋이[해도지]
- 같이[가치]
- 끝이다[끄치다]
- 닫히다[다치다]

단, 구개음화는 /ㄷ, ㅌ/ 뒤에 형식형태소(조사, 어미, 접미사)가 결합하는 경우에만 일어납니다.

- 밭이랑 논이랑 모두 큰아들에게 물려줬다.
  밭+이랑(조사) → [바치랑]
- 밭이랑 두 줄을 가는 데 두 시간이 넘게 걸렸다.
  밭+이랑(명사) → [반니랑]

(5) 비음화

비음화는 비음이 아닌 소리가 비음으로 바뀌는 것을 말합니다.

① 장애음의 비음화

파열음 /ㄱ, ㄷ, ㅂ/이 뒤에 오는 비음 /ㄴ, ㅁ/의 영향을 받아, 같은 조음 위치의 비음인 /ㅇ, ㄴ, ㅁ/으로 바뀌는 현상을 말합니다.

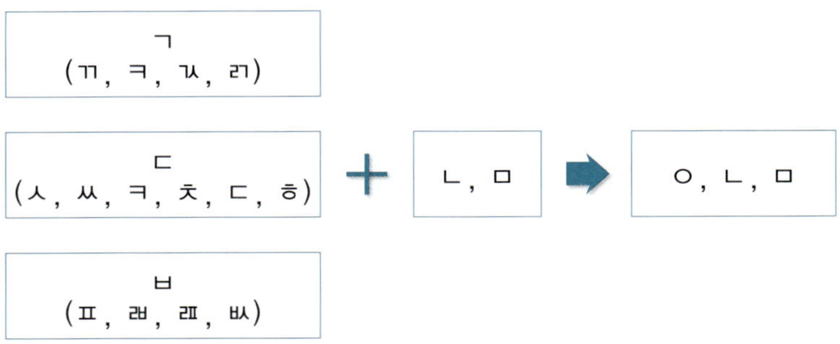

- 먹는[멍는], 국물[궁물], 깎는[깡는], 부엌문[부엉문], 긁는[긍는]
- 닫는[단는], 있는[인는], 놓는[논는]
- 잡는[잠는], 밥물[밤물], 앞마당[암마당]

② 유음의 비음화

유음 /ㄹ/이 /ㄹ/을 제외한 자음, 즉 /ㄱ, ㄴ, ㄷ, ㅁ, ㅂ, ㅇ/의 뒤에서 /ㄴ/으로 변하는 음운 현상입니다.

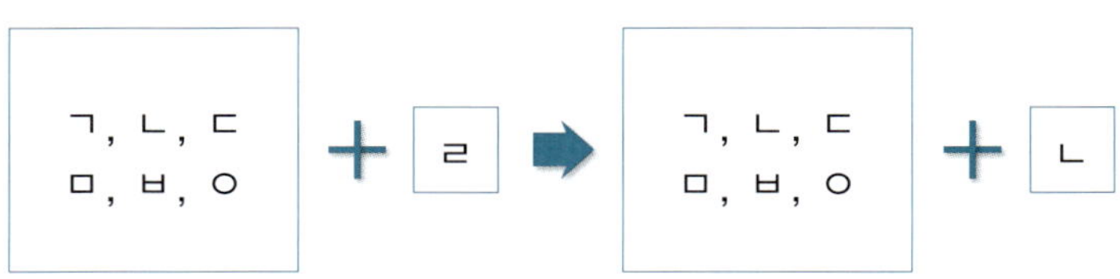

- 정리[정니], 경력[경녁], 음료[음뇨], 단란[단난]
- 대통령[대통녕], 정류장[정뉴장], 입력[임녁]

(6) 유음화

/ㄴ, ㄹ/이 연속될 때 /ㄴ/이 유음인 /ㄹ/로 바뀌는 현상입니다.

① 순행적 유음화

/ㄹ/과 /ㄴ/이 연속될 때 /ㄹ/의 영향으로 뒤에 오는 /ㄴ/이 /ㄹ/로 바뀝니다.

• 칼날[칼랄], 달님[달림], 물놀이[물로리], 끓는[끌른], 과일나무[과일라무]

ㄹ ㄴ → ㄹ ㄹ

• 칼날[칼랄]
• 실내[실래]
• 줄넘기[줄럼끼]
• 달나라[달라라]

② 역행적 유음화

/ㄴ/과 /ㄹ/이 연속될 때 /ㄹ/의 영향을 받아 앞의 /ㄴ/이 /ㄹ/로 바뀝니다.

• 난로[날로], 관리[괄리], 찬란[찰란], 신랑[실랑], 훈련[훌련]

ㄴ ㄹ → ㄹ ㄹ

• 연락[열락]
• 연료[열료]
• 편리[펼리]
• 연령[열령]

4) 한국어 방송 시 유의사항

(1) 틀리기 쉬운 발음

① 장음

항:공 예:정 이:륙 모:시겠습니다 좌:석

전:화 보:관 계:속 잠:시 화:면 주:목

② 이중모음

좌석 → [자석] (×) 회원사 → [해언사] (×)

보관 → [보간] (×) 승무원 → [승무언] (×)

③ 'ㅎ' 발음

항공 → [앙공] (×) 영향 → [영양] (×) 비행 → [비앵] (×)

변화 → [벼나] (×) 운항 → [운앙] (×) 저희 → [저이] (×)

한국어 방송 시 학습자들이 주의해야 할 발음으로는 크게 장음과 이중모음, 그리고 'ㅎ'발음을 들 수 있습니다. 우선, 한국어에서 장단(length)은 모음의 길이가 길고 짧음을 말하는 것으로 단어의 의미를 변별하는 기능을 수행합니다. 아래 예시된 표와 같이 같은 글자라도 길게 혹은 짧게 발음하느냐에 따라 단어의 뜻이 바뀌게 되므로 기본적으로 장단음을 구별하여 발음하도록 합니다.

또, 이러한 변별기능은 단어의 첫음절에만 실현되는데 예를 들어 거짓말, 함박눈, 군밤과 같이 단어의 첫음절이 아닐 때에는 장단의 구별 없이 발음합니다.

장	단
말: (語)	말 (馬)
눈: (雪)	눈 (目)
밤: (栗)	밤 (夜)
조:선 (造船)	조선 (朝鮮)
가:정 (假定)	가정 (家庭)

현재에 이르러 표준말인 서울말에서 장단의 변별기능이 거의 사라지고 있는 추세이긴 하나 방송을 처음 배우는 학습자에게는 장음을 구별하여 발음하는 것이 발음의 명료도를 향상시키는 데 도움이 될 것으로 생각합니다.

이중모음은 단모음과 달리 서로 다른 두 개의 조음 동작으로 만들어지는 모음이므로 일단 단음으로 짧게 발음하지 않도록 주의해야 합니다. 특히, 이중모음 [ㅘ]나 [ㅝ]의 발음을 정확히 하려면 두 개의 모음 중 첫 번째 모음인 [ㅗ]나 [ㅜ]의 입 모양에서부터 소리를 시작하는 것이 중요합니다.

또, 성문음 /ㅎ/을 /ㅇ/으로 잘못 발음하는 학습자들이 많으므로, 정확하게 /ㅎ/을 발음하는 습관을 기르도록 합니다.

(2) 한국어의 억양

억양의 종류

- 상승 억양
- 평 억양
- 하강 억양

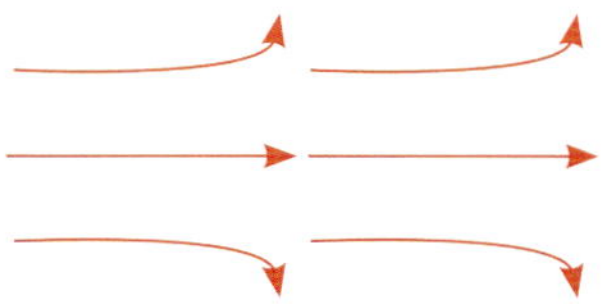

➡ 자연스러운 구어체는 두번 이상 같은 억양이 반복되지 않도록 적절히 변화가 있어야 함

억양(intonation)은 문장에 얹히는 음높이의 변화로, 관심을 끌려고 하는 말의 어떤 부분을 상대방에게 돋보이게 하는 가장 효과적인 수단이라 할 수 있습니다. 억양은 상승조와 평조 그리고 하강조의 억양으로 나눌 수 있는데, 대체로 평서문, 명령문, 청유문에서는 낮거나 하강하는 억양이 실현되고, 의문문에서는 높거나 상승하는 억양이 실현됩니다. 그런데, 한국어에서의 음높이는 단어 악센트의 위치가 달라지면 뜻이 달라지기도 하는 영어와는 달리, 단어가 아니라 문장의 뜻을 구분하는 데만 기여합니다.
아래 예시를 보면, '가(go)'의 음높이가 변화함에 따라 '단어'의 의미가 아니라 '문장'의 의미가 바뀌는 것을 알 수 있습니다. 즉, 음높이가 상승이냐 하강이냐에 따라 문장의 의미가 각각 의문문과 평서문(혹은 명령문)으로 달리 해석됩니다.

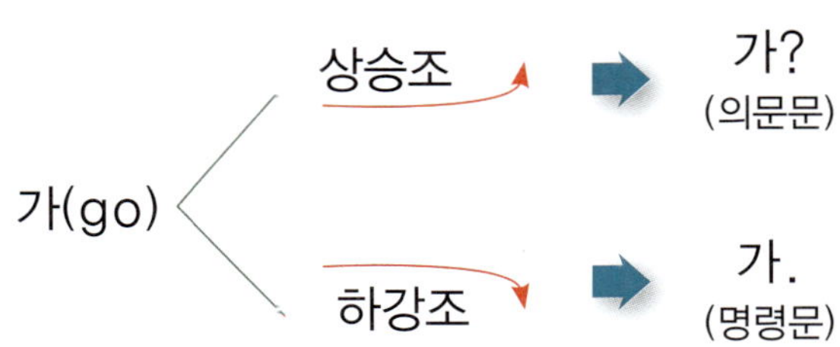

또, 구어체에서는 의미 전달 또는 호흡 조절을 위해 끊어 읽기를 해야 하는 곳을 자연스럽게 연결하는 것이 중요한데, 이때 어조는 상승조와 하강조를 사용하며, 평조는 사용하지

않습니다.
다음 문장의 어조를 비교해 봅시다.

① 하강조-하강조-하강조
손님 여러분, 좌석벨트를 매주시고 좌석등받이와 테이블은 제자리로
해주십시오.

② 하강조-상승조-하강조
손님 여러분, 좌석벨트를 매주시고 좌석등받이와 테이블은 제자리로
해주십시오.

③ 평조
손님 여러분, 좌석벨트를 매주시고 좌석등받이와 테이블은 제자리로
해주십시오.

①과 같이 동일한 어조를 두번 이상 사용하면 감정 없이 책을 읽는 것처럼 들리지만, ②와 같이 하강조와 상승조, 혹은 상승조와 하강조를 번갈아 구사하면 말하는 듯이 자연스럽게 들립니다. ③번처럼 끊어 읽을 때마다 평조를 구사하는 것도 구어체에는 어울리지 않는 말투입니다. 특히, 마침표가 있는 문장 끝에서는 말하는 사람의 의지가 전달될 수 있도록 하강조의 억양을 구사하도록 합니다.
또한, 억양은 음높이의 변화를 통해 말하는 사람의 감정이나 기분의 변화를 듣는 사람에게 전달하는 기능을 하기도 합니다.

다음 문장의 어조를 비교해 봅시다.

① 저희 승무원들은 여러분의 탑승을 진심으로 환영합니다.

② 저희 승무원들은 여러분의 탑승을 진심으로 환영합니다.

①과 같이 음높이의 변화가 전혀 없는 직선형 어조는 내용과는 달리 책을 읽는 것 같이 들려 차갑고 사무적인 느낌을 주기 쉽습니다. 반면에 ②와 같은 음높이의 변화가 있는 곡선형 어조는 멜로디가 형성되어 친절하고 즐거운 느낌을 줄 수 있습니다. 구어체에서는 이러한 음높이의 변화가 있게 마련이므로, '저희', '여러분의', '진심으로'와 같이 꾸며주는 역할을 하는 말의 음높이를 올림으로써 전체 문장의 억양을 자연스럽고 듣기 좋게 유지합니다.

(3) 한국어의 강세

강세(stress)는 조음의 힘의 정도, 즉 얼마나 강하고 약하게 발음하는지를 의미하며, 소리의 크기(loudness), 높이, 길이와 관계가 있으며 언어에 따라 그 기능하는 바가 다릅니다.
한국어의 강세는 영어와 달리 어휘에 대한 변별기능을 하지 않고 아래 예시와 같이 복합어와 구를 변별하는 기능 등에만 영향을 주므로 특정 음절에 힘을 주는 음의 강약이 아니라 음의 고저를 이용하여 강조해야 합니다.

- 작은아버지: 아버지의 동생
- 작은 아버지: 키가 작은 아버지
- 잘못하다: 실수하다
- 잘 못하다: 능숙하지 않다

방송에서는 내용상 중요한 정보인 핵심단어(key word)를 부각해야 하는데, 항공사명이나 지명(도착지, 경유지)과 같은 고유명사와 비행 편명과 날짜, 시간 등의 숫자는 더욱 정확하게 전달해야 합니다. 이때 한 글자씩 또박또박 끊어 읽는 기본적인 강조법과 더불어 '소리의 크기'가 아니라 '소리의 높이'로 부각해야 한다는 점이 한국어가 가지고 있는 강세의 특징이라고 할 수 있습니다.

아래에 예시된 위의 문장을 읽어봅시다.

- 이 비행기는 (도쿄)까지 가는 (한국항공)(701)편이며, (일본항공)과 공동 운항하고 있습니다.

적색으로 쓰여 있는 도쿄, 한국항공, 701, 일본항공은 핵심단어이므로, 승객들이 전체 문장은 다 못 알아듣더라도 그 단어들만 들리면 문장의 뜻을 헤아릴 수 있을 정도로 음의 높이를 올려 말해 보십시오.

또, '이 비행기는 701편이며, 일본항공과 공동 운항하고 있습니다.'와 같이, 끊어 읽을 때마다 마지막 음절에 힘을 주거나 길게 음을 늘이는 말투와 조사를 올려 읽는 말투 등은 모두 구어체에는 적합하지 않으므로 고쳐야 합니다.

(4) 끊어 읽기와 속도

- 방송 효과면에서 전체적인 형식미를 갖추는 것이 바람직하므로 방송문을 크게 3부분(서론, 본론, 결론)으로 나눠 Pause를 줌
  - 서론: 손님 여러분, 안내 말씀 드리겠습니다.
  - 본론: 본문
  - 결론: 감사합니다.
- 적당한 Pause로 속도가 너무 빠르거나 느린 느낌이 들지 않도록 하며, 각각의 Pause는 부호에 따라 정도의 차이를 두어야 함
  (. 〉 , 〉 / 〉 √)

노래를 부를 때 중간에 쉼이 없이 끝까지 계속 노래할 수는 없습니다. 이와 마찬가지로 말을 하거나 책을 읽을 때도 문장의 적당한 곳에서 숨을 쉬어야 합니다. 끊어 읽기를 제대로 하지 않으면 발성에 영향을 미쳐 발음이 부정확해지고 호흡이 부족해져 아무데서나 끊어 읽게 됩니다.

우선, 쉼(pause)을 주기 위해 끊어 읽을 때는 문장의 뜻에 맞도록 올바른 곳에서 끊어 읽어야 합니다. 또, 단어마다 끊어 읽거나 끊어 읽을 때마다 똑같은 길이로 끊어 읽는다면 책을 읽는 것처럼 들리므로 듣기에 자연스럽도록 쉼의 길이를 각기 달리하여야 합니다. 따라서, 마침표나 쉼표 등의 문장부호 뒤에서는 반드시 숨을 쉬도록 하고, 한 숨으로 읽기에 힘든 문장이라면 끊어 읽을 만한 절이나 구가 있는지 문장의 구조를 살펴 미리 끊어 읽을 곳을 표시해 두는 것이 좋습니다.

① 손님 여러븐, 도쿄까지 가는/ 한국항공 701편/ 곧 출발하겠습니다. (×)
② 손님 여러븐, 도쿄까지 가는 √ 한국항공 701편/ 곧 출발하겠습니다. (○)

예시된 위의 문장에서 ①의 경우처럼 매 단어마다 끊어 읽으면 절대로 말하는 것처럼 들리지 않습니다. 이 문장에서 '도쿄까지 가는'이 '한국항공 701편'을 꾸며주는 역할을 하고 있으므로 ②와 같이 '도쿄까지 가는 한국항공 701편'을 pause 없이 연결하여 읽되, 승객에게 들려줘야 하는 가장 중요한 정보로서 '한국항공 701편'을 높이로 변화를 주어 강조합니다.
또, 비행 중에는 방송의 효과 면에서 승객들의 주의를 집중시키기 위한 노력이 필요합니다. 처음부터 방송에 귀를 기울이는 승객은 거의 없기 때문입니다. 실시할 방송문의 길이가 짧다면 더욱 어느 정도 형식을 갖추고 속도를 조절하여 방송을 할 필요가 있습니다. 즉, 첫 도입 부분인 '손님 여러분'이나 '안내 말씀 드리겠습니다' 다음에 pause를 주어 승객에게 방송이 실시됨을 알리고, 본문 내용에 대한 방송을 마친 후 다시 pause를 주어 마지막 인사로서 '감사합니다'가 정중하게 전달되도록 합니다.

(5) 어조와 감정

- 밝고 듣기 좋은 Tone
- 적절한 Volume
- 최대한 감정을 표현
  예) 진심으로 환영합니다.
  정성껏 모시겠습니다.
- 미소를 지으면서 방송을 하면 저절로 밝고 친절한 Tone이 됨

방송에서는 그냥 책을 읽는 것이 아니라 상대방에게 말을 하는 듯한 자연스러운 어조가 필요하므로, 방송문의 내용에 따라 각각의 상황에 맞게 정중하게, 친절하게, 밝게, 따뜻하게 방송을 전달할 수 있는 감정의 표현력을 길러야 합니다.
무엇보다 듣는 사람의 입장에서는 낮은 톤보다는 조금 높은 톤이 듣기에 좋습니다. 따라서, 평소에 목젖이 눌리지 않도록 고개를 들고 미소를 지으면서 방송 연습을 하면 자연스

럽고 밝은 톤을 쉽게 만드는 데 도움이 됩니다.
또, 방송문에 나오는 '진심으로 환영합니다', '정성을 다하겠습니다', '감사합니다' 등의 인사말은 최대한 감정을 표현하여 진심이라는 느낌이 전달되어야 합니다.
방송은 궁극적으로 목소리를 통해 '현명하고 친절한 승무원'이라는 이미지를 전달할 수 있어야 하는데, 이것은 전적으로 방송을 듣는 순간의 승객 느낌에 달린 것이므로 방송을 할 때는 무조건 상대방의 입장에서 생각해야 합니다. 따라서 방송 또한 기본적으로 방송실시자의 서비스마인드가 필요한 업무라고 할 수 있습니다.

5. 영어 방송요령

1) 영어의 자음 체계

(1) 조음 위치에 의한 분류

양순음(bilabial)	[p], [b], [m]	pocket, board, many
순치음(labiodental)	[f], [v]	five, fine, vine
치음(dental)	[θ], [ð]	thank, this
치경음(alveolar)	[t], [d], [n], [s], [z], [l], [r]	time, dime, nine, seat, zero, lead, read
경구개음(palatal)	[ʃ], [tʃ], [ʒ],[dʒ], [j]	ship, cheap, pleasure, gentlemen, you
연구개음(velar)	[k], [g], [ŋ]	back, lag, hang
구개순음(labiovelar)	[w], [ʍ]	witch, which
성문음(glottal)	[h], [ɦ]	hope

① 양순음(bilabial) / p, b, m /

위아래 입술이 닿아 나는 소리입니다.

② 순치음(labiodental) / f, v /

아랫입술과 윗니에 의해 만들어지는데, 아래 입술을 앞 윗니에 닿을 정도로 접근하여 나는 소리입니다.

③ 치음(dental) / θ, ð /

혀와 치아에 의해서 만들어지는 소리로, 혀는 위아래 치아 사이나 앞 윗니 뒷부분에 있게 됩니다.

④ 치경음(alveolar) / t, d, n, s, z, l, r /

혀의 끝이나 날(blade) 부분이 윗니의 뒷부분에 있는 딱딱한 부분인 치경, 즉, 치조돌기(alveolar ridge)에 닿게 함으로써 만들어지는 소리입니다.

⑤ 경구개음(palatal) / ʧ, ʤ, ʃ, ʒ, j /

혀의 날이 치조돌기의 뒷부분, 즉 경구개(hard palate) 부분에 닿음으로써 만들어지는 소리입니다.

⑥ 연구개음(velar) / k, g, ŋ /

혀의 뒷부분이 연구개(soft palate)에 닿음으로써 만들어지는 소리입니다.

⑦ 구개순음(labiovelar) / w, ʍ /

혀의 뒷부분을 연구개 부분으로 올리고 입술을 둥글게 함으로써 만들어지는 소리입니다. 영어의 일부 방언에서는 witch와 which가 서로 다르게 발음됩니다. 'witch'의 첫소리는 [w]로 유성음으로 발음되나 'which'의 첫소리는 무성음으로 위아래가 거꾸로 된 [ʍ]로 발음됩니다.

⑧ 성문음(glottal) / h, ɦ /

성문에 의해 나는 소리로 성문을 닫았다가 갑자기 터뜨려 내는 성문파열음 /ɦ/이 있습니다. 이 음은 종종 button이나 'mountain'의 [t]음 대신 사용되기도 합니다. 또, 성문이 부분적으로 폐쇄되면 hop의 첫소리와 같은 성문마찰음 [h]음이 만들어집니다.

(2) 조음 방법에 따른 분류

파열음(plosive)	[p]와 [b], [t]와 [d], [k]와 [g], [ʔ]
마찰음(fricative)	[f]와 [v], [θ] 와 [ð], [s]와 [z], [ʃ]와 [ʒ]
파찰음(affricate)	[tʃ]와 [dʒ]
비음(nasal)	[m], [n], [ŋ]
유음(liquid)	[l], [r]
경과음(glide)	[y], [w], [ʍ]

① 파열음(plosive) / p, b, t, d, k, g, ʔ /

조음기관끼리 닿아서 공기의 흐름이 완전히 차단되었다가 갑자기 터질 때 나는 소리로, 양 입술, 혓날과 치경, 혀몸과 연구개 등 조음기관끼리 닿는 부분은 다양합니다. 공기의 흐름이 완전히 멈춘다는 의미에서 정지음(stop)이라고도 합니다.

② 마찰음(fricative) / f, v, θ, ð, s, z, ʃ, ʒ /

발음기관들이 접근하여 공기가 그 사이를 통과하면서 마찰을 일으킬 때 나는 소리입니다. 영어를 포함한 서양 언어에서는 흔한 소리이지만 우리말에는 /ㅅ, ㅆ, ㅎ/ 세개의 마찰음만이 쓰여서, 마찰음이 상대적으로 적습니다.

③ 파찰음(affricate) / tʃ, dʒ /

파열 직후 마찰이 연속으로 일어나는 소리로 영어의 'church', 'judge'의 첫소리이고, 우리말에서는 'ㅊ', 'ㅈ'으로 표시되는 소리입니다.

④ 비음(nasal) / m, n, ŋ /

파열음과 같이 구강에서의 공기의 길을 차단하였다가 파열을 시키지만 파열음과 달리 연구개와 목젖을 내려 비강으로 통하는 통로가 열리게 하여 코로 공기를 내보내면서 내는 소리입니다.

⑤ 유음(liquid) / l, r /

알파벳의 'r'과 'l'로 적는 소리로 우리말에서는 'ㄹ'로 표시됩니다. 다른 자음과 큰 차이점은 공기가 최소한으로 방해를 받고 마찰이 전혀 일어나지 않는다는 점으로 [l]과 [r]은 매우 다른 방식으로 만들어집니다.

- [l]은 혀의 끝을 치조의 가운데 부분에 닿게 함으로써 limb의 [l]과 같은 유음이 만들어지는데, 기류를 완전히 막지 않고 공기가 혀의 한쪽 혹은 양쪽 측면으로 통과하도록 허용하기 때문에 설측음(lateral)이라고도 불립니다.
- [r]은 혀의 끝부분을 위로 둥글게 말아 치조 뒷부분으로 올리고 혀를 치조돌기를 향해 앞쪽으로, 위쪽으로 움직이지만 직접 치조에 닿지는 않음으로써 만들어집니다. 혀가 둥글게 말리기 때문에 반전음(retroflex)라고도 불립니다. Ralph의 첫소리가 반전음에 해당합니다.

⑥ 경과음(glide) / y, w, ʍ /

경과음이란 조음을 할 때 혀가 옆의 모음으로부터 급격하게 이동하기 때문에 붙여진 이름으로 모음과 자음의 요소를 모두 가지고 있어 반모음이라고 불리는 소리입니다. 즉, 기류의 방해가 다른 자음들에 비해 작기 때문에 모음과 유사하지만, 다른 모음들처럼 기류가 자유롭게 방출되는 것이 아니므로 완전한 모음이라고 할 수 없습니다. 따라서 반모음이란 자음과 모음의 중간단계에 해당한다고 할 수 있습니다.

연습

틀리기 쉬운 발음이므로 주의해서 발음해 보십시오.

[θ] [s]	thumb path thick faith mouth sum pass sick face mouse
[b] [v]	bat buy bow berry boat vat vie vow very vote
[f] [θ]	free first fin fought Fred three thirst thin thought thread
[s] [ʃ]	seat say sign sip seek sheet shy shine ship chic
[r] [l]	right fry rain row read light fly lane low lead

2) 영어의 모음 체계

모음은 하나의 소리로 구성된 단모음과 두 개의 모음이 합쳐진 이중모음으로 나뉩니다. 단모음은 발음할 때 입 모양에 변화가 없는 모음이며, 이중모음은 입 모양에 변화가 있는 모음입니다.

(1) 단모음(monophthong)

영어에는 12개의 단모음이 있습니다. 혀의 높낮이와 혀의 최고점의 앞뒤 위치, 입술 모양, 근육의 긴장(tense/lax)에 따라 분류하면 다음과 같습니다.

▶ **영어의 단모음**

혀의 높낮이	긴장성 \ 입술 모양 \ 혀의 위치	전설모음 평순	전설모음 원순	중설모음 평순	중설모음 원순	후설모음 평순	후설모음 원순
고모음	긴장모음	[i]					[u]
	이완모음	[ɪ]					[ʊ]
중모음	긴장모음	[e]					[o]
	이완모음	[ɜ]		[ʌ],[ə]			[ɔ]
저모음	긴장모음						
	이완모음	[æ]		[a]		[ɑ]	

한국어와 영어의 모음 체계를 대조해 보면, 영어의 모음 수가 한국어보다 많으며, 훨씬 복잡합니다. 한국어와는 달리 중설모음이 있고, 긴장모음과 이완모음의 구별이 있습니다. 긴장모음은 혀에 힘이 가해져서 나는 소리이고, 이완모음은 혀에 힘이 덜 가해져서 나는 소리입니다. 대체로 이완모음이 긴장모음보다 조음되는 위치가 낮고 소리의 길이 면에서 더 짧습니다.

예) [i] seat vs. [ɪ] sit
[u] fool vs. [ʊ] full

① [iː]

한국어의 긴 [이ː]에 해당하는 소리입니다.

예) see[siː], screen[skriːn], tea[tiː]

② [ɪ]

한국어의 짧은 [이]에 가까운 짧은 모음입니다. 긴 [iː]와 짧은 [ɪ]는 길이만이 아니고 소릿값도 달라 한국인에게 대단히 어려운 모음입니다.

예) sit[sɪt], ship[ʃɪp], ink[ɪŋk]

③ [e]

한국어의 [에]에 가까운 짧은 모음입니다.

예) welcome['welkəm], leg[leg], member['membər]

④ [æ]

한국어의 [애]보다 조금 낮은 소리로, 턱과 볼의 근육이 당겨지는 것을 느낄 정도로 입을 더 열고 혀를 내려야 합니다.

예) fasten['fæsn], passenger['pæsɪndʒər], ask[æsk]

⑤ [ɑː]

한국어의 [아ː]에 가까운 소리이나 이보다 혀를 더 뒤로 당겨야 하는 긴 모음입니다.

예) heart[hɑːrt], non[nɑːn], farm[fɑːrm], congregate['kɑːŋgrɪgeɪt]

⑥ [ʌ]

한국어의 [어]와 유사한 짧은 모음으로 혀의 위치가 /ㅓ/와 /ㅏ/의 중간에 있습니다.

예) upright['ʌpraɪt], under['ʌndər], customs['kʌstəmz]

⑦ [ɔː]

한국어의 긴 [오ː]에 가까운 모음입니다. /ㅗ/보다 입을 조금 더 벌리고 발음해야 합니다.

예) law[lɔː], board[bɔːrd], form[fɔːrm]

⑧ [ʊ]

한국어의 [우]에 가까운 짧은 모음이나 [ɪ]와 마찬가지로 혀의 근육을 긴장시키지 않고 발음해야 합니다.

예) put[pʊt], would[wʊd], book[bʊk], good[gʊd]

⑨ [uː]

한국어의 [우:]에 유사한 긴 모음입니다.

예) food[fu:d], approve[ə'pru:v], soon[su:n]

⑩ [ɜː]

한국어의 긴 모음 [어:]에 유사하나 혀의 위치를 약간 낮추고 발음해야 합니다. 중설모음으로서 음가가 중립적인 모호한 소리로 한국인에게는 어려운 모음입니다.

예) serve[sɜ:rv], worth[wɜ:rθ], bird[bɜ:rd]

⑪ [ə]

항상 강세를 받지 않는 열린 모음으로 [ɜː] 모음을 짧고 약하게 내면 됩니다. 이 모음 역시 우리말의 [어]와는 아주 다른 것이므로 주의해야 합니다. 경상도 말의 '어데'에서 나오는 모음의 소릿값과 유사합니다. 이 모음이 어말이나 문장 끝에서는 음가가 변화하여 우리말의 약한 [아] 소리와 같이 납니다.

예) marine[mə'ri:n], banana[bə'nænə], center['sentər]

⑫ [o]

한국어의 [오]에 유사한 모음이나 영어에서는 주로 이중모음의 첫소리에 사용됩니다.

예) overhead['oʊvəhed], smoking['smoʊkɪŋ], hope[hoʊp]

연습

대립되는 단모음의 발음에 주의하며 다음 단어를 읽어 보십시오.

[iː] [ɪ]	seat sheep bean meal sit ship bin mill
[e] [æ]	pet men head bed pat man hat bad
[ɑ] [ʌ]	park carp bark calm puck cup buck come
[ɑ] [ɔ]	cock spot dot non cork sport dog nun
[ʊ] [uː]	foot pull book good fool pool boon food

(2) 이중모음(diphthong)

이중모음은 두 개의 모음이 합쳐진 것으로, 그 특징은 소리가 길고 입술이 조여들며 앞의 모음에서 뒤의 모음을 향해 미끄러지는 것입니다. 즉, 완전모음에서 시작하여 반모음으로 이동하여 끝나는 것이라고 할 수 있습니다.

다수의 학습자가 no, coat, smoking, overhead, know 등의 모음[oʊ]를 단모음[o]으로 발음하는 경향이 있으므로 원 길이가 짧아지지 않도록 주의해야 합니다.

또, [aɪə]와 [aʊə]는 이중모음 [aɪ]와 [aʊ]에 [ə]를 연결시킨 형태로, 삼중모음이라고도 합니다. 역시 맨 앞쪽의 [a]는 세게 발음되며 가운데 [ɪ]와 [ʊ]는 특히 약하게 발음됩니다.

연습

이중모음 발음에 주의하며 다음 단어를 읽어 보십시오.

[eɪ]	ladies[ˈleɪdiz], aviation[ˌeɪviˈeɪʃn]
[aɪ]	flight[flaɪt], device[dɪˈvaɪs]
[ɔɪ]	oil[ɔɪl], voice[vɔɪs]
[oʊ]	smoking[ˈsmoʊkɪŋ], hope[hoʊp]
[aʊ]	down[daʊn], allow[əˈlaʊ]
[ɪə]	hear[hɪə(r)], year[jɪə(r)]
[ɛə]	air[ɛə], share[ʃɛər]
[ʊə]	tour[tʊə(r)], security[səˈkjʊrəti]
[aɪə]	fire[ˈfaɪə(r)], via[ˈvaɪə]
[aʊə]	towel[ˈtaʊəl]

3) 영어 방송 시 유의사항

(1) 틀리기 쉬운 발음

영어는 한국어와는 확연히 다른 소리이므로 정확한 발음 연습을 위해서는 원어민의 발음을 주의 깊게 듣고 소리를 따라 내는 것이 좋습니다. 또, 단어의 철자대로만 읽지 말고 단어의 발음기호를 익혀 바르게 읽는 습관을 기르도록 합니다.

① 모음

• 단모음 [a], [e], [æ], [i], [o], [u]

방송문에 자주 등장하는 단어 중에서 학습자들이 자주 틀리는 발음에는 'fasten, captain, after, ask' 등과 같이 단모음 [æ]를 포함한 단어들이 많은데, 이 [æ] 모음의 소릿값은 우리말의 [ㅐ]와 유사하지만 혀의 위치가 더 낮은 저모음이자 전설모음임을 감안하여, [a]의 입 모양에서 좌우로 좀 더 입을 벌려 발음합니다. 또 대부분 강세를 동반하므로 [e]와 구별이 되도록 강음절로 발음하는 것이 좋습니다.

예) fasten, captain, ask, passenger

• 이중모음 [ai], [ou], [ei], [au]

'ladies, overhead'의 이중모음을 단모음으로 짧게 내는 경향이 있는데, 영어의 이중모음은 우리말과 달리 개별적인 음가가 아니라 첫 번째 모음에서 두 번째 모음으로 살짝 빠져나가는 소리이므로, 발음할 때는 두 개의 모음 중 첫 번째 모음의 소리를 길고 정확하게 발음해야 합니다.

예) ladies: [ei] → [e] (×)
overhead: [oʊ] → [o] (×)

• 장모음 [iː], [aː(r)]

[iː]나 [aː]과 같은 장모음 역시 모음의 길이가 짧아지지 않도록 충분히 길게 발음합니다.

예) team, please, departure, farm

[aː]는 미국영어에서는 [aːr]로 표기하고 [r]의 음가대로 발음하지만, 영국영어에서는 뒤의 [r]을 음가대로 발음하지 않는 것이 특징입니다.

예) park: 미국식 [pɑːrk], 영국식 [pɑːk]
service: 미국식 ['sɜːrvɪs], 영국식 ['sɜːvɪs]

② 자음

영어의 자음들은 대부분 우리말에는 없는 소리이기 때문에 학습자로서 정확하게 소리를 내는 것이 어렵습니다. 특히, [l]과 [r], [p]와 [f], [s]와 [ʃ] 같은 발음들은 전통적으로 한국인들이 발음하기 어려운 소리들이어서 많은 연습이 필요합니다. 만일 이 발음들은 제대로 구별하지 못한다면 실수로 한 두 단어를 잘못 읽는 데 그치지 않고 이 발음이 포함된 무수한 단어들을 잘못 발음할 수 있다는 점에서 방송 능력평가에서 매우 중요하게 다뤄지고 있습니다.

• [l]와 [r]

[l]와 [r]은 우리말에서는 모두 'ㄹ'로 표시되는 소리이나 서로 확연히 다른 소리입니다. [l]와 [r]이 각각 첫소리로 쓰인 경우, [l]은 혀의 끝이 치조의 가운데 부분에 닿는 설측음인 반면, [r]은 혀를 둥글게 말아 소리 내는 반전음으로 혀를 치조 뒷부분으로 말아 올리지만 직접 치조에 닿지는 않는 차이점이 있습니다.

예) ladies, flight, please, like, laptop, laws
remain, return, direct, crew, regulation

연습

1. 우리말의 '랄-랄-라' 와 '라-라-라'를 이어 소리 내어 보십시오.

우리말의 'ㄹ'도 여기서는 서로 다른 소리로 들릴 것입니다. 영어의 [l] 소리는 '라라라'가 아닌 '랄랄라'의 [ㄹ]과 유사한 소리입니다. 혀끝이 치조에 닿는 것을 느끼면서 '래래래'가 아닌 '랠랠래', '리리리'가 아닌 '릴릴리', '로로로'가 아닌 '롤롤로'를 발음해 보십시오.

2. 'right'와 'light'를 비교해 발음해 보십시오.

[r]은 [l]과 달리 입술을 둥글고 좁게 내밀며 발음을 해야 하는 것이 특징입니다. 'right'의 [r]은 혀를 꼬부려 치조까지 올리되 입천장에 대지는 말고 미끄러뜨려 앞쪽으로 굴러 내리면서 우리말의 [롸]와 유사하게 발음합니다. 그러나, 'light'의 [l]은 혀끝을 윗니 뒤쪽에 세게 대고 발음하되 입술을 내밀지 않습니다.

- **[p]와 [f]**

[p]와 [f]는 우리말에서는 /ㅍ/으로 표시되는 소리이나 역시 서로 다른 소리입니다. [p]는 양순음이면서 파열음이므로, 양쪽 입술로 공기를 막았다가 여는 순간 강하게 터뜨려 내는 소리이지만, [f]는 순치음이면서 마찰음이므로 입술을 닫아 공기를 막으면 안 됩니다. [p]와 [f]역시 서로 혼동되기 쉬우므로 주의합니다.

예) pocket, preparation, please, important, passenger
flight, take off, fasten, safety, few, front, information

연습

1. 종이 한 장을 입 가까이에 들고 [p]와 [f]를 각각 발음해 보십시오.

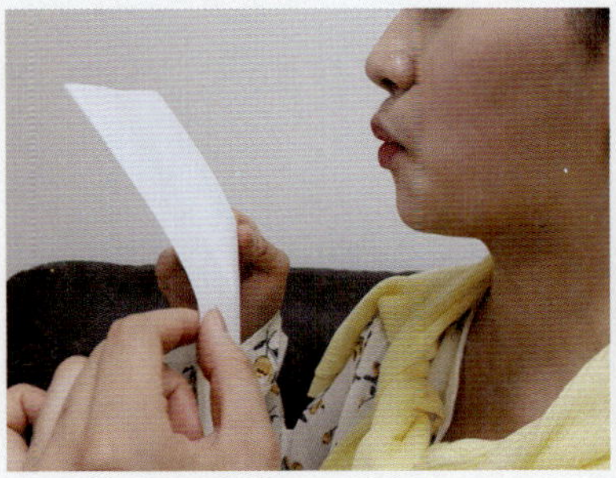 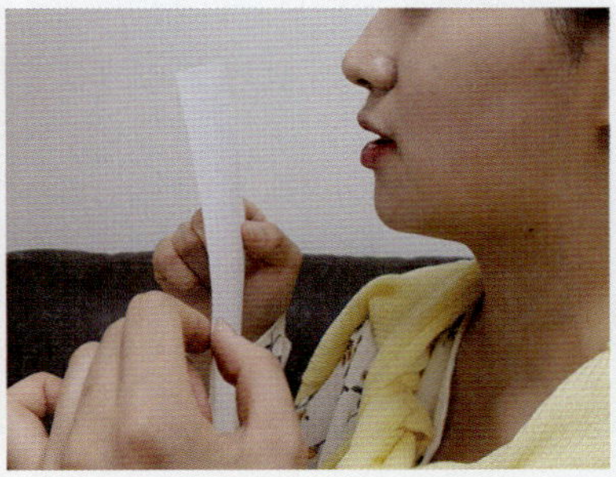

파열음인 [p]는 발음할 때의 강한 기류로 인해 첫 번째 사진과 같이 종이가 흔들리지만 마찰음인 [f]는 두 번째 사진과 같이 종이가 거의 흔들리지 않아야 합니다. 만약 [p] 발음을 할 때 종이가 흔들리지 않거나 [f] 발음을 할 때 종이가 많이 흔들린다면 둘 다 발음을 잘못하고 있는 것이므로 될 때까지 반복 연습을 해야 합니다.

2. 같은 방법으로 위의 예시에 있는 단어들을 차례로 읽어 보십시오.

[p] 발음을 할 때 종이가 제대로 흔들리는지 아니면 흔들리지 않는지, [f] 발음을 할 때 종이가 흔들리는지 확인해 보십시오.

• [s]와 [ʃ]

[s]와 [ʃ]는 우리말에서는 /ㅅ/으로 표시되는 소리이나 서로 다른 소리입니다. 둘 다 마찰음이지만 [s]는 치경음인 반면, [ʃ]는 경구개음이며, [s]는 혀끝이 윗니 뒤쪽의 딱딱한 부분인 치경에 닿아 나는 소리이지만 [ʃ]는 혓몸(전설)이 치경 뒤쪽에 있는 경구개에 닿아 나는 소리입니다.

발음할 때 혀가 사용되는 부분과 혀가 입천장에 닿는 위치가 다르기 때문에 소리가 달라지는데 [s]는 우리말의 약한 [ㅆ] 발음과 유사하고, [ʃ]는 우리말의 경상도 방언의 [ㅅ] 발음과 유사하다고 볼 수 있습니다.

예) seat, safety, security, devices, passenger
attention, code-sharing, shades, appreciate

연습

1. 영어의 'A, B, C'를 이어서 발음해 보십시오.

[s]는 'c'의 발음과 유사한 소리입니다. [ʃ]보다 [s]의 소리가 세게 발음되는 것은 [s]의 조음 장소가 [ʃ]보다 상대적으로 좁기 때문에 공기가 빠져나올 때 마찰이 더 세게 일어나기 때문입니다.

2. 'seat'와 'sheet'를 발음해 보십시오.

[ʃ]는 [s]와 달리 입을 둥글게 하여 발음합니다. [s]는 입술을 내밀지 않고 [ʃ]는 입술을 둥글게 내밀고 발음을 해보면 쉽게 소리를 구별해 낼 수 있습니다.

- **[tʃ], [dʒ], [ʃ], [ʒ], [w], [r]**

이 발음들은 학습자가 어려워 하는 발음으로 입술을 둥글게 내밀고 소리를 내야 합니다. 우리말에서는 각각 'ㅊ', 'ㅈ', 'ㅅ', 'ㅈ', 'ㅇ', 'ㄹ'로 표기되고 있지만, 소리는 우리말과는 다른 소리이므로 원어민의 발음에 유사해지도록 반복해서 연습해야 합니다. 또, [dʒ]과 [ʒ] 모두 'ㅈ'으로 표기되지만 [ʒ]보다는 [dʒ]이 우리말의 [ㅈ]에 더 가까운 소리입니다.

예) approaching, such, gentlemen, join
code-sharing, attention, pleasure
white, west, right, rest

③ 모음 [ㅡ]를 추가하는 경우

영어가 우리말과 다른 점은 영어의 자음은 홀로 소리를 낼 수 있지만 우리말의 자음은 반드시 모음이 수반되어야만 소리를 낼 수 있다는 점입니다. 한국인이 자주 오류를 범하는 것 중 하나가 자음으로 끝나는 단어를 발음할 때 영어에 없는 모음을 더한다는 것인데, 이것은 우리말의 외래어 표기법에 따른 오해에서 비롯된 것이라 볼 수 있습니다. 예를 들어 영어의 'belt'는 외래어 표기법에 따라 우리말로는 '벨트'로 적습니다. 이는 영어의 끝 발음인 [t]는 우리말의 [ㅌ]에 해당되나 우리말에서는 자음인 'ㅌ'만으로는 소리를 낼 수 없으므로 모음 [ㅡ]를 추가하여 표기한 것입니다.

따라서 영어 단어의 끝 발음이 자음인 경우, 영어에는 없는 모음을 추가하여 한국어식으로 발음하지 않아야 합니다. 특히, 한 단어의 끝음과 뒤에 연결된 단어의 첫음이 자음인 경우에는 앞 단어의 끝 자음을 파열시키지 않고 뒤에 오는 자음에 연결하여 한 단어처럼 발음하면 없는 모음을 추가시키는 습관을 고칠 수 있습니다. 이 부분은 뒤의 연음 부분에서 다시 설명하도록 하겠습니다.

연습

1. 다음 단어를 적색으로 표시된 자음 뒤에 우리말 [—]가 들어가지 않도록 주의하여 읽어 보십시오.

   seatbelt, shortly, safety, upright, livestock, approved, please

2. 다음 문장을 적색으로 표시된 자음 뒤에 우리말 [—]가 들어가지 않도록 주의하여 읽어 보십시오.

   We ask for your understanding.
   We would like to welcome you on board.
   This is flight 701 bound for Tokyo.
   Larger devices must be stowed.
   You must visit the quarantine center.
   We hope to see you again soon.

(2) 억양

강세 기능

관심을 끌려고 하는 말의 부분을 돋보이게 하는 가장 효과적인 수단으로, 강조하려는 핵심단어를 다른 부분에 비해 강하고 높게 발음함

비강세 기능

문장의 종류를 구별하는 수단으로, 이를 통해 말하는 이의 정서적 태도나 개성을 알 수 있음

연주를 할 때 두드리는 면이 하나밖에 없는 북은 리듬과 강세를 수반하는 소리밖에 낼 수 없으나 피아노처럼 길고 짧은 키가 달린 악기는 높고 낮은 소리와 가락(pitch와 멜로디)을 수반하는 소리를 낼 수 있습니다. 소리가 나려면 물건이 떨려 그 주위의 공기를 진동시켜야 하는데 진동의 빈도가 잦으면 높은 소리가 나고 드물면 낮은 소리가 납니다.
소리가 높아지는 데 가장 큰 작용을 하는 것이 성대로, 성대가 늘어나서 얇아지면 소리의 pitch가 올라갑니다. 또, 허파에서 나오는 공기가 많아지면 소리가 커져 pitch가 올라갑니다. 사람의 감정이 섞인 말에서도 pitch가 올라갑니다. 이러한 pitch들은 구나 절, 문장에 걸쳐 어조에 의미를 부여하는 멜로디를 이룹니다.
억양(intonation)은 두 가지 기능이 있습니다. 첫째, 말하는 이가 관심을 끌려고 하는 말의 특정한 부분을 돋보이게 하는 데 가장 효과적인 수단인 강세 기능입니다. 강세 기능이란 강조하려는 핵심단어를 다른 부분에 비해 강하고 높게 발음하는 것입니다. 둘째, 문장을 구별하는 수단으로서의 비강세 기능입니다. 이때 억양이 하강조(falling intonation)를 가지면 언명(statement), 상승조(rising intonation)를 가지면 질문이라고 해석합니다. 더구나 듣는 이는 말하는 이의 억양에서 자신이나 화제에 대한 정서적인 태도 또는 개성을 짐작할 수도 있습니다.
일반적으로 억양은 말이 계속 이어짐을 암시하는 평조(→), 서술이나 명령문, 청유문에서 말이 끝남을 표시하는 하강조(↓), 의문문과 감탄문에서 놀람 등을 표시하는 상승조(↑)로 나눌 수 있습니다. 동일한 억양이 반복되면 감정 없이 책을 읽는 것처럼 들리고, 지나치게 상승조를 사용하면 무관심하거나 불만스러운 인상을 줄 수 있으며, 지나치게 하강조를 사용하면 예의 없고 고집스러운 인상을 줄 수 있으므로 상황에 따라 적절히 어조를 바꾸는 것이 좋습니다. 단, 평조는 구어체에 적합하지 않으므로 상승조나 하강조, 또는 이 두 어조를 합친 상승-하강조나 하강-상승조를 사용하여 자연스럽게 구어체를 구사하도록 합니다.

(3) 강세

강세와 비강세 발음 방법

강세가 있는 음절은 강하고 높게 읽고,
강세가 없는 음절([ə], [ɪ], [ʊ])은 약화시켜 발음함

강세(stress)란, 말을 특정 부분의 피치를 바꾸거나, 길이를 늘이거나 혹은 상대적 크기를 증가시킴으로써 다른 요소에 비해 좀 더 눈에 띄게 하는 것입니다. 강세를 받은 음이나 음절은 그에 이웃하는 음절보다 더 뚜렷하며 조음 시에 비교적 더 큰 호기력과 근육의 힘이 들어갑니다. 발음편을 통해서도 충분히 우리말과 영어의 다른 점을 알 수 있었지만 가장 두드러지는 영어의 특징은 강세가 있는 언어라는 점입니다.

한국어는 뚜벅뚜벅 걷는 발소리처럼 각 음절에 주는 힘과 시간이 일정하여 음절박자 언어(syllable-timed language)라고 불리는 반면, 영어는 술 취한 사람이 울퉁불퉁한 길을 비틀거리며 걷는 구둣발 소리처럼 오르락내리락 하는 멜로디와 혼합되어 강세가 있는 두 음절 사이에 있는 약한 음절들이 어물어물 슬쩍 지나가 버리기 때문에 강세박자 언어(stress-timed language)라고 불립니다. 그 결과, 강세와 강세음절 사이에 있는 모음은 한 단어 안에서도 우물쭈물 넘기는 약음절인 [ə]로 바뀌어 버립니다.

일반적으로, 강세에는 악센트라고 불리는 제1강세, 제2강세 및 비강세 음절로 총 세가지가 있습니다. 제1강세는 모음 위에 / ´ /을, 제2강세는 / ` /을 두어 표기하고, 강세를 받지 않는 음절은 종종 변별부호를 부여하지 않습니다. 또, 한 음절로 된 단어는 언제나 강세 / ´ /를 갖고 있기 때문에 아무 표시도 하지 않습니다.

아래의 예문을 통해 강세를 주는 방법을 정리해 보겠습니다.

This is Korea Air flight 701 bound for Tokyo.

① 강세가 있는 음절은 강하고 높게 발음합니다.

'Korea'나 'Tokyo'에서 강세가 있는 음절인 're'와 'To'를 강하고 높게 소리를 내고, 반면에 강세가 없는 모음은 완전히 생략해도 좋을 정도로 약화해서 발음합니다. 악센트가 있는 강음절을 산의 정상이라 생각하고 손가락으로 모양을 그리면서 연습해 보십시오.

② 각 문장 또는 절, 구에서 핵심단어(key word)는 높이를 주어 강조합니다.

적색으로 표시된 핵심단어인 701과 Tokyo를 높게 발음해 보십시오.

핵심단어(key word)란 단어에서도 알 수 있듯이 그 단어만으로도 전체의 뜻을 어느 정도 파악할 수 있을 뿐 아니라 들려주고자 하는 중요한 정보가 담긴 단어입니다. 이것은 마치 외국인과 대화할 때 외국어를 다 못 알아들어도 중요한 단어만 들리면 내용을 짐작할 수 있는 것과 같은 맥락입니다. 더구나 기내는 상당히 소음이 많은 장소이기 때문에 key word 강조 여부에 따라 방송의 성과가 좌우되므로 반드시 두드러지게 강조되어야 합니다.

③ 문장 끝이나 절, 구의 끝에서 끊어 읽기(pause) 직전의 마지막 단어를 힘주어 올려 발음합니다.

서술문에 있어서 한국어 문장은 보통 높이에서 시작하여 점점 낮아져서 끝이 서서히 사라져 버리지만, 영어 문장은 시작은 보통 높이에서 시작하나 문장이 끝나기 직전에 일단 힘주어 올리는 특징이 있습니다.

만약 701과 Tokyo에 강세를 주어 발음하지 않으면, 잘 들리지도 않고 우물우물 말을 흐리는 느낌을 줄 뿐 아니라 책을 읽는 말투가 되므로 구어체에서는 반드시 끝 단어를 살짝 힘을 주어 올려 읽는 습관을 길러야 합니다.

④ 전형적으로 조동사, 접속사, 전치사, 대명사, 관계대명사, 관사 등에는 강세를 주지 않습니다.

주동사, 부사, 명사, 형용사, 지시대명사 등의 내용어(content word)는 강세를 가지고 있으나 조동사, 접속사, 전치사, 대명사, 관계대명사, 관사 등의 형식어(form word)는 예외인 경우를 제외하고 강세가 없는 경우가 더 많습니다.

(4) 끊어 읽기와 속도

의미 단위로 끊어 읽어 내용의 전달력을 높이고, 적당한 속도를 유지하며 호흡 조절을 통해 발성을 용이하게 하여 실수없이 자연스러운 어조를 구사하도록 함

- 문장부호(마침표, 쉼표)
- 접속사(and, or, also)
- 전치사나 관계대명사 절(that, who)
- 전치사 구(in, to, on, for)

한국어에서와 마찬가지로 끊어 읽기는 정확한 정보 전달을 위해 필수적인 요소입니다. 뜻이 제대로 전달되도록 올바른 곳에서 끊어 읽어야 하며, 숨이 가빠 발음이 부정확해지지 않도록 적당한 곳에서 호흡하는 요령이 필요합니다. 특히 영어는 강세가 수반되는 언어로서 기본적으로 힘있는 발성이 요구되므로 호흡을 제대로 하여야 '영어다운' 발음과 억양을 구사할 수 있습니다.

끊어 읽기를 하는 방법은 다음과 같습니다.

① 문장 단위

마침표, 쉼표 등의 문장부호가 있는 '문장' 단위에서 끊어 읽습니다.

② 절 단위

'주어+동사'로 이루어진, 주로 접속사나 관계대명사로 시작하는 '절' 단위에서 끊어 읽습니다.

③ 구 단위

'전치사+명사'로 이루어진, 주로 'in, to, on, for' 등으로 시작하는 '구' 단위에서 끊어 읽습니다.

④ 긴 주어

'주어+동사'로 이루어진 문장 중 긴 주어 다음에 끊어 읽을 수 있습니다.

아래 예문을 통해 끊어 읽는 방법을 정리해 보겠습니다.
Pease make sure / that your carry-on items are stowed√ in the overhead bins.

위의 예문을 보면 ① 문장의 끝 단어인 'bins' 다음에 마침표가 있는 곳에서 ② 'that'으로 시작되는 절 앞에서, ③ 'in'으로 시작되는 구 앞에서 끊어 읽을 수 있습니다.
단, 끊어 읽는 곳에서의 pause(쉼)의 정도가 모두 같으면 말하는 것처럼 들리지 않으므로 우선순위에 따라 쉬는 정도의 길이에 차이를 두어야 합니다. 즉, 마침표가 있는 'bins' 다음이 가장 길고, 그다음이 접속사 'that' 앞, 그다음이 전치사 'in' 앞의 순으로 상대적인 pause(쉼)의 차이를 두어 읽습니다.

물론, 끊어 읽지 않고 한숨에 읽을 수도 있지만, 기내방송의 효과 면에서 한번에 전달하는 말의 길이는 가급적 5~6 단어 이내로 조절하는 것이 바람직합니다.
전체적인 속도 역시 방송에 있어 중요한 요소입니다. 한국인들이 인식하고 있는 유창함이란 무엇보다 속도가 가장 중요한 요소라고 합니다만 자칫 속도가 빨라지면 pitch의 변화가 없는 무미건조한 'flat'한 어조가 되어 성의 없게 들릴 수 있으므로 주의해야 합니다. 또, 방송에 처음 입문하는 학습자 중에는 또박또박 읽을 생각으로 너무 느리게 읽는 경우가 종종 있는데, 듣기에 답답하기도 하지만 문제는 그런 느린 말투는 실제 대화를 할 때 전혀 나오지 않는다는 점입니다.
따라서, 실제 말하는 것처럼 들리도록 적당한 속도를 유지하는 것이 방송에서는 필요한 기술인데, 승객과 대면하여 대화한다고 상상하면서 방송문의 내용에 따라 인사를 직접 하거나 손으로 물건이나 방향 등을 가리키는 등의 행동을 해 보면 어느 정도 구사해야 할 바람직한 말의 속도를 가늠할 수 있습니다.

(5) 연음화

- 자음+모음
  with our, as our, such as, take-off
- 자음+자음
  flight time, bound for, seat belt
- 자음+반자음(반모음)
  ask you, thank you, make you, of you

* [t], [d]+[j] → [tʃ], [dʒ]
direct your, assist you, around your

연음은 한국어와 같이 자음으로 끝나는 음절 뒤에 모음이 올 때, 앞 음절의 끝소리가 뒤에 오는 음절의 첫소리로 옮겨져서 발음되는 것을 말합니다. 미국식 영어 발음을 알아듣기 어려운 이유도 이러한 연음이 보편화되어 있기 때문인데, 연음을 하면 발음이 좋고 유창하게 들리는 이점이 있습니다.
특히, 자음으로 끝나는 단어를 발음할 때 끝 자음에 우리말의 [ㅡ]나 [ㅣ]모음을 더하여 발음하는 경향이 있는 학습자들에게는 연음하는 편이 훨씬 쉬울 수 있습니다. 또, 항공사의 기내방송자격 평가 시 연음 여부를 중요시하는 경우가 있으므로 연음을 제대로 구사할 줄 알아야 합니다.

① 자음+모음

앞 단어의 끝 자음을 뒤에 오는 모음에 실어 한 단어처럼 발음합니다. 이때 영어에 없는 우리말의 [ㅡ]나 [ㅣ]모음을 넣어 [애즈], [위드], [서치]로 읽지 않도록 주의합니다

예) as+our[əza:(r)], with+our[wɪða:(r)], such+as[sʌtʃəz]

② 자음+자음

앞 단어의 끝 자음을 파열시키지 않은 상태에서 뒤에 오는 단어의 첫 자음을 이어 한 단어처럼 발음합니다. 이때 [플라이트 타임]이나 [플라이 타임]이 아닌 [플라읻 타임]과 같이 발음합니다.

예) flight+time[flaɪtaɪm], ask+for[æskfə(r)]

③ 자음+반모음(반자음)

- 'you'의 [j]를 반모음으로 보는 경우

  ①번과 같이 우리말의 [ㅡ]모음이 들어가지 않도록 앞 단어의 끝 자음을 뒷 단어의 모음에 연결하여 한 단어처럼 발음합니다.

  예) ask you[æskju:], of you[ʌvju:], with you[wɪðju:]

- 'you'의 [j]를 반자음으로 보는 경우

  ②번과 같이 앞 단어의 끝 자음을 파열시키지 않은 상태에서 뒤에 오는 'you'를 발음합니다. 역시 우리말 [ㅡ]모음이 들어가지 않도록 주의합니다.

  예) ask you[æsk] [ju:], of you[ʌv] [ju:], with you[wɪð] [ju:]

- 단, 앞 단어의 끝 자음이 [t]와 [d]이고, 반모음 [j]이 뒤에 연결되는 경우 예외로 파열음 [t]와 [d]가 파찰음 [tʃ], [dʒ]로 바뀝니다.

  예) direct+you : [də'rektju:] → [dərektʃju:]

  assist+you : [ə'sɪstju:] → [əsɪstʃju:]

  around+you : [ə'raʊndju:] → [əraʊndʒju:]

  remind+you : [rɪ'maɪndju:] → [rɪmaɪndʒju:]

CHAPTER

03 P.A. System 작동법

P.A. System Operation Methods

방송(Public Address; PA)은 육성으로 하는 것이 아니라 마이크를 사용하여 전달하는 것이므로 방송실시자의 개인적인 자질 못지않게 마이크를 사용하는 방법도 방송의 질을 좌우하는 중요한 기술이 됩니다. 따라서, 올바른 마이크 사용법을 익혀 품격 있는 방송서비스를 제공할 수 있도록 합니다.

1. 올바른 마이크 사용법

기내에서 승무원이 사용하는 마이크는 인터폰과 PA 겸용의 핸드셋을 사용하게 되는데, 항공기의 종류마다 PA System 작동법이 다르므로 비행 전 작동법을 잘 숙지합니다. 비행 전 점검(Pre-flight Check) 시에는 'PA Test 방송'을 반드시 실시하여 마이크의 작동여부 및 성능 등을 사전에 파악합니다.

방송 시의 마이크와 입술과의 거리는 2~3cm 내외가 적당하며, 송화기에 입술이 정면으로 향하도록 하여 목소리가 명료하게 잘 들리도록 합니다.

입술과 마이크와의 거리가 가까워질수록 발음의 명료도는 향상되는 반면, 파열음이나 숨소리 등의 잡음으로 인해 듣기 거북해질 수 있으므로 특히, 'ㅋ, ㅌ, ㅍ, ㅎ' 발성에 주의합니다.

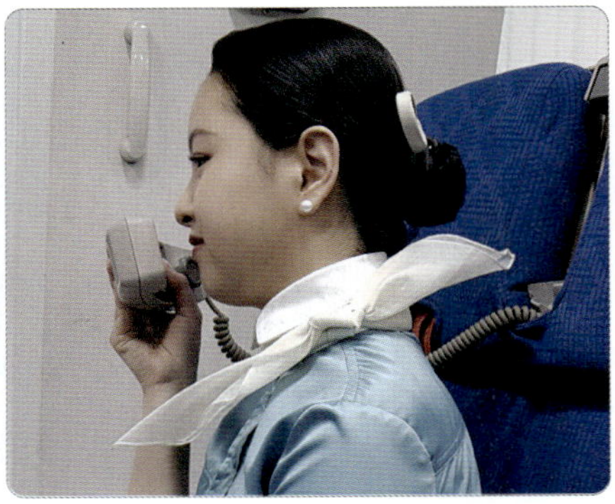

2. 마이크의 위치

인터폰과 PA 겸용으로 사용하는 핸드셋은 승무원용 Jump Seat이나 주된 작업 공간인 Galley 주변에서 쉽게 찾을 수 있습니다.

B747 Door Side

B747 Jump Seat

B747 Crew Work Area

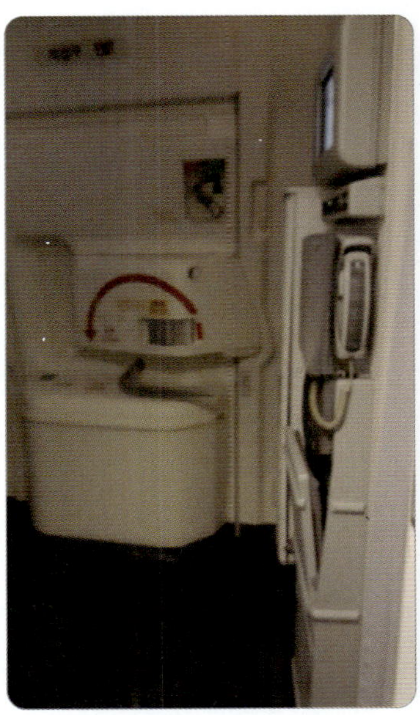

B777 Door Side

B777 Jump Seat

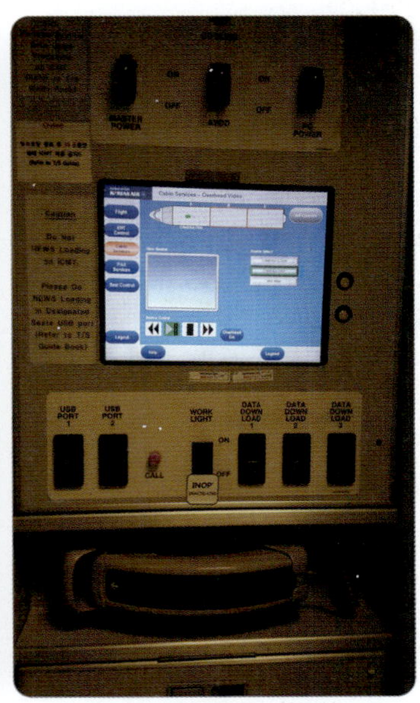

B777 Crew Work Area

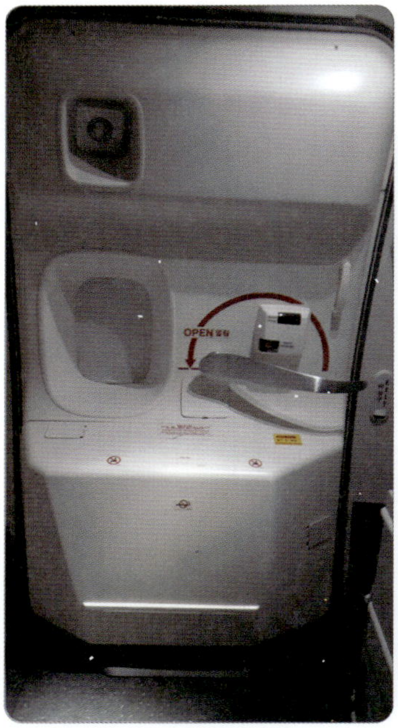

B747-8i Door Side

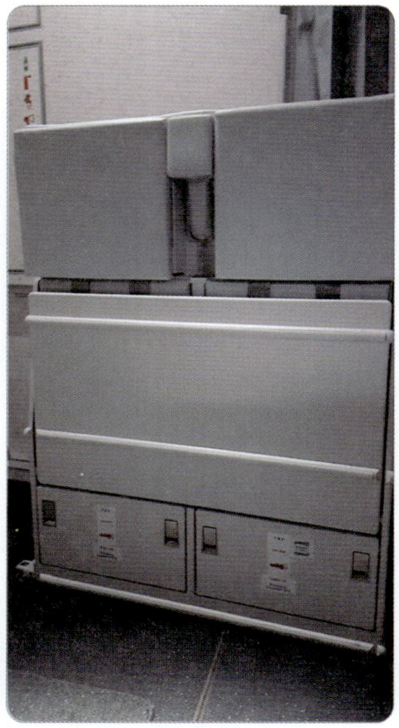

B747-8i Jump Seat

B737 Lavatory

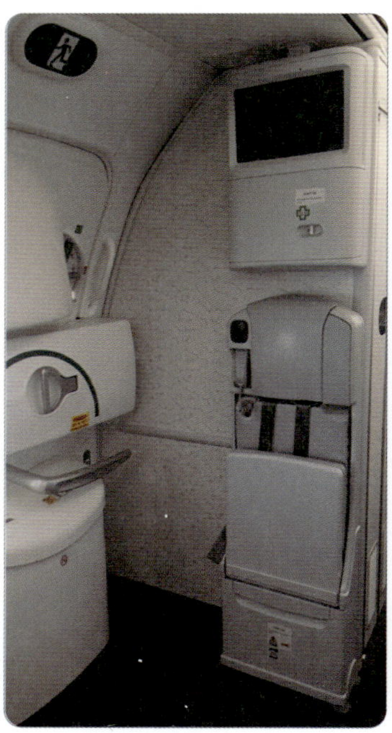

B787 Door Side

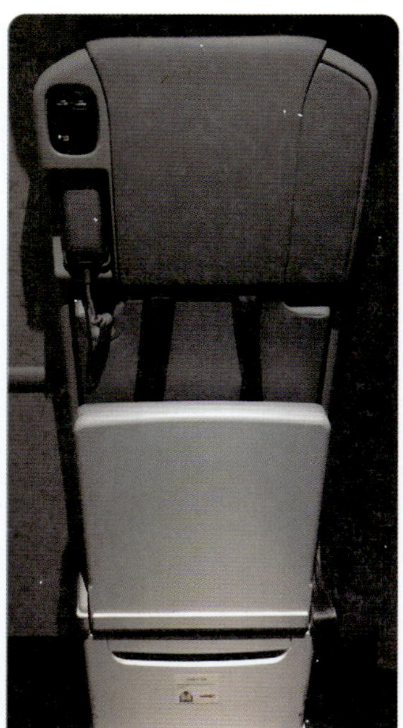

B787 Jump Seat

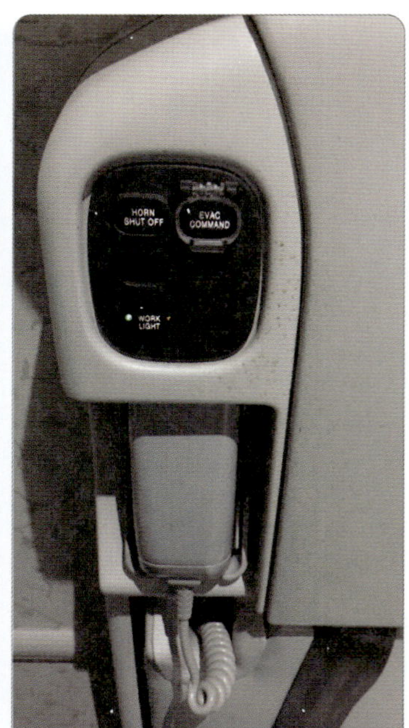

B787 Handset

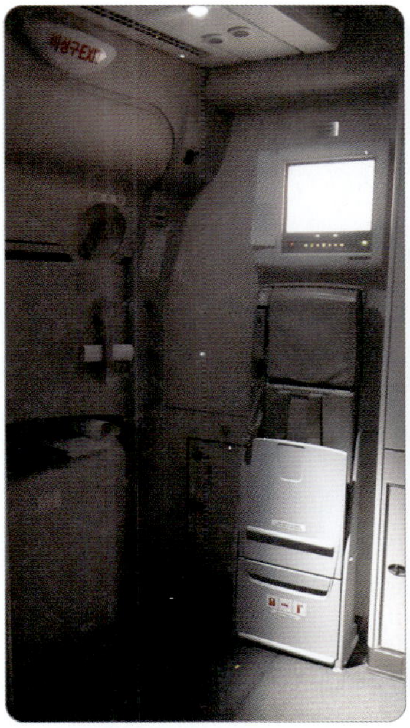

A380 L1 Door Side

A380 R2 Door Side

A380 L2 Door Side

핸드셋을 고정장치에서 빼낼 때, Boeing사 기종은 핸드셋을 위쪽 방향으로 밀어야 위의 커버가 분리되면서 고정장치에서 빠지게 되어 있습니다. 힘을 주어 무리하게 잡아당기면 고정장치가 파손될 수도 있고, 또, 급히 서두르다 핸드셋을 떨어뜨리는 일도 종종 발생하므로 주의해야 합니다.

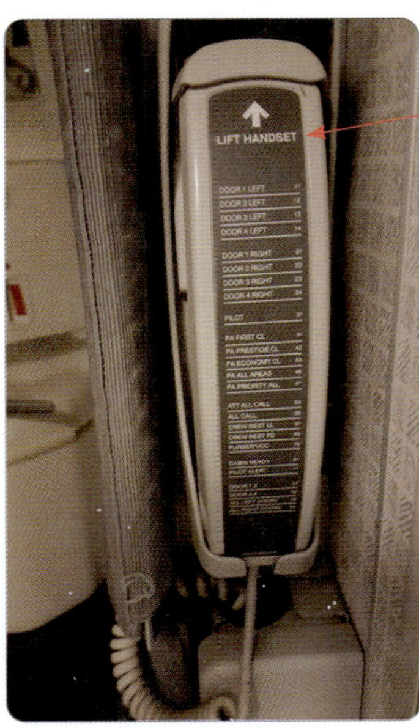

- 핸드셋을 빼낼 때 핸드셋을 윗 방향으로 밀어 올리면 커버가 움직이면서 분리됨
- 핸드셋 사용 후에 원래 위치로 돌려 넣을 때도 위쪽으로 밀면서 넣어야 함

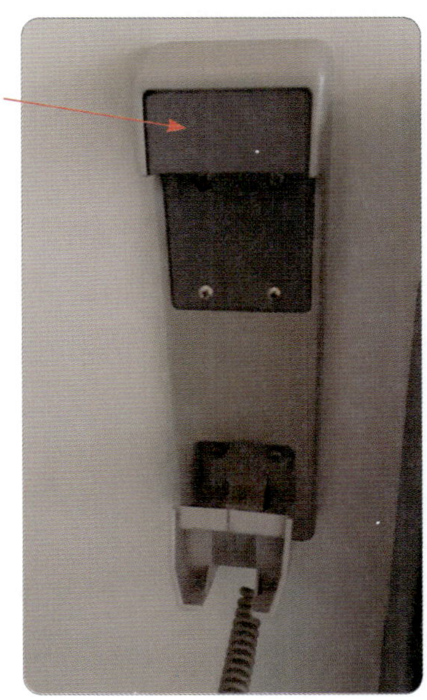

3. 기종별 마이크 작동법

항공기에 설치되어 있는 승무원용 핸드셋은 인터폰과 마이크 겸용 시스템으로 제작되어 있습니다. 평상시에는 승무원 간의 의사소통을 위한 인터폰으로 사용하다가 방송을 할 때만 마이크로 변환시켜 사용합니다. 항공기 제작사에 따라 마이크 작동법이 다르므로 비행 전에 숙지해 두어야 합니다.
대표적인 항공기 제작사인 Boeing과 Airbus 기종에 장착된 핸드셋의 마이크 작동법에 대해 알아보겠습니다.

1) Boeing Cabin Attendant Handset

B737

Boeing사

1. PA 모드로 변경하기 위해 Handset의 숫자 버튼 누르기
2. Push To Talk 버튼을 누른 상태에서 방송하기
3. 방송을 마친 후 Reset 버튼 누르기
4. Handset 원위치시키기

Boeing사 기종은 인터폰 사용 모드에서 PA 모드로 변경을 하기 위해 핸드셋의 숫자 버튼을 눌러야 합니다. 지정된 번호를 누름으로써 객실 전체에 방송을 할 수도 있고, 특정 Class에만 부분적으로 방송을 할 수도 있습니다.
주의할 점은 방송을 할 때는 반드시 PTT(Push To Talk) 버튼을 누른 상태에서 해야 객실로 방송이 전달된다는 점입니다. 또, 방송을 마친 후에는 Reset 버튼을 누르거나 핸드셋을 원래 위치로 넣어 인터폰 사용이 가능한 모드로 다시 되돌려 놓아야 합니다.
간혹, 방송을 할 때 PTT 버튼을 누르지 않아 객실에 방송이 전달되지 않았거나, 방송을 마친 후 Reset 버튼을 제대로 누르지 않아 다른 승무원들이 인터폰을 사용하거나 방송을 하려고 해도 시스템이 전혀 작동이 안 되는 경우가 발생하는데, 이 경우, 항공기 운항에 심각한 문제로 발전될 수 있으므로 조심해야 합니다.

▶ 기종별 PA System 작동법

기종	ALL PA	CLASS별 PA	
B747 B777	46+PTT	First Class	41+PTT
		Business Class	Main Deck 42+PTT Upper Deck 44+PTT
		Economy Class	43+PTT
B737	8+PTT	All Class	

(1) B747, B777

핸드셋 앞면의 리스트에서 해당 번호를 찾아 누른 후 PTT 버튼을 누른 상태에서 방송을 실시합니다.

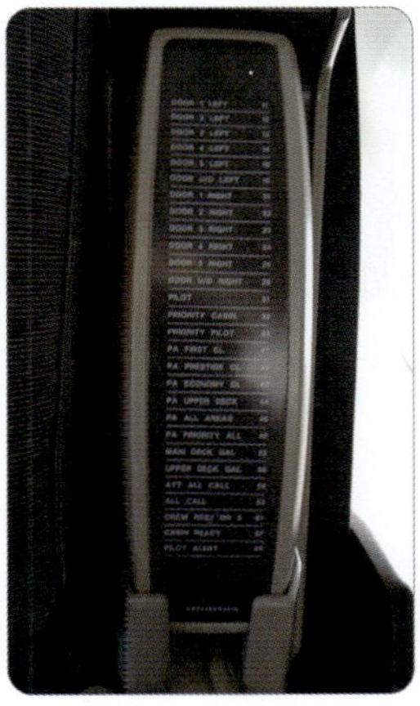

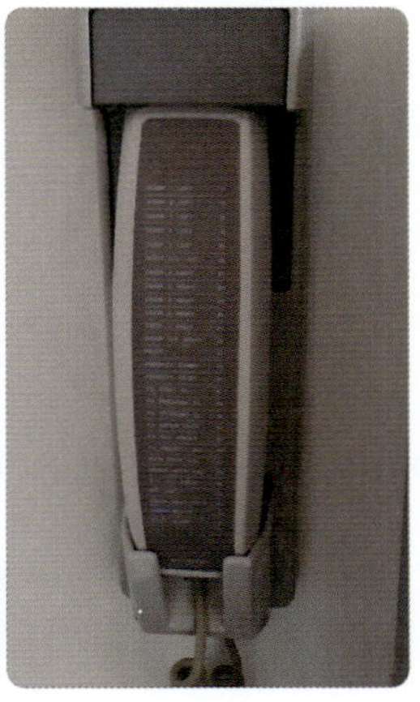

(2) B747-8i, B787

핸드셋 창에 Display되는 번호를 직접 누르거나 옆면의 Up/Down 스위치로 번호를 Scroll하여 선택한 후 PTT 버튼을 누른 상태에서 방송을 실시합니다.

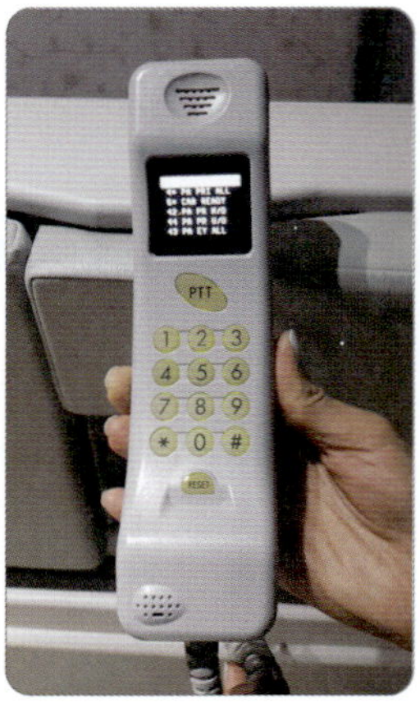

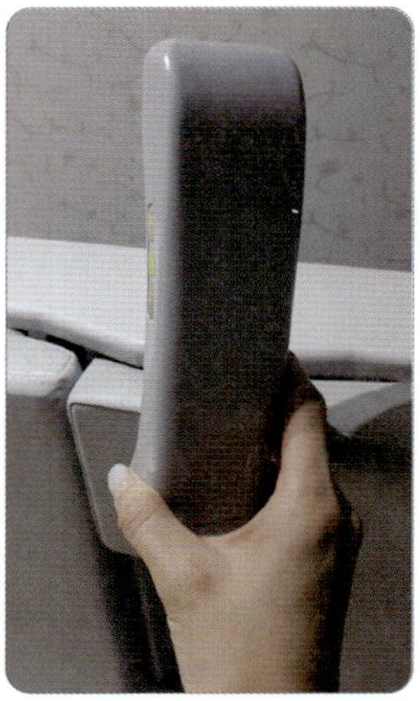
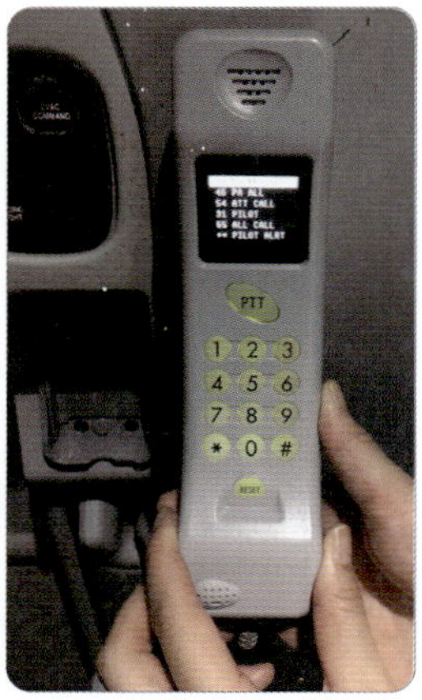
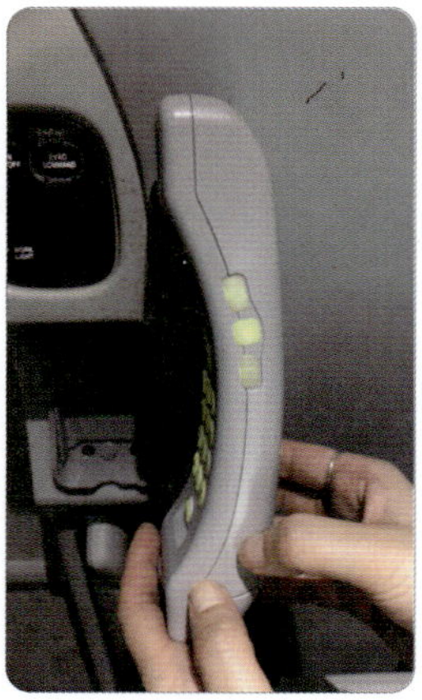
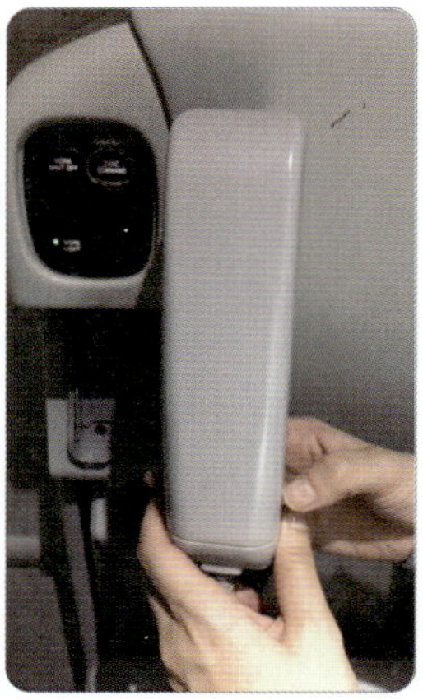

2) Airbus Cabin Attendant Handset

A330

Airbus사

1. PA 모드로 변경하기 위해 Handset의 PA 버튼 누르기
2. Push To Talk 버튼을 누른 상태에서 방송하기
3. 방송을 마친 후 Reset 버튼 누르기
4. Handset 원위치시키기

Boeing과 달리 Airbus 기종에서는 PA Mode로 변경하기 위해 핸드셋의 PA 버튼을 눌러야 합니다. 또, PTT 버튼은 방송 시에만 사용하게 되어 있으므로, 인터폰 사용 시 실수로 PTT 버튼을 누른 상태에서 말을 하면 통화 내용이 객실로 나오게 되므로 주의해야 합니다.

(1) Airbus 330-300

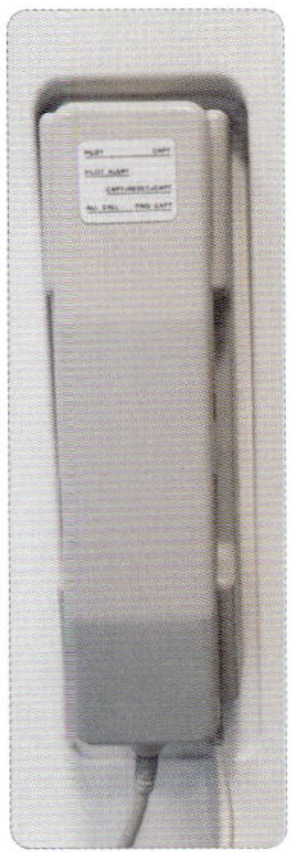

A330-300의 뒷면에는 인터폰 사용 시 조종실과 객실승무원 간 연락 방법에 대한 Decal이 붙어 있어 해당 버튼을 누르면 됩니다.

(2) Airbus 330-200

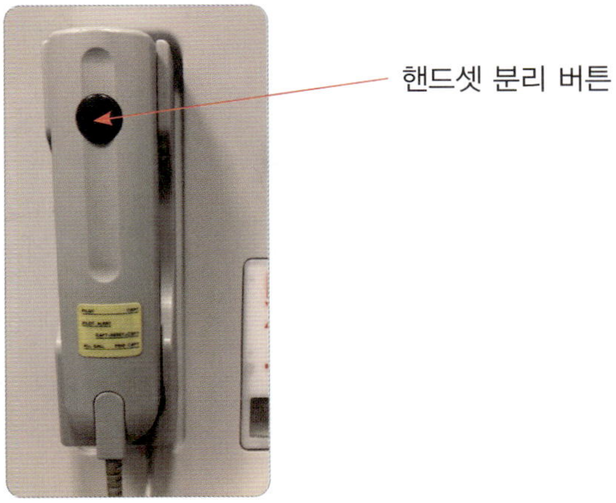

A330-200이나 A380 등의 최신 항공기에는 핸드셋을 고정장치에서 빼낼 때 사용하는 분리 버튼이 별도로 장착되어 있습니다.

(3) Airbus 380

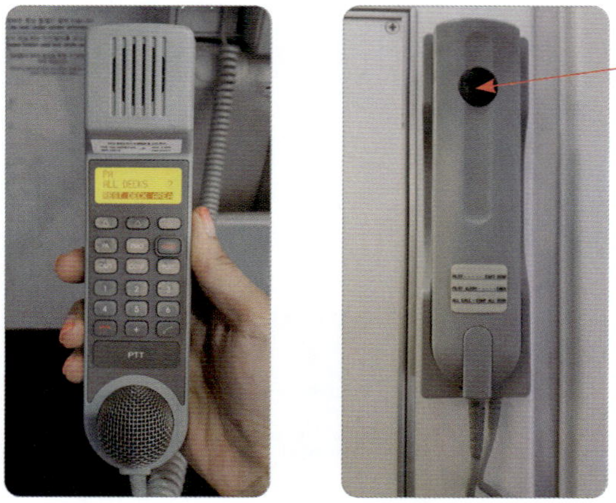

방송을 할 때는 PA 버튼을 누르고, 다시 PTT 버튼을 누른 상태에서 안내방송을 실시하며, 인터폰으로 사용할 때는 해당 Function Key를 누른 다음 녹색의 Send Key를 눌러 통화합니다. Reset 시에는 핸드셋을 원위치시키면 됩니다.

(4) Airbus 220-100, 220-300

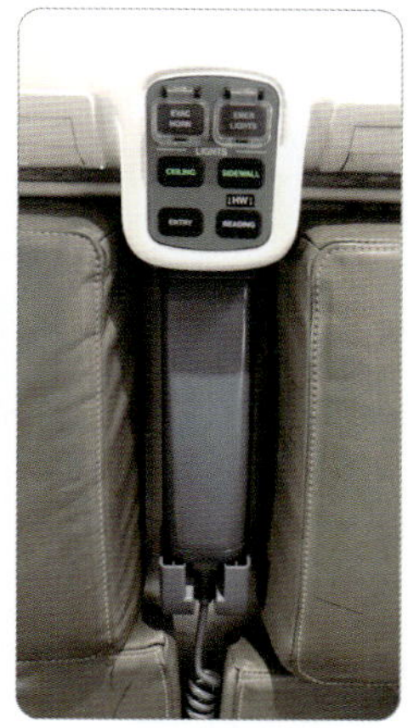

이 기종은 캐나다의 항공기 제조업체인 봄바디어 에어로스페이스(Bombardier Aerospace)에서 제조한 CS 시리즈를 2018년 7월 에어버스에서 인수하여 A220-100과 A220-300으로 변경한 기종입니다.

B747-8i 기종과 같은 방식으로, 핸드셋의 상태표시창에 Display되는 번호를 직접 누르거나 옆면의 Up/Down 스위치로 번호를 scroll하여 선택합니다.

3) PRAM(Pre-Recorded Announcement Module) 작동법

PRAM(Pre-Recorded Announcement Module)이란 항공기에 장착되어 있는 자동 안내방송 시스템을 말하며, 대략 200개의 기내방송문이 여러 나라의 언어로 수록되어 있습니다.

기내방송은 기본적으로 방송담당 승무원이 한국어와 영어를 실시하고 이어서 현지어 방송을 하게 되어 있는데, 해당 편에 현지 승무원이 탑승하지 않았을 경우에는 우선적으로 이 PRAM을 이용하여 현지어 방송을 합니다.

PRAM의 작동은 반드시 객실사무장이 수행해야 하는 것이 기본 원칙이며, 객실사무장은 수록된 방송문의 목록 및 내용을 사전에 숙지하여 적시에 적합한 방송을 실시해야 합니다.

작동법은 기종별로 차이가 있으나 이해를 돕기 위해 B737 기종에 장착되어 있는 PRAM의 기본적인 작동법에 대해 알아보도록 하겠습니다.

(1) B737

먼저, 언어별 방송문 리스트에서 실시하고자 하는 방송문의 번호를 찾아 키패드에 해당 번호를 입력한 다음, Ready 버튼에 초록색 light가 켜질 때까지 기다렸다가 Start 버튼을 누르면 됩니다.

주로, B737-800, 900 등의 구형 항공기에서 Video System이 장착되어 있지 않아 안전브리핑(Safety Demo)을 승무원이 직접 시연해야 하는 경우나 일부 지선에서 현지 승무원이 탑승하지 않았을 경우에 동 PRAM을 사용하고 있습니다.

(2) A380, B747-8i

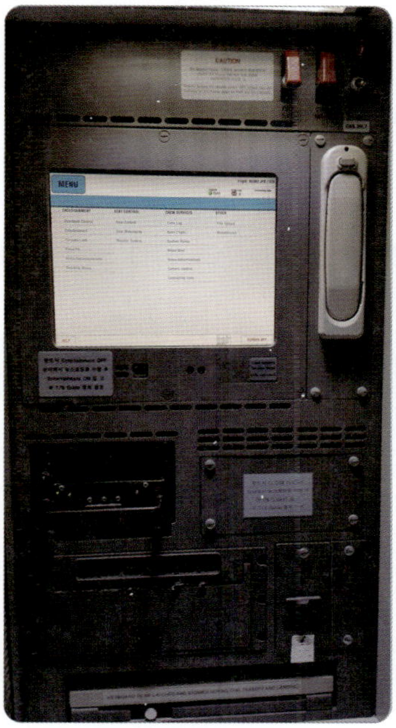

A380

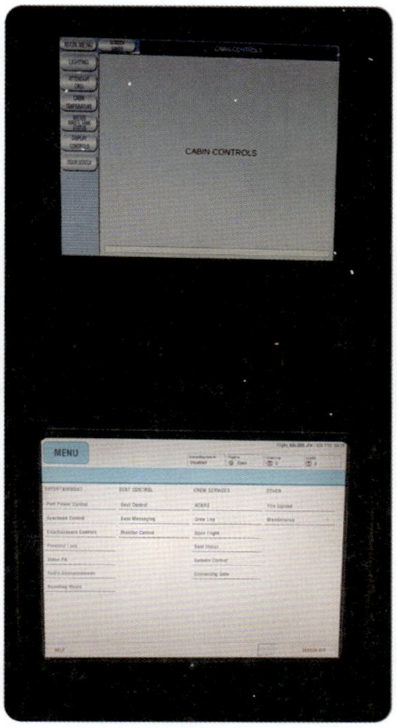

B747-8i

최신 항공기에는 승무원들이 한곳에서 비행에 필요한 모든 업무를 할 수 있는 CMT(Crew Management Terminal)가 장착되어 있습니다.

명칭은 기종에 따라 CT(Crew Terminal), CWS(Crew Work Station)라고도 불리우며, main control panel의 touch screen을 통해 전체적인 IFE(In-flight Entertainment) System을 통제하는 기능을 가지고 있습니다.

IFE System은 객실 내에서 승객들이 개인용 LCD, headphone 및 handset을 통해 주문형 영화와 음악, interactive game & information 등의 entertainment를 즐길 수 있도록 구현된 system입니다.

특히, 기내방송 시 메인 화면의 touch screen만으로 대략 200개의 다양한 언어의 방송서비스를 편리하게 제공할 수 있습니다.

다음은 최신 항공기에 주로 장착되어 있는 Panasonic사의 IFE System을 이용한 PRAM 작동법에 대해 알아보겠습니다.

① 메인 메뉴에서 Entertainment의 Audio Announcement를 선택합니다.

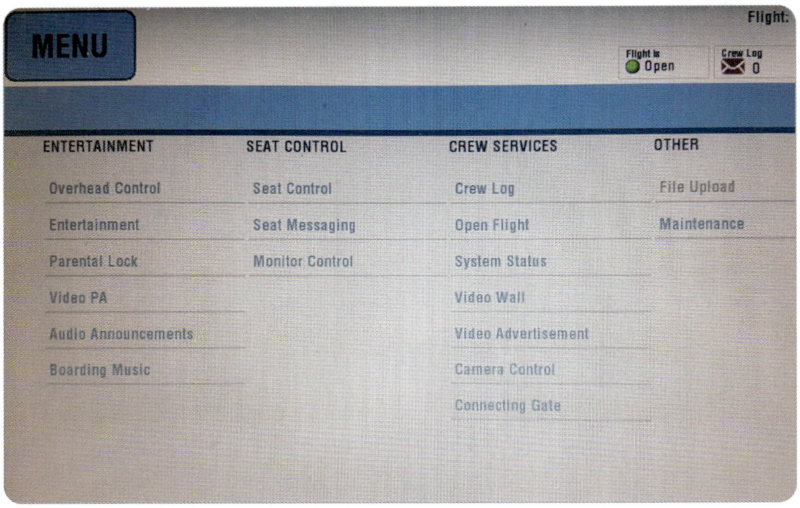

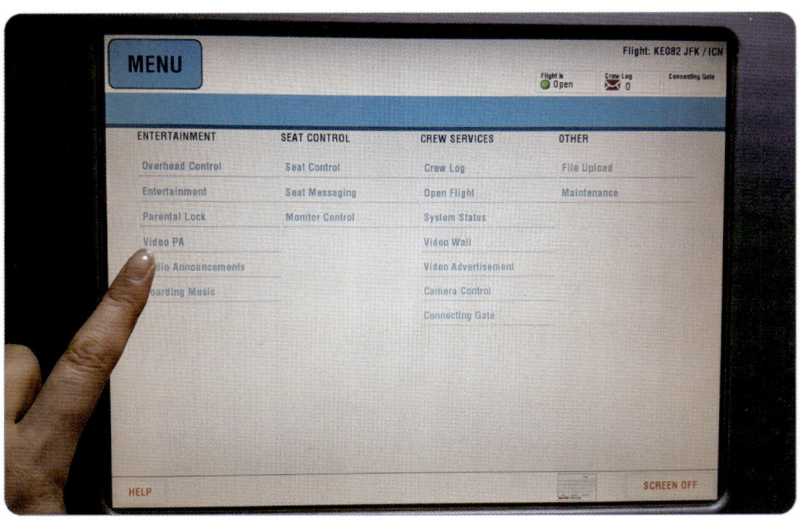

② Language tab을 열어 재생할 언어를 선택한 후 Apply 버튼을 누릅니다.

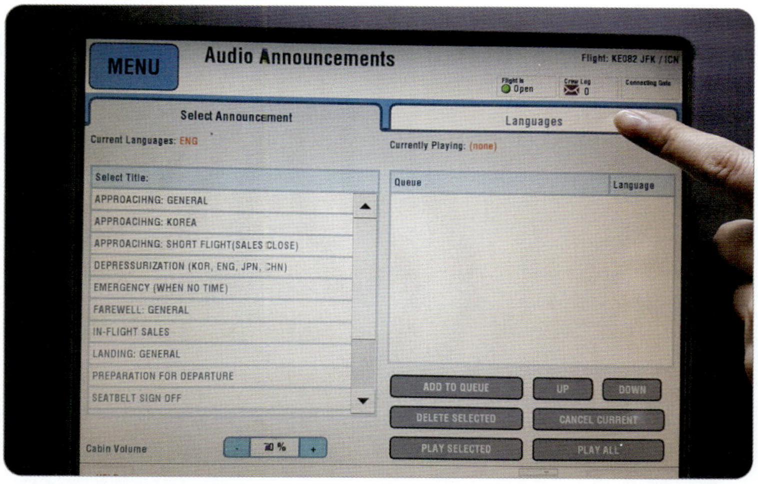

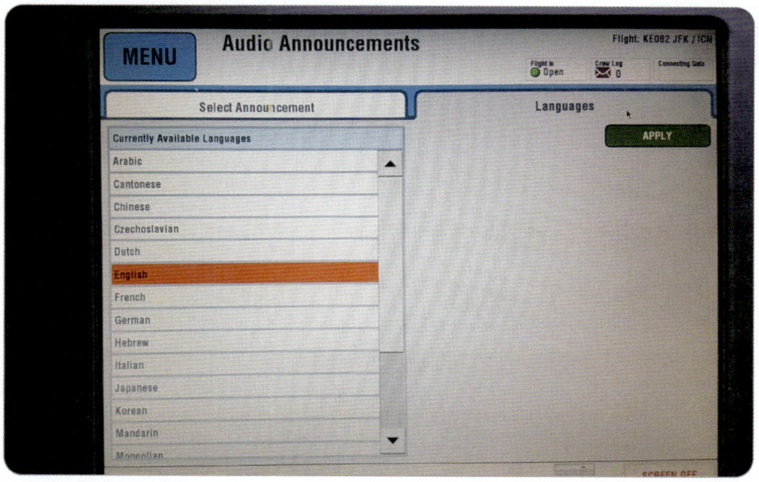

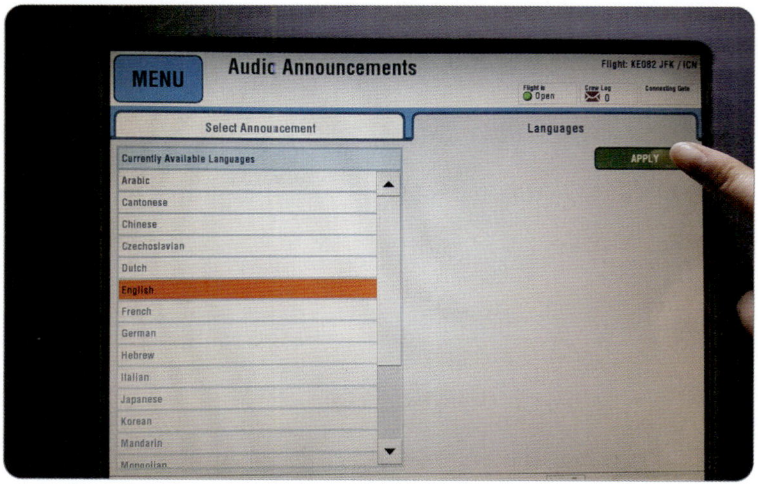

③ Select Announcement tab을 열어 왼쪽의 리스트에서 실시할 방송문을 선택하고, Add To Queue 버튼을 눌러 오른쪽 대기 리스트에 등재합니다. 화면 왼쪽 상단을 보면 재생할 Current Language가 영어(ENG)로 선택되어 있는 것을 확인할 수 있습니다.

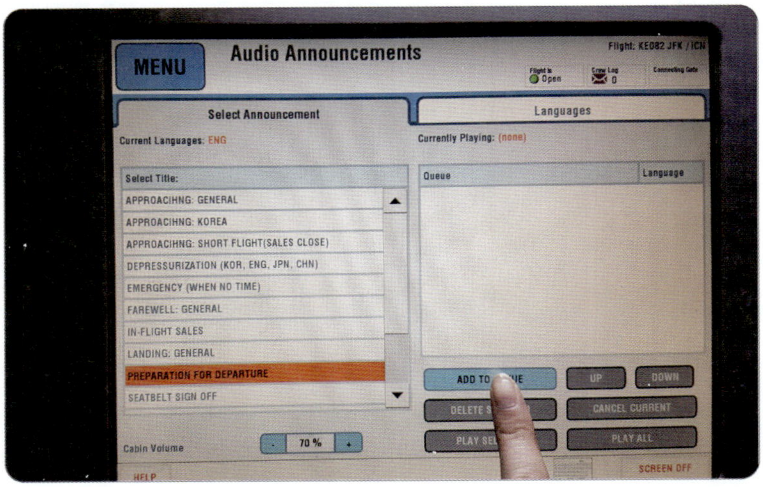

④ 미리 선택해놓은 오른쪽의 방송문 리스트에서 실시할 방송문을 선택한 후 하단의 Play Selected 버튼과 Play All 버튼을 차례로 눌러 실행합니다.

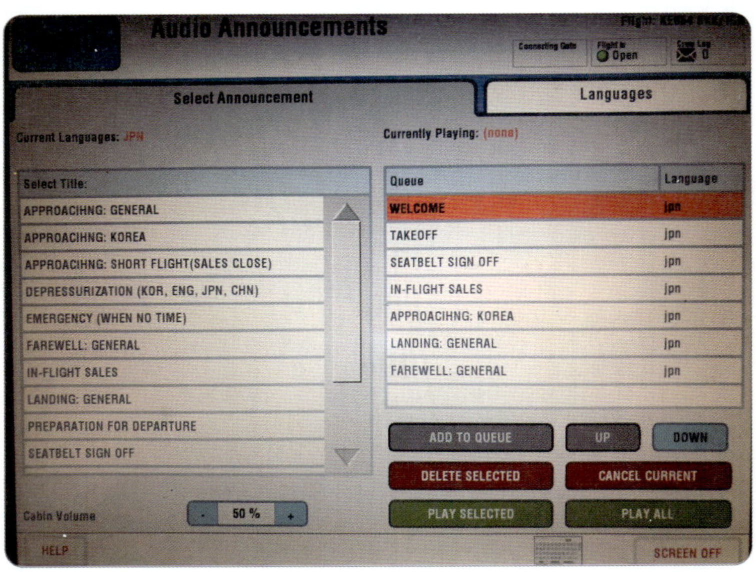

PART 3

기내방송 연습
In-flight Announcement Practice

CHAPTER

01 정상 상황 안내방송
Regular In-flight Announcement

1 이륙 전 안내방송 Announcement Before Take-off

©meunierd / Shutterstock.com

1. 출발 준비 안내 Preparation for Departure

방송개요 및 유의사항

1. 방송 시점
   - 항공기 출발 5분 전
2. 방송 내용
   - 비행편명 및 비행 여정 안내
   - 항공보안법 내용
3. 특징
   - 승객이 듣게 되는 최초의 방송
   - 서두르는 느낌이 들지 않도록 천천히 정확하게

통상적으로 국제선에서 승객 탑승은 항공기 정시 출발 30분 전에 시작됩니다. 승객 탑승이 진행되는 동안 승무원들은 각자 담당 Zone에서 승객의 좌석 안내와 짐 보관을 도와드립니다. 이 방송은 정시 출발 5분 전에 실시하며, 주된 내용은 비행편명과 비행 여정, 그리고 항공보안법 관련 사항에 대한 안내입니다.
승객이 탑승하여 최초로 듣는 방송이므로 비행에 대한 좋은 이미지와 기대감을 줄 수 있도록 활기차고 성의 있게 방송합니다. 항공기 출발이 긴박한 시점에 하는 방송이므로 자칫 서두르는 느낌이 들 수 있으므로 차분하게 실시합니다.

모델보이스를 들어 보십시오.

손님 여러분,
(도시명을 거쳐) (도시명)까지 가는 (항공사명) ______편,
곧 출발하겠습니다.
기내에서 승무원의 업무를 방해하는 행위, 전자담배를 포함한
흡연, 전자기기 사용기준 위반은 항공보안법에 따라 금지돼 있습니다.
감사합니다.

한 1-1

Ladies and gentlemen,
this is (항공사명) flight ______ bound for ______ (via ______).
We will be departing shortly.
Aviation Security Laws prohibit smoking, disturbing crewmembers, and using non-approved electronic devices during the flight.
Thank you for your cooperation.

영 1-1

효과적인 방송 연습방법

① 먼저 방송문의 내용을 파악합니다.
② 각 문장의 구조를 고려하여 끊어 읽을 곳을 표시합니다.
③ 끊어 읽기에 주의하여 문장을 읽어봅니다.
④ 주의해야 할 단어의 발음을 연습합니다.
⑤ 각 문장마다 강조해야 할 핵심단어(key word)를 정합니다.
⑥ 핵심단어(key word)를 소리 내어 읽어봅니다.
⑦ 각 문장을 외웁니다.
⑧ 거울을 보고 앞에 있는 누군가에게 말하듯이 한 문장씩 말해 봅니다.
⑨ 녹음을 하여 어색한 곳이 있는지 들어보고 반복 연습합니다.

1) 한국어 방송 연습

(1) 끊어 읽기(Pause)

표시된 대로 끊어 읽기에 주의하여 방송문을 읽어 봅시다.

손님 여러분,
(도시명을 거쳐) (도시명)까지 가는/ (항공사명)______편,
곧 출발하겠습니다.
기내에서 승무원의 업무를 방해하는 행위, 전자담배를 포함한
흡연, 전자기기 사용기준 위반은/ 항공보안법에 따라 금지돼 있습니다.
감사합니다.

- 올바른 위치에서 끊어 읽어야 뜻이 제대로 전달되므로 먼저 문장의 구조와 내용을 파악합니다.

- 마침표 [.]나 쉼표 [,] 등의 위치를 확인하고, 필요 시 [/]나 [√] 등의 부호로 표시합니다.

- 말하듯이 자연스럽게 들리도록 각 부호의 끊어 읽는 정도의 차이를 두어 읽습니다. 예를 들어 마침표가 2박자, 쉼표가 1박자라면, [/]는 1/2박자, [√]는 1/4박자 정도로 쉼의 차이를 두는 것이 적당합니다.

- 승객의 주의를 집중시키기 위해 도입 부분인 '손님 여러분' 다음에 끊어 읽고, 본문의 마지막 단어인 '금지돼 있습니다' 다음에 반드시 끊어 읽은 다음, 마지막 인사말인 '감사합니다'를 정중하게 표현함으로써 제대로 '감사'의 마음이 전달되도록 합니다.

(2) 발음(Pronunciation)

[장음]

한:국항:공 / 전:자담:배 / 전:자기기 / 사:용 / 항:공보:안 / 금:지 / 감:사

[이중모음]

여러분 / 승무원의 / 흡연 / 금지돼

[ㅎ발음]

출발하겠습니다 / 방해하는 행위 / 포함한 / 항공보안법 / 감사합니다

- 장음 음절은 반드시 길게 소리를 내고, 이중모음은 각 모음의 음가대로 발음하되 첫모음의 입 모양을 정확히 만들어 소리 내야 발음이 명료해집니다.

- [ㅎ]은 탈락되어 [ㅇ]으로 들리지 않도록 분명하게 발음합니다.

- 연구개음 [ㅇ]이 받침으로 쓰인 경우, [ㄴ]으로 발음되지 않도록 주의하십시오.
  예) 한국항공 → 한국한공 (×), 항공보안 → 한곤보안 (×)

- '의'가 관형격조사로 사용된 경우에는 [에]로 발음합니다.
  예) 승무원의 → 승무원에 → 승무워네

- 구어체에서는 모음을 축약해서 읽는 것이 특징입니다.
  예) 금지돼 → 금지되어 (×)

적색으로 표시된 장음 발음에 주의하여 방송문을 읽어 봅시다.

손님 여러분,
(도시명을 거쳐) (도시명)까지 가는/(항공사명)____편,
곧 출발하겠습니다.
기내에서 승무원의 업무를 방해하는 행위, 전자담배를 포함한
흡연, 전자기기 사용기준 위반은/ 항공보안법에 따라 금지돼 있습니다.
감사합니다.

(3) 강세와 억양(Accent & Intonation)

key word에 주의하여 방송문을 읽어 봅시다.

손님 여러분,
(도시명을 거쳐) (도시명)까지 가는/ (항공사명)_____편,
곧 출발하겠습니다.
기내에서 승무원의 업무를 방해하는 행위, 전자담배를 포함한
흡연, 전자기기 사용기준 위반은/ 항공보안법에 따라 금지돼 있습니다.
감사합니다.

- 억양은 말하는 것처럼 자연스러워야 합니다. 끊어 읽기 표시가 되어 있는 곳의 어조는 상승조와 하강조를 이용하여 적당히 변화 시켜 읽습니다. 단, 같은 억양이 두번 이상 반복되지 않도록 하며 마침표 다음에는 반드시 하강 어조로 읽으십시오.

- 우리말은 영어와 달리 어느 특정 음절을 세게 읽는 대신 문장에서 내용상 가장 중요한 핵심단어를 높이(pitch)를 이용해서 강조합니다.

• ⌒ 표시가 있는 단어는 문장의 핵심단어이므로 음의 높이(pitch)를 높게 하여 강조합니다. 특히, 도시명, 항공사명, 비행편명 등과 같이 방송문의 괄호 안에 해당하는 단어들은 고유명사로서 핵심단어 중에서도 가장 중요한 정보에 해당하므로 반드시 높이로 강조합니다.

• 비행편명, 경유지나 최종 목적지 등의 비행 여정은 실수 없이 전달해야 하는 중요한 정보이므로 평소 메모지에 적어 놓고 읽는 습관을 기르는 것이 좋습니다.

2) 영어 방송 연습

영어는 우리말과 다른 언어입니다. '영어는 영어답게' 들려야 하므로 한국어 방송보다 더 많은 노력이 필요합니다. 특히, 원어민의 발음이나 어조를 따라 반복 연습하면서 '흉내 내기'에 능통해져야 합니다.

(1) 끊어 읽기(Pause)

끊어 읽기는 내용을 전달하는 데 있어 가장 기본이 되는 요구사항입니다. 한국어와 같은 요령으로 끊어 읽도록 합니다. 아무리 영어를 잘하는 사람이라도 한번에 전달하는 말이 너무 길면 읽는 사람도 숨이 차고 듣는 사람도 다 알아들을 수가 없습니다. 더구나 승객 중에는 영어를 잘 못하는 사람들도 있다는 점을 감안하여 5~6개 단어에서 적절히 끊어 읽는 것이 효과적입니다.

표시된 대로 끊어 읽기에 주의하여 방송문을 읽어 봅시다.

Ladies and gentlemen,
this is (항공사명) flight ______/ bound for ______ (via ______).
We will be departing shortly.
Aviation Security Laws prohibit smoking, disturbing crewmembers, and using non-approved electronic devices/ during the flight.
Thank you for your cooperation.

- 문장의 구조와 내용을 파악하고 어디서 끊어 읽어야 할지 살펴보십시오.

- 정해진 마침표와 쉼표에서는 반드시 끊어 읽고 추가로 끊어 읽기가 필요한 경우에는 보통 구나 절 앞에 [/]나 [√] 등의 기호로 표시합니다.

- 말하듯이 자연스럽게 들리려면 마침표는 2박자, 쉼표가 1박자, [/]는 1/2박자, [√]는 1/4박자로 쉬는 정도의 차이를 두는 것이 좋습니다.

- 승객의 주의를 집중시키기 위해 도입 부분인 'Ladies and gentlemen'에서 끊어 읽고, 본문의 마지막 단어인 'flight' 다음에 끊어 읽음으로써 정중하게 인사말이 전달되도록 합니다.

(2) 발음(Pronunciation)

발음 기호를 보면서 단어를 따라 발음해 봅시다.

via	[ˈvaɪə; ˈviːə]	prohibit	[proʊˈhíbit]
shortly	[ˈʃɔːrtli]	smoking	[ˈsmoʊkiŋ]
aviation	[ˌeɪviˈeɪʃn]	approved	[əˈpruːvd]
security	[səˈkjʊrəti]	devices	[dɪˈvaɪsɪz]
laws	[lɔːz]	cooperation	[koʊˌɑːpəˈreɪʃn]

영 1-2

- 발음을 주의 깊게 들어보십시오.

- 단어의 철자가 아니라 발음 기호를 보면서 따라 읽으십시오.

- 이중모음을 단모음으로 혹은 단모음을 이중모음으로 발음하지 않도록 합니다. 특히, 단모음을 발음할 때는 입 모양이 변하지 않도록 주의하십시오.

  예) smoking → [o] (×); [oʊ] (c), laws → [oʊ] (×); [ɔː] (o)

• 과거형이나 복수형 어미의 발음을 빠뜨리지 마십시오.

예) approved / devices

• [s] 발음이 우리말 [시]로 되지 않도록 주의하십시오.

예) security, devices

• 악센트의 위치를 확인하고 따라 읽어 보십시오. 손가락으로 산을 그리면서 악센트가 있는 음절을 가장 높은 산의 정상이라고 생각하고 높고 힘있게 읽어 보십시오.

연음에 주의하여 방송문을 읽어 봅시다.

Ladies and gentlemen,
this is (항공사명) flight ______/ bound for ______ (via ______).
We will be departing shortly.
Aviation Security Laws prohibit smoking, disturbing crewmembers, and using non-approved electronic devices/ during the flight.
Thank you for your cooperation.

• 연음은 미국영어의 특징으로 끝 자음을 뒤에 따라오는 모음에 연결하여 한 단어처럼 발음하는 방식입니다.

• 이때, 앞 단어의 악센트가 있던 모음은 전체 단어의 악센트를 대표하는 강음절로, 뒤에 따라오는 단어의 모음은 약화되어 약음절로 소리 납니다.

예) Ladies and

['leɪdiz]+[ænd] → ['leɪdizənd]

Non approved [ˌnɑ:nə'pru:vd]

Thank you ['θæŋkju:]

(3) 강세와 억양(Accent & Intonation)

key word에 주의하여 방송문을 읽어 봅시다.

Ladies and gentlemen,
this is (항공사명) flight ______/ bound for ______ (via ______).
We will be departing shortly.
Aviation Security Laws prohibit smoking, disturbing crewmembers, and using non-approved electronic devices/ during the flight.
Thank you for your cooperation.

- 적색으로 쓰여 있는 핵심단어(key word)를 큰 소리로 읽어 보십시오.

- 핵심단어(key word)의 높이(pitch)를 높여 읽어 보십시오.

- 방송에서 숫자나 고유명사는 중요한 비행 정보입니다. 괄호 안에 적당한 항공사명과 비행편수, 목적지, 경유지 등을 넣어 높이로 강조하여 읽어 보십시오.

예) This is (Korean Air) flight (017) / bound for (Los Angeles).
This is (Delta Airlines) flight(7851) / bound for (Atlanta).
This is (Air France) flight(5093) / bound for (Paris).

- 억양은 끊어 읽는 곳에서의 어조를 말합니다. 하강조와 상승조를 적절히 섞어 사용하여 같은 억양이 두번 이상 반복되지 않도록 읽어보십시오.

실/전/연/습 Actual Practice

■ 다음 방송문을 녹음하여 들어 보십시오.

손님 여러분,
우리 비행기는 곧 출발하겠습니다.
갖고 계신 짐은/ 앞 좌석 아래나 선반 속에 보관해 주시기 바랍니다.

실전 1-1

We will be departing shortly.
Please make sure your carry on items are stowed /
in the overhead bins√ or under the seat in front of you.

실전 1-2

Worksheet

1. 끊어 읽기를 해야 할 곳을 표시해 보십시오.

손님 여러분, (도시명을 거쳐) (도시명)까지 가는 (항공사명)_____편, 곧 출발하겠습니다. 기내에서 승구원의 업무를 방해하는 행위, 전자담배를 포함한 흡연, 전자기기 사용 기준 위반은 항공보안법에 따라 금지돼 있습니다. 감사합니다.

2. 장음인 글자를 동그라미로 표시해 보십시오.

기내에서 승무원의 업무를 방해하는 행위, 전자담배를 포함한 흡연, 전자기기 사용 기준 위반은 항공보안법에 따라 금지돼 있습니다. 감사합니다.

3. 끊어 읽기를 해야 할 곳을 표시해 코십시오.

Ladies and gentlemen, this is (항공사명) flight ______ bound for ______. Aviation Security Laws prohibit smoking, disturbing crewmembers and using non-approved electronic devices during the flight.

Worksheet

4. 연음(이어 읽기)을 해야 할 곳을 표시해 보십시오.

Ladies and gentlemen, this is (항공사명) flight ______ bound for ______ (via ______).
Aviation Security Laws prohibit smoking, disturbing crewmembers and using non-approved electronic devices during the flight.
Thank you for your cooperation.

5. 다음 단어의 발음 기호를 적어 보십시오.

• via [ ] • aviation [ ]
• security [ ] • approved [ ]
• cooperation [ ]

6. 다음 문장의 억양을 **key word**에 유의하여 선으로 그려 보십시오.

• This is Korea Air flight ______ bound for ______ (via ______).

• We will be departing shortly.

• Thank you for your cooperation.

참고

❖ 기장 Welcome 방송

손님 여러분, 안녕하십니까? 저는 기장 _____입니다.
저희 (항공사명)을 이용해 주셔서 대단히 감사합니다.
여러분을 목적지 ______(국제)공항까지 안전하게 모시기 위해
최선을 다하겠습니다.
감사합니다.

참고 1-1

Good morning(afternoon/ evening), ladies and gentlemen.
This is captain _____ speaking. Welcome aboard (항공사명).
This flight is bound for ______(international) airport.
Please enjoy the flight.
Thank you.

참고 1-2

❖ 사무장 Door Close 방송

(항공사명)______편, 출입문 닫겠습니다.

참고 1-3

2. 탑승 환영 안내 Welcome

방송개요 및 유의사항

1. 방송 시점
- Safety Check 후 Welcome 인사 준비 완료 시

2. 방송 내용
- 환영과 감사인사
- 비행에 대한 일반적 안내
- Safety Demo 상영 안내

3. 특징
- 고객에게 주는 첫 인상
- 첫 문장에 맞추어 Welcome 인사
- 환영의 마음을 담아 밝고 경쾌하게

Welcome 방송은 승객 탑승이 완료되어 항공기 Door를 닫은 후 최초로 실시하는 방송입니다. 내용은 출발지 공항을 기점으로 최종 목적지 및 경유지, 비행에 관한 일반적인 안내 사항입니다.

정확한 방송 시점은 승무원들이 Safety Check을 마치고 Welcome 인사를 하기 위해 Aisle에 대기하고 있을 때이며, 여행의 시작을 알리는 방송이므로 환영과 감사의 마음을 담아 밝고 경쾌한 톤으로 방송합니다.

아래 방송문들은 해당되는 비행 편에서만 본문에 추가하여 실시합니다. 네모 칸에 별도로 쓰여 있어 그중에서 선택하게 되어 있습니다.

- 공동운항: 다른 항공사와의 공동운항 편인 경우
- 지연: 항공기 조업, 교체, 지상조업 등의 이유로 정시보다 출발이 30분 이상 지연되는 경우
- 현지 여승무원 탑승: 현지어 방송을 위해 현지 승무원이 탑승하는 경우
- 승객 군집 방지 안내: 괌을 포함하는 미주행 항공편인 경우

항공동맹(Airline Alliance)

항공동맹이란 여러 항공사들이 동맹/제휴를 맺어 만든 연합체입니다.

1978년 미국에서 시작된 항공 규제 완화(Airline Deregulation)로, 항공사들은 규모의 경제를 이용하고자 치열한 합병 전쟁을 벌였고, 이로 인해 많은 항공사들이 사라지게 되었습니다. 이후 단 하나의 항공사가 시장을 독점할 가능성이 커짐에 따라 미국 정부가 합병 조건을 더 어렵게 만들자 곤경에 처한 항공사들은 서로가 서로를 도와주는 시스템을 만들었고, 이것이 항공동맹으로 이어지게 되었습니다.

항공동맹의 장점으로는 승객에 대해서는 마일리지 적립제도, 다양하고 최적화된 운항경로, 운임 할인 등을 들 수 있고, 항공사의 경우는 불필요한 비용 절감, 공신력 상승, 경쟁 유도 등을 들 수 있습니다.

현재 일반항공사(FSC)의 대표적인 항공동맹으로는 스카이팀(Skyteam), 스타 얼라이언스(Star Alliance), 원 월드(One World)가 있고, 저비용항공사(LCC)동맹으로 유플라이 얼라이언스(U-FLY Alliance)와 밸류 얼라이언스(Value Alliance)가 있습니다.

유플라이 얼라이언스는 2016년 2월 중국 하이난항공 등 HNA그룹의 계열사들이 설립한 세계 최초의 저비용항공사 동맹으로 이스타항공이 가입되어 있고, 밸류 얼라이언스는 같은 해 5월에 설립된 아시아, 태평양지역 저비용항공사동맹으로 제주항공이 창립멤버로 가입되어 있습니다.

- 스카이팀(SKYTEAM)
  제일 최근에 만들어진(2000년) 동맹으로 대한항공이 창립 멤버입니다.

- 스타 얼라이언스
  (STAR ALLIANCE)
  첫 번째로 만들어진(1997년) 제일 큰 동맹으로 2003년 아시아나항공이 가입하였습니다.

- 원 월드(ONE WORLD)
  두 번째로 만들어진(1999년) 동맹으로 현재 가입한 대한민국 국적 항공사는 없습니다.

모델보이스를 들어 보십시오.

손님 여러분, 안녕하십니까.
스카이팀 회원사인 저희 (항공사명)은 여러분의 탑승을 진심으로 환영합니다.
이 비행기는 (_____를 거쳐) (도시명)까지 가는 (항공사명) _____편입니다.

[공동운항]
(_____편이며), (항공사명)과 공동 운항하고 있습니다.

[30분 이상 지연 시/ 항공기 점검, 교체, 지상조업 등 귀책사유]
_____관계로 출발이 예정보다 늦어진 점 널리 양해해 주시기 바랍니다.

저희 승무원들은 여러분께서 안전하고 편안하게 여행하실 수 있도록 정성을 다하겠습니다.

[승객 군집 방지 안내 - 괌, 미주행 항공편]
비행기 운항 중에는 보안상 여러 승객들이 한 곳에 모여 있지 않도록 돼 있으니 협조해 주십시오.

노트북 등 큰 전자기기는 좌석 하단 또는 기내 선반에 보관해 주시기 바랍니다.
비행중 여러분의 안전을 담당하는 안전요원인 승무원의 지시에 협조해 주시기 바라며, 계속해서 잠시 화면(승무원)을 주목해 주시기 바랍니다.

한 1-2

Good morning(afternoon/evening), ladies and gentlemen.
We would like to welcome you on board (항공사명), a member of SkyTeam.
This is flight ______, bound for ______ (via______).

[공동운항]
code-sharing with ______ (airlines).

[30분 이상 지연 시/ 항공기 점검, 교체, 지상조업 등 귀책사유]
We ask for your understanding as our flight has been delayed due to ______.
We appreciate your patience.

[현지 여승무원 탑승 시]
We have (a) (Name of Country) based cabin crew on board/
(to assist you in (Language))

During the flight, our cabin crew will be happy to assist you in any way we can.

[승객 군집 방지 안내 – 괌, 미주행 항공편]
Due to security regulations, we ask you not to congregate in the cabin.

Larger devices such as laptops must be stowed in the overhead bins or under the seat in front of you.
Please cooperate with cabin crew who act as safety officers during the flight.
Also, we ask that you direct your attention to the video screens(cabin crew) for important safety information.

영 1-3

1) 한국어 방송 연습

(1) 끊어 읽기(Pause)

표시된 대로 끊어 읽기에 주의하여 방송문을 읽어 봅시다.

손님 여러분, 안녕하십니까.
스카이팀 회원사인 저희 (항공사명)은/ 여러분의 탑승을 진심으로 환영합니다.
이 비행기는/ (______를 거쳐) (도시명)까지 가는√ (항공사명) ______편입니다.

[공동운항]
(______편이며)/ (항공사명)과 공동 운항하고 있습니다.

[30분 이상 지연 시/ 항공기 점검, 교체, 지상조업 등 귀책사유]
______관계로/ 출발이 예정보다 늦어진 점 널리√ 양해해 주시기 바랍니다.

저희 승무원들은/ 여러분께서 안전하고 편안하게 여행하실 수 있도록√ 정성을 다하겠습니다.

[승객 군집 방지 안내 - 괌, 미주행 항공편]
비행기 운항 중에는/ 보안상√ 여러 승객들이 한 곳에 모여 있지 않도록 돼 있으니 협조해 주십시오.

노트북 등 큰 전자기기는/ 좌석 하단 또는 기내 선반에 보관해 주시기 바랍니다.
비행 중√ 여러분의 안전을 담당하는 안전요원인 승무원의 지시에 협조해 주시기 바라며, 계속해서√ 잠시 화면(승무원)을 주목해 주시기 바랍니다.

- 올바른 위치에서 끊어 읽어야 뜻이 제대로 전달되므로 먼저 문장의 구조와 내용을 파악합니다.

- 마침표 [.]가 있는 문장 끝에서는 반드시 끊어 읽어야 하며, 쉼표 [,]나 추가로 표시된 [/]나 [√] 등의 위치도 확인합니다.

- 마침표는 2박자, 쉼표는 1박자, [/]는 1/2박자, [√]는 1/4박자 정도의 차이를 두고 끊어 읽습니다.

- 도입 부분인 '손님 여러분, 안녕하십니까' 다음에는 승객이 집중할 수 있도록 반드시 끊어 읽습니다.

(2) 발음(Pronunciation)

[장음]
회:원사 / 공:동운:항 / 예:정 / 보:안 / 전:자 / 좌:석
하:단 / 보:관 / 계:속 / 잠:시 / 화:면 / 주:목

[이중모음]
여러분의 / 안녕 / 회원사 / 저희 / 환영 / 예정 / 돼
관계 / 보관 / 요원 / 승무원 / 계속 / 화면

[ㅎ발음]
안녕하십니까 / 회원사 / 비행기 / 양해해 / 편안하게
여행하실 / 다하겠습니다 / 협조해 / 계속해서 / 화면

- 장음은 반드시 길게 소리 내고 이중모음은 첫 모음의 입 모양을 정확히 만들어 발음합니다. 또, [ㅎ]이 [ㅇ]으로 소리 나지 않도록 분명하게 발음합니다.

- '여러분의'는 '여러분에'로 읽고, '저희'는 '저히'로 읽습니다.

- 축약형으로 쓰인 '돼'를 '되어'로 읽지 않습니다.

적색으로 표시된 장음 발음에 주의하여 방송문을 읽어 봅시다.

손님 여러분, 안녕하십니까.
스카이팀 회원사인 저희 (항공사명)은/ 여러분의 탑승을 진심으로 환영합니다.
이 비행기는/ (_____를 거쳐) (도시명)까지 가는√ (항공사명) _____편입니다.

[공동운항]
(_____편이며)/ (항공사명)과 공동 운항하고 있습니다.

[30분 이상 지연 시/ 항공기 점검, 교체, 지상조업 등 귀책사유]
_____관계로/ 출발이 예정보다 늦어진 점√ 널리 양해해 주시기 바랍니다.

저희 승무원들은/ 여러분께서 안전하고 편안하게 여행하실 수 있도록√ 정성을 다하겠습니다.

[승객 군집 방지 안내 - 괌, 미주행 항공편]
비행기 운항 중에는/ 보안상√ 여러 승객들이 한 곳에 모여 있지 않도록 돼 있으니 협조해 주십시오.

노트북 등 큰 전자기기는/ 좌석 하단 또는 기내 선반에 보관해 주시기 바랍니다.
비행 중√ 여러분의 안전을 담당하는 안전요원인 승무원의 지시에 협조해 주시기 바라며, 계속해서√ 잠시 화면(승무원)을 주목해 주시기 바랍니다.

(3) 강세와 억양(Accent & Intonation)

key word에 주의하여 방송문을 읽어 봅시다.

손님 여러분, 안녕하십니까.
스카이팀 회원사인 저희 (항공사명)은/ 여러분의 탑승을 진심으로 환영합니다.
이 비행기는/ (______를 거쳐) (도시명)까지 가는√ (항공사명) ______편입니다.

[공동운항]
(______편이며)/ (항공사명)과 공동 운항하고 있습니다.

[30분 이상 지연 시/ 항공기 점검, 교체, 지상조업 등 귀책사유]
______관계로/ 출발이 예정보다 늦어진 점√ 널리 양해해 주시기 바랍니다.

저희 승무원들은/ 여러분께서 안전하고 편안하게 여행하실 수 있도록√ 정성을 다하겠습니다.

[승객 군집 방지 안내 - 괌, 미주행 항공편]
비행기 운항 중에는/ 보안상√ 여러 승객들이 한 곳에 모여 있지 않도록 돼 있으니 협조해 주십시오.

노트북 등 큰 전자기기는/ 좌석 하단 또는 기내 선반에 보관해 주시기 바랍니다.
비행 중√ 여러분의 안전을 담당하는 안전요원인 승무원의 지시에 협조해 주시기 바라며, 계속해서√ 잠시 화면(승무원)을 주목해 주시기 바랍니다.

- 억양은 말하는 것처럼 자연스러워야 합니다. 끊어 읽기 표시가 되어 있는 곳의 어조는 상승조와 하강조를 이용하여 변화 시켜 읽되 같은 억양이 두번 이상 반복되지 않도록 합니다.

• 우리말에서 강세란 어느 특정 발음을 세게 읽는 대신 내용상 가장 중요한 핵심단어를 높이(pitch)를 이용해서 강조하는 것입니다.

• ⌒ 표시가 있는 단어는 문장의 핵심단어이므로 음의 높이(pitch)를 높여 강조합니다. 특히, 방송문의 괄호 안에 해당되는 단어들은 핵심단어 중에서도 가장 중요한 정보에 해당되므로 반드시 높이로 강조합니다.

2) 영어 방송 연습

(1) 끊어 읽기(Pause)

표시된 대로 끊어 읽기에 주의하여 방송문을 읽어 봅시다.

Good morning(afternoon/evening), ladies and gentlemen.
We would like to welcome you on board (항공사명), a member of SkyTeam.
This is flight ______, bound for ______ (via______).

[공동운항]

code-sharing with ______ (airlines).

[30분 이상 지연 시/ 항공기 점검, 교체, 지상조업 등 귀책사유]

We ask for your understanding/ as our flight has been delayed√ due to ______.

We appreciate your patience.

[현지 여승무원 탑승 시]

We have (a) (Name of Country) based cabin crew on board/
(to assist you in (Language))

During the flight, our cabin crew will be happy to assist you√ in any way we can.

[승객 군집 방지 안내 - 괌, 미주행 항공편]
Due to security regulations, we ask you not to congregate√ in the cabin.

Larger devices such as laptops√ must be stowed/ in the overhead bins√ or under the seat in front of you.
Please cooperate with cabin crew/ who act as safety officers√ during the flight.
Also, we ask that you direct your attention√ to the video screens(cabin crew)/ for important safety information.

- 문장의 구조와 내용을 파악하고 어디서 끊어 읽을 것인지 정해 보십시오.

- 마침표와 쉼표 외에 추가로 끊어 읽기가 필요한 경우에는 보통 구나 절 앞에 [/]나 [√] 표시를 합니다.

- 말하듯이 자연스럽게 들리도록 문장 끝에 있는 마침표에서는 2박자 정도 끊어 읽고 쉼표는 1박자, [/]는 1/2박자, [√]는 1/4박자 정도의 차이를 두어 끊어 읽으십시오.

(2) 발음(Pronunciation)

발음 기호를 보면서 단어를 따라 발음해 봅시다.

good	[gʊd]	regulations	[ˌregjuˈleɪʃnz]
morning	[ˈmɔːrnɪŋ]	ask	[æsk]
afternoon	[ˌæftərˈnuːn]	congregate	[ˈkɑːŋgrɪgeɪt]
evening	[ˈiːvnɪŋ]	larger	[laːrdʒər]
would	[wʊd]	devices	[dɪˈvaɪsɪz]
welcome	[ˈwelkəm]	laptop	[ˈlæptɑːp]
board	[bɔːrd]	cooperate	[koʊˈɑːpəreɪt]
member	[ˈmembə(r)]	safety	[ˈseɪfti]
sky team	[skaɪtiːm]	officers	[ˈɔːfɪsə(r)z,ˈɑːfɪsə(r)z]
code-sharing	[koʊdʃέəriŋ]	direct	[dəˈrekt]
understanding	[ˌʌndərˈstændɪŋ]	attention	[əˈtenʃn]
appreciate	[əˈpriːʃieɪt]	video	[ˈvɪdioʊ]
patience	[ˈpeɪʃns]	screens	[skriːnz]
crew	[kruː]	important	[ɪmˈpɔːrtnt]
assist	[əˈsɪst]	information	[ˌɪnfərˈmeɪʃn]
security	[səˈkjʊrəti]		

영 1-4

- 발음을 주의 깊게 들어보십시오.
- 단어의 철자가 아니라 발음 기호를 보면서 따라 읽어 보십시오.
- 발음을 들으면서 악센트의 위치를 확인해 보십시오.
- 손가락으로 산을 그리면서 악센트가 있는 음절을 가장 높은 산의 정상이라 생각하고 높고 힘있게 읽어 보십시오.

연음에 주의하여 방송문을 읽어 봅시다.

Good morning(afternoon/evening), ladies and gentlemen.
We would like to welcome you on board (항공사명), a member of SkyTeam.
This is flight ______, bound for ______ (via______).

[공동운항]
code-sharing with ______ (airlines).

[30분 이상 지연 시/ 항공기 점검, 교체, 지상조업 등 귀책 사유]
We ask for your understanding/ as our flight has been delayed√ due to ______.
We appreciate your patience.

[현지 여승무원 탑승 시]
We have (a) (Name of Country) based cabin crew on board/
(to assist you in (Language)).

During the flight, our cabin crew will be happy to assist you/ in any way we can.

[승객 군집 방지 안내 - 괌, 미주행 항공편]
Due to security regulations, we ask you not to congregate/ in the cabin.

Larger devices such as laptops√ must be stowed/ in the overhead bins√ or under the seat in front of you.
Please cooperate with cabin crew/ who act as safety officers√ during the flight.
Also, we ask that you direct your attention√ to the video screens(cabin crew)/ for important safety information.

• 연음은 미국영어의 특징으로, 끝 자음을 뒤에 따라 오는 모음에 연결하여 한 단어처럼 발음하는 것입니다.

• 이때, 앞 단어의 악센트를 가지고 있는 모음이 전체 단어를 대표하는 강음절이 되고, 뒤에 따라오는 모음은 약화되어 약음절로 바뀌게 됩니다.

예) member of → memberof ['membə(r)əv]

in front of → in frontof [ɪn'frʌntəv]

(3) 강세와 억양(Accent & Intonation)

key word에 주의하여 방송문을 읽어 봅시다.

Good morning(afternoon/evening), ladies and gentlemen.
We would like to welcome you on board (항공사명), a member of SkyTeam.
This is flight ______, bound for ______ (via______).

[공동운항]
code-sharing with ______(airlines).

[30분 이상 지연 시/ 항공기 점검, 교체, 지상조업 등 귀책 사유]
We ask for your understanding/ as our flight has been delayed√ due to ______.
We appreciate your patience.

[현지 여승무원 탑승 시]
We have (a) (Name of Country) based cabin crew on board/
(to assist you in (Language)).

During the flight, our cabin crew will be happy to assist you/ in any way we can.

[승객 군집 방지 안내 – 괌, 미주행 항공편]
Due to security regulations, we ask you not to congregate/ in the cabin.

Larger devices such as laptops√ must be stowed/ in the overhead bins√ or under the seat in front of you.
Please cooperate with cabin crew/ who act as safety officers√ during the flight.
Also, we ask that you direct your attention √ to the video screens(cabin crew)/ for important safety information.

- 적색으로 쓰여 있는 핵심단어(key word)를 큰 소리로 읽어 보십시오.
- 핵심단어(key word)의 높이(pitch)를 높여서 읽어 보십시오.
- 선으로 표시되어 있는 괄호 안에 들어갈 숫자나 고유명사는 가장 중요한 정보입니다. 이들을 높이(pitch)를 높여 강조해 보십시오.
- 억양은 끊어 읽는 곳에서의 어조를 말합니다. 같은 어조가 반복되면 책 읽는 것같이 들리므로 하강조와 상승조를 적절히 섞어 말하듯이 읽어 보십시오.

실/전/연/습 Actual Practice

■ 다음 방송문을 녹음하여 들어 보십시오.

손님 여러분, 안녕하십니까.
저희 (항공사명)은/ 여러분의 탑승을 진심으로 환영합니다.

[A220]
여러분이 탑승하신 이 비행기에서는/ 기내 네트워크에 접속하여/ 영화, 단편물, 음악 등√ 다양한 기내 무선 엔터테인먼트를 무료로 이용하실 수 있습니다. 보다 자세한 사항은/ 기내지를 참고하여 주시기 바랍니다.

[7M8Q]
여러분이 탑승하신 이 비행기에서는/ ○○ Air Wi-Fi를 이륙 후 구매하여 사용하실 수 있으며/ 자세한 사항은 좌석 앞 안내지를 참고하여 주시기 바랍니다. 또한, 기내 네트워크에 접속하여/ 영화, 단편물, 음악 등√ 다양한 기내 무선 엔터테인먼트를 무료로 이용하실 수 있습니다. 보다 자세한 사항은/ 기내지를 참고하여 주시기 바랍니다.

[승객 군집 방지 안내-괌, 미국행 항공편]
비행기 운항 중에는/ 보안상√ 여러 승객들이 한 곳에 모여 있지 않도록 돼 있으니 협조해 주십시오.

[CJJ, HIN, KPO, KUV, KWJ, PUS, TAE, WJU 출발 시]
이곳은 군사공항으로/ 사진촬영이 금지돼 있습니다.

휴대전화 등 전자기기는/ 비행기 모드로 변경하여 사용하실 수 있습니다. 기내 안전요원인 승무원의 지시에 협조해 주시고, 승무원의 업무를 방해하거나 임의로 비상구를 조작하는 행위는/ 항공보안법에 따라 금지돼 있으며 처벌받을 수 있음을 알려드립니다. 저희 승무원들은/ 여러분께서 편안하게 여행하실 수 있도록 정성을 다하겠습니다. 감사합니다.

실전 2-1

실/전/연/습 Actual Practice

■ 다음 방송문을 녹음하여 들어 보십시오.

Ladies and gentlemen. Welcome on board.

[A220]
On this aircraft, you can connect to the in-flight network/ and enjoy free in-flight wireless entertainment√ such as movies, short videos and music.
For more information, please refer to the magazine√ in your seat pocket.

[7M8Q]
On this aircraft, ○○ Air Wi-Fi will be available/ after purchase in the air.
Please refer to the leaflet in your seat pocket√ for further information.
Also, you can connect to the in-flight network/ and enjoy free in-flight wireless entertainment√ such as movies, short videos and music.
For more information, please refer to the magazine√ in your seat pocket.

[승객 군집 방지 안내-괌, 미국행 항공편]
Due to security regulations, we ask you not to congregate in the cabin.

[CJJ, HIN, KPO, KUV, KWJ, PUS, TAE, WJU 출발 시]
Due to military restrictions, taking pictures of the airport/ is prohibited.

Electronic devices may be used during the flight, as long as they are set to 'Airplane Mode'. Disturbing crew members and tampering with emergency exits/ are strictly prohibited, and are punishable by aviation security law. So, please cooperate with the cabin crew/ who act as safety officers√ throughout the flight. During the flight, our cabin crew will be happy to assist you√ in any way we can.
Thank you.

실전 2-2

Worksheet

1. 끊어 읽기를 해야 할 곳을 표시해 보십시오.

손님 여러분, 안녕하십니까. 스카이팀 회원사인 저희 (항공사명)은 여러분의 탑승을 진심으로 환영합니다. 이 비행기는 (도시명)을 거쳐 (도시명)까지 가는 (항공사명)______편입니다. 저희 승무원들은 여러분께서 안전하고 편안하게 여행하실 수 있도록 정성을 다하겠습니다. 노트북 등 큰 전자기기는 좌석 하단 또는 기내 선반에 보관해 주시기 바랍니다. 비행 중 여러분의 안전을 담당하는 안전요원인 승무원의 지시에 협조해 주시기 바라며, 계속해서 잠시 화면을 주목해 주시기 바랍니다.

2. 장음인 글자를 동그라미로 표시해 보십시오.

노트북 등 큰 전자기기는 좌석 하단 또는 기내 선반에 보관해 주시기 바랍니다. 비행 중 여러분의 안전을 담당하는 안전요원인 승무원의 지시에 협조해 주시기 바라며, 계속해서 잠시 화면을 주목해 주시기 바랍니다.

3. 끊어 읽기를 해야 할 곳을 표시해 보십시오.

Good morning, ladies and gentlemen. We would like to welcome you on board (항공사명), a member of SkyTeam. This is flight ______, bound for____ (via ______) code-sharing with _______(airlines). During the flight, our cabin crew will be happy to assist you in any way we can. Larger devices such as laptops must be stowed in the overhead bins or under the seat in front of you. Please cooperate with cabin crew who act as safety officers during the flight. Also, we ask that you direct your attention to the video screens for important safety information.

4. 연음(이어 읽기)을 해야 할 곳을 표시해 보십시오.

Our cabin crew will be happy to assist you in any way we can.
Larger devices such as laptops must be stowed in the overhead bins or under the seat in front of you.
Also, we ask that you direct your attention to the video screens for important safety information.

5. 다음 단어의 발음 기호를 적어 보십시오.

- code-sharing [ ]
- appreciate [ ]
- security [ ]
- congregate [ ]
- cooperate [ ]
- safety [ ]

Worksheet

6. 다음 문장의 억양을 **key word**에 유의하여 선으로 그려 보십시오.

- We would like to welcome you on board Korea Air.
- Our cabin crew will be happy to assist you in any way we can.

7. 밑줄친 곳에 다른 단어를 넣어 연습해 보십시오.

- This is flight 001 bound for Los Angeles via Tokyo.

  901 Paris

  071 Vancouver

- Our flight has been delayed due to aircraft connection.

  weather condition

  airport congestion

  technical check

- We have a China based cabin crew on board to assist you in Chinese.

  Japan Japanese

  Russia Russian

  Vietnam Vietamese

참고

❖ Safety Demonstration

탑승 환영 안내방송에 이어 항공기가 활주로까지 이동하는 도중에 실시하는 방송입니다. 대부분은 비디오로 상영되나 비디오 장비나 PRAM이 장착되지 않은 항공기에서는 사무장이 직접 실시합니다. 여느 방송과 달리 문장을 한국어와 영어로 번갈아 읽으며, 이때 승무원들은 약속된 key word에 맞춰 취해야 할 동작을 실제로 보여 줍니다.

계속해서(지금부터) 비상구 위치와 비상장비 사용법에 대해 안내해 드리겠습니다. 잠시 주목해 주시기 바랍니다.

Ladies and gentlemen, we will now show you the safety features of this aircraft. Please direct your attention to our cabin crew.

이 비행기의 비상구는 모두 ____개로 좌우에 각각 있습니다.

There are ____ emergency exits on both sides of the aircraft.

만일의 경우에 대비해 여러분의 좌석에서 가장 가까운 비상구 위치를 확인하시기 바랍니다.

Please take a moment to locate the nearest exit from your seat.

비상시 비행기의 전원이 꺼질 경우 비상구까지 유도등이 통로에 켜지게 됩니다.

If there is a loss of power in an emergency, emergency track lights will turn on and guide you to the exits.

좌석벨트 사인이 켜지면 반드시 좌석벨트를 매 주십시오.

Please fasten your seatbelt when the seatbelt sign is on.

벨트는 버클을 끼워 허리 아래로 내려서 조여 주시고 풀 때는 덮개를 들어올리면 됩니다.

To fasten your seatbelt, insert the link into the main buckle and tighten the strap across your hips securely. To release the seatbelt, raise the flap of the buckle.

산소 마스크는 선반 속에 있으며 산소 공급이 필요한 비상시에 저절로 내려옵니다.

Your oxygen mask is in the overhead compartment and it will drop automatically when needed.

마스크가 내려오면 앞으로 잡아당겨 코와 입에 대시고 끈으로 머리에 고정해 주십시오.

When the mask drops, pull it toward you and cover your nose and mouth, then adjust the elastic head band.

도움이 필요한 동반자가 있을 때는 먼저 착용하신 후 도와주시기 바랍니다.

Please put your mask on first and then help someone who may need your assistance.

여러분의 좌석 (또는 팔걸이) 아래에 있는 구명복은 비행기가 바다에 내렸을 경우 사용하시게 됩니다.

Your life vest is located under your seat (or beside your seat) for use in an emergency landing on the water.

착용하실 때는 머리 위에서부터 입으시고, 양팔을 끼운 다음 끈을 아래로 당기십시오. 노란색 손잡이를 양옆으로 잡아당겨 몸에 맞도록 조절해 주십시오.

To put the vest on, slip it over your head, then adjust the straps around your waist.

구명복은 기내에서 부풀지 않도록 유의해 주시고, 부풀릴 때는 탈출 직전 비상구 앞에서 붉은색 손잡이를 당기시면 됩니다.

Please do not inflate the vest inside the aircraft. To inflate the vest, pull the red tabs down in front of an exit door just before leaving the aircraft.

충분히 부풀지 않을 때는 고무관을 힘껏 불어 주십시오.

You can also inflate it by blowing into the tubes.

또한 비상구마다 장착된 탈출 미끄럼대를 구명 보트로 사용하실 수 있습니다.

Each door is equipped with an escape slide that can also be detached and used as a life raft.

보다 자세한 사항은 앞 좌석 주머니에 있는 안내문을 참고하시기 바랍니다.

For more information, please refer to the safety information card in your seat pocket.

아울러 안내문에 설명된 바와 같이 비상구 좌석에 앉으신 분께서는 비상시 저희 승무원과 함께 다른 승객의 탈출을 돕도록 돼 있습니다. 여러분의 적극적인 협조를 부탁드립니다.

If you are seated in an exit seat, you must be able to assist other passengers in an emergency. Your cooperation is greatly appreciated.

아울러 비행기 내에서의 흡연은 엄격히 금지돼 있음을 알려드립니다.

Also, we would like to remind you that smoking is strictly prohibited during the flight.

감사합니다.

참고 2-1

❖ Take-off(이륙 안내방송)

기장의 이륙 Signal(좌석벨트 사인 3회 점멸과 동시 Chime 3회) 직후에 사무장이 실시하는 방송입니다. 이때 모든 승무원은 Jump Seat에 착석하여 좌석벨트와 Shoulder Harness를 착용한 상태여야 합니다.

손님 여러분, 우리 비행기는 이제 이륙하겠습니다.
여러분의 안전을 위해, 좌석벨트를 매셨는지 다시 한번 확인해 주시기 바랍니다.

Ladies and gentlemen, we are now ready for take-off.
Please make sure that your seatbelt is securely fastened.

참고 2-2

2 비행 중 안내방송 Announcement During Flight

1. 좌석벨트 상시착용 안내 Seatbelt Sign Off

방송개요 및 유의사항

1. 방송 시점

- Seatbelt Sign Off 직후

2. 방송 내용

- 좌석벨트 상시 착용 안내
- 휴대전화 및 보조배터리 주의사항
- 금연 등 항공보안법 안내

3. 특징

- 이륙 후 첫 방송
- 방송 모니터링 실시
- 정보 전달이 목적, 또박또박 천천히

Seatbelt Sign Off 방송은 이륙 후에 객실승무원이 첫 번째로 실시하는 방송입니다. 항공기가 이륙하여 예정된 순항고도에 도달하면 통상적인 운항 절차에 따라 좌석벨트 표시등이 꺼지게 되는데, 방송담당 승무원은 표시등이 꺼진 것을 확인하고 인터폰으로 'All Attendant Call'을 하여 승무원들에게 방송 모니터링을 요청한 후 이 방송을 실시합니다.

방송 모니터링 절차

1. 방송담당 승무원이 인터폰(All Attendant Call)으로 방송 모니터링 요청합니다.
2. Zone별로 1명의 승무원이 Aisle에 Stand-by합니다.
3. 방송문의 첫 번째 문장('손님 여러분, 방금 좌석벨트 표시등이 꺼졌습니다')을 들은 후 해당 Zone의 방송 상태를 앞쪽 승무원에게 수신호(좋다, 소리가 작다, 소리가 크다)합니다.
4. 방송 모니터링 취합 승무원은 승무원들에게서 받은 모니터링 결과를 취합하여 최종적으로 방송담당 승무원에게 전달합니다.
5. 방송담당 승무원은 볼륨 조절이나 잡음 제거 등 필요한 조치를 수행합니다.

모델보이스를 들어 보십시오.

손님 여러분,
방금 좌석벨트 표시등이 꺼졌습니다.
그러나, 비행기가 갑자기 흔들리는 경우에 대비해
자리에서는 항상 좌석벨트를 매시기 바랍니다.
휴대전화 또는 보조배터리는 압착될 경우 화재의
위험이 있습니다.
좌석 등받이를 움직이기 전, 전자기기가 좌석 틈새로
빠지지 않았는지 확인하시기 바랍니다.
또한 전자담배를 포함한 기내에서의 흡연은 항공보안법에 따라 엄격히 금지돼
있음을 알려드립니다.
감사합니다.

한 2-1

Ladies and gentlemen,
the captain has turned off the seatbelt sign.
But we recommend that you keep your seatbelt fastened at all times.
Please make sure electronic devices such as cell phones and portable chargers are stored safely as they can be damaged or become a potential fire hazard when compressed.
You are also reminded that smoking and the use of electronic cigarettes are against the law.
Thank you.

영 2-1

1) 한국어 방송 연습

(1) 끊어 읽기(Pause)

표시된 대로 끊어 읽기에 주의하여 방송문을 읽어 봅시다.

손님 여러분,
방금 좌석벨트 표시등이 꺼졌습니다.
그러나, 비행기가 갑자기 흔들리는 경우에 대비해/
자리에서는√ 항상 좌석벨트를 매시기 바랍니다.
휴대전화 또는 보조배터리는/ 압착될 경우√ 화재의 위험이 있습니다.
좌석 등받이를 움직이기 전, 전자기기가 좌석 틈새로
빠지지 않았는지/ 확인하시기 바랍니다.
또한 전자담배를 포함한 기내에서의 흡연은/ 항공보안법에 따라√ 엄격히 금지돼
있음을 알려드립니다.
감사합니다.

- 올바른 위치에서 끊어 읽어야 뜻이 제대로 전달되므로 먼저 문장의 구조와 내용을 파악합니다.

- 마침표 [.]나 쉼표 [,]·등의 위치를 확인하고, 필요 시 [/]나 [√] 등의 부호로 표시합니다.

- 말하듯이 자연스럽게 들리도록 각 부호의 끊어 읽는 정도의 차이를 두어 읽습니다. 예를 들어 마침표가 2박자, 쉼표가 1박자라면, [/]는 1/2박자, [√]는 1/4박자 정도 쉼의 차이를 두는 것이 적당합니다.

- 승객의 주의를 집중시키기 위해 '손님 여러분' 다음과 본문을 마친 후 끝 인사말인 '감사합니다' 전에 끊어 읽어 정중하게 감사의 마음을 표현합니다.

- '그러나', '또한' 등의 접속사는 자연스럽게 뒤의 문장과 연결하여 읽고, '갑자기', '항상', '엄격히' 등의 부사 뒤에서는 짧게 끊어 읽습니다.

(2) 발음(Pronunciation)

[장음]

좌:석 / 대:비 / 매:시기 / 휴대전:화 / 보:조 / 화:재

전:자기기 / 전:자담:배 / 항:공보:안법 / 금:지 / 감:사

[이중모음]

여러분 / 좌석 / 표시등 / 경우 / 화재의 / 확인

기내에서의 / 흡연 / 엄격히 / 금지돼 / 알려드립니다

[ㅎ발음]

비행기 / 흔들리는 / 대비해 / 항상 / 휴대전화

위험 / 포함한 / 흡연 / 감사합니다

• 장음 음절은 반드시 길게 소리를 내고 이중모음은 각각의 음가대로 발음하되 첫 모음의 입 모양을 정확히 만들어 발음합니다.

예) 좌석 → 자석 (×), 금지 → 검지 (×), 전화 → 전하 (×), 표시등 → 펴시등 (×)

• [ㅎ]은 탈락되어 [ㅇ]으로 들리지 않도록 분명하게 발음합니다.

예) 비행기 → 비앵기 (×), 포함한 → 포아만 (×), 또한 → 또안 (×), 위험 → 위엄 (×)

• [의]가 관형격조사로 사용된 경우 [에]로 발음하여 읽습니다.

예) 화재의 → 화재에, 기내에서의 → 기내에서에

• '엄격히'는 우리말의 경음화와 격음화현상으로 인해 '엄껴키'로 발음합니다.

예) 엄격히 → 엄껵히 → 엄껴키

적색으로 표시된 장음 발음에 주의하여 방송문을 읽어 봅시다.

손님 여러분,
방금 좌석벨트 표시등이 꺼졌습니다.
그러나, 비행기가 갑자기 흔들리는 경우에 대비해/
자리에서는√ 항상 좌석벨트를 매시기 바랍니다.
휴대전화 또는 보조배터리는/ 압착될 경우√ 화재의 위험이 있습니다.
좌석 등받이를 움직이기 전, 전자기기가 좌석 틈새로
빠지지 않았는지/ 확인하시기 바랍니다.
또한 전자담배를 포함한 기내에서의 흡연은/ 항공보안법에 따라√ 엄격히 금지돼
있음을 알려드립니다.
감사합니다.

(3) 강세와 억양(Accent & Intonation)

key word에 주의하여 방송문을 읽어 봅시다.

손님 여러분,
방금 좌석벨트 표시등이 꺼졌습니다.
그러나, 비행기가 갑자기 흔들리는 경우에 대비해/
자리에서는√ 항상 좌석벨트를 매시기 바랍니다.
휴대전화 또는 보조배터리는/ 압착될 경우√
화재의 위험이 있습니다.
좌석 등받이를 움직이기 전, 전자기기가 좌석 틈새로
빠지지 않았는지/ 확인하시기 바랍니다.
또한 전자담배를 포함한 기내에서의 흡연은/ 항공보안법에 따라√ 엄격히 금지돼
있음을 알려드립니다.
감사합니다.

• 억양은 말하는 듯이 자연스러워야 합니다. 끊어 읽기로 정한 곳에서는 상승조와 하강조를 적당히 변화 시켜 읽어 보십시오. 단. 같은 어조가 두번 이상 반복되지 않아야 말하는 것처럼 들립니다.

• '마침표'가 있는 문장 끝에서는 반드시 하강 어조로 읽고, 충분한 길이를 주어 급한 느낌을 주지 않도록 합니다.

• 습관적으로 끊어 읽을 때마다 마지막 음절에 세게 힘을 주거나 길게 늘여 읽지 않도록 주의해야 합니다.

• 문장 강세는 문장에서 가장 중요한 핵심단어를 강조하라는 의미입니다. 우리말은 어느 특정 음절을 세게 읽는 대신 내용상 가장 중요한 핵심단어를 높이(pitch)를 이용해서 강조합니다.

- 표시가 있는 단어는 문장의 핵심단어이므로 음의 높이(pitch)를 높여 두드러지게 강조합니다.

- 접속사 '그러나', '또한'은 어색하지 않도록 자연스럽게 뒤의 문장과 연결시켜 읽고, '방금', '갑자기', '엄격히' 등은 동사를 꾸며주는 부사이므로 높이(pitch)를 올려서 발음합니다.

2) 영어 방송 연습

(1) 끊어 읽기(Pause)

표시된 대로 끊어 읽기에 주의하여 방송문을 읽어 봅시다.

Ladies and gentlemen,
the captain has turned off the seatbelt sign.
But we recommend/ that you keep your seatbelt fastened at all times.
Please make sure/ electronic devices such as cell phones and portable chargers√ are stored safely/ as they can be damaged√ or become a potential fire hazard when compressed.
You are also reminded/ that smoking and the use of electronic cigarettes√ are against the law.
Thank you.

- 문장 내용과 구조를 파악하고 어디서 끊어 읽을 것인지 정하십시오.

- 마침표와 쉼표 외에 문장이 길어 추가로 끊어 읽기가 필요한 경우에는 구나 절 앞에서, 혹은 긴 주어 다음에 [/]나 [√]로 표시하여 끊어 읽습니다.

- 마침표는 2박자, 쉼표는 1박자, [/]는 1/2박자, [√]는 1/4박자 정도의 차이를 두고 읽는 것이 적당합니다.

• 동사 'recommend'나 'reminded' 다음의 'that'은 이하 전체문장을 이끄는 접속사이므로, 'that'의 뒤가 아닌 'that' 앞에서 끊어 읽습니다.

• 주의를 집중시키기 위해 첫 부분인 'Ladies and gentlemen' 다음에 끊어 읽고, 본문의 마지막 단어인 'law' 다음에 다시 끊어 읽어 맺음말로서 'Thank you'가 정중하게 전달되도록 하십시오.

(2) 발음(Pronunciation)

발음 기호를 보면서 단어를 따라 발음해 봅시다.

captain	[ˈkæptɪn]	hazard	[ˈhæzərd]
recommend	[ˌrekəˈmend]	reminded	[rɪˈmaɪndid]
fastened	[ˈfæsnd]	smoking	[ˈsmoʊkɪŋ]
portable	[ˈpɔːrtəbl]	cigarettes	[ˈsɪgəretz]
chargers	[ˈtʃaːrdʒə(r)z]	against	[əˈgenst; əˈgeɪnst]
damaged	[dǽmidʒd]	law	[lɔː]
potential	[pəˈtenʃl]		

영 2-2

• 발음을 주의 깊게 들어보십시오.

• 단어의 철자가 아닌 발음 기호를 보면서 따라 읽어 보십시오.

• 'captain', 'fasten', 'hazard', 'damaged'의 단모음 [æ]를 [e]로 발음하지 않도록 주의하십시오.

• 이중모음을 단모음으로 혹은 단모음을 이중모음으로 바꿔 발음하지 않도록 합니다. 특히 단모음 발음 시에는 입 모양이 바뀌지 않는지 주의하십시오.

예) law → [oʊ] (×); [ɔː] (○), smoking → [o] (×); [oʊ] (○)

• [r]과 [l]의 발음을 서로 바꿔 발음하지 않아야 합니다. [r]은 [l]이나 우리말의 [ㄹ]로 소리 나지 않도록 입술을 앞으로 내밀어 발음해야 하는 반면, [l]은 입술을 내밀지 않고 혀끝이 치조에 닿도록 하여 발음합니다.

예) recommend, reminded, cigarettes

law, ladies, electronic

• 복수 's'나 과거형 어미 'ed'의 발음을 빠뜨리지 않도록 주의하십시오.

예) cigarettes, chargers, fastened, reminded, damaged

• 악센트의 위치를 잘 듣고 따라 읽어 보십시오.

• 손가락으로 산을 그리듯이 악센트가 있는 음절을 가장 높은 산의 정상이라 생각하고 그리면서 그 음절을 높고 힘있게 읽어 보십시오.

연음에 주의하여 방송문을 읽어 봅시다.

Ladies and gentlemen,
the captain has turned off the seatbelt sign.
But we recommend/ that you keep your seatbelt fastened at all times.
Please make sure/ electronic devices such as cell phones and portable chargers√ are stored safely/ as they can be damaged√ or become a potential fire hazard when compressed.
You are also reminded/ that smoking and the use of electronic cigarettes√ are against the law.
Thank you.

• 영어에서의 연음은 자음 뒤에 모음이 따라 오는 경우 앞의 자음을 뒤의 모음에 연결하여 발음하는 것입니다. 선으로 표시된 2개의 단어를 한 단어처럼 연결하여 발음해 보십시오.

- 이때, 앞 단어의 원래 악센트가 있던 모음은 전체 단어의 악센트를 대표하는 강음절로, 뒤에 따라오는 단어의 모음은 약화되어 약음절로 소리가 납니다.

- 'turned off'에서 'off'는 부사이므로 전형적으로 강세를 주어야 읽어야 하며, 'up'으로 잘못 발음하지 않도록 주의하십시오. 또한 과거형 어미 'ed'를 빠뜨려서 현재형인 'turn off'가 되지 않도록 주의하십시오.

- 자음 뒤에 [j]가 따라 오는 경우, [j]를 어떻게 보느냐에 따라 연음 여부가 결정됩니다. 즉, [j]을 반모음으로 보는 경우에는 연음으로 발음하지만 반자음으로 보는 경우에는 연음을 하지 않아도 됩니다. 다만 이랬다 저랬다 하지 않고 일관성 있게 발음해야 합니다.

  예) keep+your: [j]를 반모음으로 보는 경우 [ki:pjʊr]

  [j]를 반자음으로 보는 경우 [ki:p]+[jʊr]

(3) 강세와 억양(Accent & Intonation)

key word에 주의하여 방송문을 읽어 봅시다.

Ladies and gentlemen,
the captain has turned off the seatbelt sign.
But we recommend/ that you keep your seatbelt fastened at all times.
Please make sure/ electronic devices such as cell phones and portable chargers√ are stored safely/ as they can be damaged√ or become a potential fire hazard when compressed.
You are also reminded/ that smoking and the use of electronic cigarettes√ are against the law.
Thank you.

- 적색으로 쓰여 있는 핵심단어(key word)를 큰 소리로 읽어 보십시오.

- 핵심단어(key word)의 높이(pitch)를 높여 읽어 보십시오.

- 억양은 끊어 읽는 곳에서의 어조를 말합니다. 하강조와 상승조를 적절히 섞어 사용하여 같은 억양이 두번 이상 반복되지 않도록 읽어보십시오.

- 문장이나 절 혹은 구의 마지막 단어의 악센트를 지켜 읽어 보십시오. 영어는 한국어와 달리 마지막 단어의 강음절에 힘이 실리는 것이 특징입니다. 이는 구어체의 큰 특징이기도 한데 마치 단어를 일부러 올려 읽는 듯한 느낌이 듭니다. 그렇지 않으면 단어의 끝 발음이 들리지 않아 자신이 없이 우물우물 발음을 흘리는 것처럼 들리거나 성의없이 들리게 되므로 마지막 단어의 악센트를 지켜 소리내도록 합니다.

- 말하듯이 자연스러운 억양을 만드는 것이 가장 중요한 과제이므로 한 문장씩 앞의 누군가에게 말을 하듯이 외워 말해 보십시오. 문장 앞에 'Excuse me, sir(ma'am)'과 문장 끝에 'sir(ma'am)'을 넣어 연습해 보십시오. 훨씬 자연스러운 어조를 만들 수 있습니다.

실/전/연/습 Actual Practice

■ 다음 방송문을 녹음하여 들어 보십시오.

손님 여러분,
방금 좌석벨트 표시등이 꺼졌습니다.
그러나 비행기가 갑자기 흔들리는 경우에 대비해/ 자리에서는√ 항상 좌석 벨트를 매시기 바랍니다.
감사합니다.

실전 3-1

Ladies and gentlemen,
the captain has turned off the seatbelt sign.
However, we recommend/ that you keep your seatbelt fastened√ throughout the flight.
Thank you.

실전 3-2

Worksheet

1. 끊어 읽기를 해야 할 곳을 표시해 보십시오.

손님 여러분, 방금 좌석벨트 표시등이 꺼졌습니다.
그러나, 비행기가 갑자기 흔들리는 경우에 대비해 자리에서는 항상 좌석벨트를 매시기 바랍니다. 휴대전화 또는 보조배터리는 압착될 경우 화재의 위험이 있습니다. 좌석 등받이를 움직이기 전, 전자기기가 좌석 틈새로 빠지지 않았는지 확인하시기 바랍니다. 또한 전자담배를 포함한 기내에서의 흡연은 항공보안법에 따라 엄격히 금지돼 있음을 알려드립니다. 감사합니다.

2. 장음인 글자를 동그라미로 표시해 보십시오.

비행기가 갑자기 흔들리는 경우에 대비해 자리에서는 항상 좌석벨트를 매시기 바랍니다. 휴대전화 또는 보조배터리는 압착될 경우 화재의 위험이 있습니다. 좌석 등받이를 움직이기 전, 전자기기가 좌석 틈새로 빠지지 않았는지 확인하시기 바랍니다. 또한 전자담배를 포함한 기내에서의 흡연은 항공보안법에 따라 엄격히 금지돼 있음을 알려드립니다. 감사합니다.

3. 끊어 읽기를 해야 할 곳을 표시해 보십시오.

Ladies and gentlemen, the captain has turned off the seatbelt sign.
But we recommend that you keep your seatbelt fastened at all times. Please make sure electronic devices such as cell phones and portable chargers are stored safely as they can be damaged or become a potential fire hazard when compressed. You are also reminded that smoking and the use of electronic cigarettes are against the law. Thank you.

Worksheet

4. 연음(이어 읽기)을 해야 할 곳을 표시해 보십시오.

Ladies and gentlemen,
the captain has turned off the seatbelt sign.
But we recommend that you keep your seatbelt fastened at all times.
You are also reminded that smoking and the use of electronic cigarettes are against the law.
Thank you.

5. 다음 문장의 억양을 **key word**에 유의하여 선으로 그려 보십시오.

- The captain has turned off the seatbelt sign.

- We recommend that you keep your seatbelt fastened at all times.

- Smoking and the use of electronic cigarettes are against the law.

2. 기내판매 In-flight Sales

방송개요 및 유의사항

1. **방송 시점**
   - 기내판매 시작 전
2. **방송 내용**
   - 기내 면세품 판매 홍보
   - 액체류 물품 구매제한 안내
3. **특징**
   - 정보 전달 위주로 또박또박 천천히

면세품 판매 방송은 국제선에서만 실시하는 방송으로 일반적으로 식사서비스 종료 후 기내판매 직전에 실시합니다. 내용은 면세품 판매에 대한 홍보로, 환승 시 액체류 물품에 대한 제한사항을 함께 안내하고 있습니다.
정확한 정보 전달을 위해 또박또박 천천히 읽되, 상품 구매에 대한 승객들의 호기심을 불러일으킬 수 있도록 밝고 경쾌한 톤으로 방송합니다.

모델보이스를 들어 보십시오.

손님 여러분,
잠시 후 기내 앞쪽부터 면세품 판매를 시작하겠습니다.
구매를 원하시는 분은 판매 카트가 지나갈 때에 말씀하시기 바랍니다.
좌석에 비치된 기내면세품 주문서를 이용하시면 귀국 시 편리하게 면세품을 구매하실 수 있습니다.
또한 환승 시 액체류 물품은 보안상 기내반입에 제한을 받을 수 있으니 구매를 원하시는 분은 승무원의 안내를 받으시기 바랍니다.
자세한 사항은 기내지를 참고하시기 바랍니다.

한 2-2

Ladies and gentlemen,
we have started our duty free sales.
You may purchase items now, or pre-order items for your return flight.
Transit passengers should check with our cabin crew for any restrictions before purchasing liquids or gels.
For more information, refer to the in-flight catalogue in your seat pocket.

영 2-3

1) 한국어 방송 연습

(1) 끊어 읽기(Pause)

표시된 대로 끊어 읽기에 주의하여 방송문을 읽어 봅시다.

손님 여러분,
잠시 후√ 기내 앞쪽부터 면세품 판매를 시작하겠습니다.
구매를 원하시는 분은/ 판매 카트가 지나갈 때에 말씀하시기 바랍니다.
좌석에 비치된 기내면세품 주문서를 이용하시면/ 귀국 시√ 편리하게 면세품을 구매하실 수 있습니다.
또한 환승 시 액체류 물품은√ 보안상 기내반입에 제한을 받을 수 있으니/ 구매를 원하시는 분은√ 승무원의 안내를 받으시기 바랍니다.
자세한 사항은/ 기내지를 참고하시기 바랍니다.

- 올바른 위치에서 끊어 읽어야 뜻이 제대로 전달되므로 먼저 문장의 구조와 내용을 파악합니다.

- 마침표 [.]가 있는 문장 끝에서는 반드시 끊어 읽어야 하며, 쉼표 [,]나 추가로 표시된 [/]나 [√] 등의 위치도 확인합니다.

- 마침표는 2박자, 쉼표는 1박자, [/]는 1/2박자, [√]는 1/4박자 정도의 차이를 두고 끊어 읽습니다.

- 첫 부분인 '손님 여러분' 다음에는 승객이 집중할 수 있도록 끊어 읽습니다.

- 접속사 '또한'은 어색하지 않게 뒤 문장과 연결하고, '잠시 후', '보안상' 등의 부사어는 짧게 끊어 읽으십시오. 즉, '잠시 후 기내 앞쪽부터'나 '보안상 기내반입에'가 아니라 '잠시 후 시작하겠습니다'와 '보안상 제한을 받을 수 있으니' 로서의 문장의 의미가 제대로 전달될 수 있어야 합니다.

(2) 발음(Pronunciation)

[장음]

잠:시후: / 면:세품 / 말:씀 / 좌:석 / 주:문서 / 이:용 / 환:승
보:안상 / 제:한 / 원:하시는 / 안:내 / 사:항

[이중모음]

좌석 / 원하시는 / 환승 / 액체류

[ㅎ발음]

잠시후 / 원하시는 / 말씀하시기 / 이용하시면 / 편리하게
구매하실 / 환승 / 제한 / 사항

- 정확한 발음은 방송의 명료도를 향상시킬 뿐 아니라 성의 있게 들리는 이점이 있습니다. 특히 장음이나 이중모음, [ㅎ]발음에 유의해서 발음해 보십시오.

- 장음은 길게 소리 내고, 이중모음은 각각의 음가대로 발음하되 첫 모음의 입 모양을 정확히 만들어 발음하는 습관을 기르도록 합니다.

- [ㅎ]이 탈락되어 [ㅇ]로 들리지 않도록 분명하게 발음합니다.
  예) 잠시 후 → 잠시우 (×), 제한 → 제안 (×), 사항 → 사앙 (×)

적색으로 표시된 장음 발음에 주의하여 방송문을 읽어 봅시다.

손님 여러분,
잠시 후√ 기내 앞쪽부터 면세품 판매를 시작하겠습니다.
구매를 원하시는 분은/ 판매 카트가 지나갈 때에 말씀하시기 바랍니다.
좌석에 비치된 기내면세품 주문서를 이용하시면/ 귀국 시√ 편리하게 면세품을 구매하실 수 있습니다.
또한, 환승 시 액체류 물품은√ 보안상 기내반입에 제한을 받을 수 있으니/ 구매를 원하시는 분은√ 승무원의 안내를 받으시기 바랍니다.
자세한 사항은/ 기내지를 참고하시기 바랍니다.

(3) 강세와 억양(Accent & Intonation)

key word에 주의하여 방송문을 읽어 봅시다.

손님 여러분,
잠시 후√ 기내 앞쪽부터 면세품 판매를 시작하겠습니다.
구매를 원하시는 분은/ 판매 카트가 지나갈 때에 말씀하시기 바랍니다.
좌석에 비치된 기내면세품 주문서를 이용하시면/ 귀국 시√ 편리하게 면세품을 구매하실 수 있습니다.
또한, 환승 시 액체류 물품은√ 보안상 기내반입에 제한을 받을 수 있으니/ 구매를 원하시는 분은√ 승무원의 안내를 받으시기 바랍니다.
자세한 사항은/ 기내지를 참고하시기 바랍니다.

- 적색으로 표시된 핵심단어를 크게 읽어 보십시오.
- ⌒ 표시가 있는 단어는 문장의 핵심단어이므로 음의 높이를 높게 하여 강조해 보십시오.

• 억양은 말하는 것처럼 자연스러워야 합니다. 끊어 읽기로 정한 곳에서의 어조를 상승조와 하강조를 이용하여 적당히 변화 시켜 읽습니다. 단, 같은 억양이 두번 이상 반복되지 않도록 합니다.

• 우리말은 어느 특정 발음을 세게 읽는 대신 각 문장이나 구, 절에서 내용상 가장 중요한 핵심단어(key word)를 높이(pitch)를 이용해서 강조합니다.

2) 영어 방송 연습

(1) 끊어 읽기(Pause)

표시된 대로 끊어 읽기에 주의하여 방송문을 읽어 봅시다.

Ladies and gentlemen,
we have started our duty free sales.
You may purchase items now, or pre-order items/ for your return flight.
Transit passengers should check with our cabin crew√ for any restrictions/ before purchasing liquids or gels.
For more information, refer to the in-flight catalogue/ in your seat pocket.

• 문장의 구조와 내용을 파악하고 어디서 끊어 읽을 것인지 정해 보십시오.

• 마침표와 쉼표 다음에는 반드시 끊어 읽고, 그 외에 문장이 길어 추가로 끊어 읽기가 필요한 경우에는 'for'나 'in', 'before'으로 시작하는 전치사 구 앞에서 끊어 읽습니다.

• 말하듯이 자연스럽게 들리도록 각 부호 다음에 끊어 읽는 정도의 차이를 두어 읽습니다. 문장 끝에 있는 마침표에서는 2박자, 쉼표는 1박자, [/]는 1/2박자, [√]는 1/4박자 정도의 차이를 두어 끊어 읽으십시오.

(2) 발음(Pronunciation)

발음 기호를 보면서 단어를 따라 발음해 봅시다.

started	[ˈstɑːrtid]	passengers	[ˈpæsɪndʒərz]
purchase	[ˈpɜːrʧəs]	restrictions	[rɪˈstrɪkʃnz]
items	[ˈaɪtəmz]	purchasing	[ˈpɜːrʧəsɪŋ]
order	[ˈɔːrdə(r)]	liquids	[ˈlɪkwɪdz]
return	[rɪˈtɜːrn]	gels	[dʒelz]
transit	[ˈtrænzɪt]	catalogue	[ˈkætəlɔːg]

영 2-4

• 발음을 주의 깊게 들어보십시오.

• 단어의 철자가 아니라 발음 기호를 보면서 따라 읽어 보십시오.

• 악센트의 위치를 확인하면서 따라 읽어 보십시오.

• 손가락으로 산을 그리듯이 악센트가 있는 음절을 가장 높은 산의 정상이라고 생각하고 그리면서 그 음절을 높고 힘있게 읽어 보십시오.

연음에 주의하여 방송문을 읽어 봅시다.

Ladies and gentlemen,
we have started our duty free sales.
You may purchase items now, or pre-order items/ for your return flight.
Transit passengers should check with our cabin crew√ for any restrictions/ before purchasing liquids or gels.
For more information, refer to the in-flight catalogue/ in your seat pocket.

- 연음은 자음 뒤에 모음이 연결될 때, 앞 자음을 뒤에 오는 모음에 실어 한 단어처럼 연결하여 발음하는 것입니다.

- 이때, 뒤에 따라오는 모음은 약화되어 앞 단어의 악센트를 가지고 있는 모음이 전체 단어를 대표하는 강음절이 됩니다.

  예) started our → [stɑːrtɪdaʊə(r)]

  with our → [wɪðaʊə(r)] or [wɪθaʊə(r)]

(3) 강세와 억양(Accent & Intonation)

key word에 주의하여 방송문을 읽어 봅시다

Ladies and gentlemen,
we have started our duty free sales.
You may purchase items now, or pre-order items/ for your return flight.
Transit passengers should check with our cabin crew√ for any restrictions/ before purchasing liquids or gels.
For more information, refer to the in-flight catalogue/ in your seat pocket.

- 적색으로 표시된 핵심단어(key word)를 큰 소리로 읽어 보십시오.

- 'sales', 'items', 'flight', 'passengers', 'crew', 'catalogue', 'pocket' 등의 보통명사는 홀로는 중요한 의미를 가지지 못하나, 'duty free', 'pre-order', 'return', 'transit', 'cabin' 'in-filght', 'seat' 등의 꾸며주는 말과 함께 했을 때 비로소 중요한 핵심단어로서의 구실을 할 수 있습니다.

- 'duty free', 'pre-order', 'return', 'transit', 'cabin', 'in-flight', 'seat'들의 높이(pitch)를 높여 핵심단어를 읽어 보십시오.

- 끊어 읽는 곳에서는 억양 변화가 있어야 합니다. 같은 어조가 두번 이상 반복되면 책 읽는 것같이 들리므로 하강조와 상승조를 적절히 섞어 말하듯이 읽어 보십시오.

실/전/연/습 Actual Practice

■ 다음 방송문을 녹음하여 들어 보십시오.

손님 여러분,
잠시 후 면세품 판매를 시작하겠습니다.
면세품 정보는/ 좌석 앞 주머니에 있는 기내면세품 안내지를 참고하시기 바랍니다.
기내면세품 주문서를 이용하시면/ 귀국 시√ 편리하게 면세품을 구매하실 수 있으며, 온라인을 통해서도 면세품을 구매하실 수 있습니다.

실전 4-1

Ladies and gentlemen,
we have started our duty free sales.
You may purchase items now, or pre-order items for your return flight.
We would like to inform you/ that in-flight duty free items√ may also be purchased online.
Please refer to the duty free catalogue/ in your seat pocket.

실전 4-2

Worksheet

1. 끊어 읽기를 해야 할 곳을 표시해 보십시오.

손님 여러분, 잠시 후 기내 앞쪽부터 면세품 판매를 시작하겠습니다.
구매를 원하시는 분은 판매 카트가 지나갈 때에 말씀하시기 바랍니다. 좌석에 비치된 기내면세품 주문서를 이용하시면 귀국 시 편리하게 면세품을 구매하실 수 있습니다. 또한, 환승 시 액체류 물품은 보안상 기내반입에 제한을 받을 수 있으니 구매를 원하시는 분은 승무원의 안내를 받으시기 바랍니다. 자세한 사항은 기내지를 참고하시기 바랍니다.

2. 장음인 글자를 동그라미로 표시해 보십시오.

손님 여러분, 잠시 후 기내 앞쪽부터 면세품 판매를 시작하겠습니다.
구매를 원하시는 분은 판매 카트가 지나갈 때에 말씀하시기 바랍니다. 좌석에 비치된 기내면세품 주문서를 이용하시면 귀국 시 편리하게 면세품을 구매하실 수 있습니다. 또한, 환승 시 액체류 물품은 보안상 기내반입에 제한을 받을 수 있으니 구매를 원하시는 분은 승무원의 안내를 받으시기 바랍니다. 자세한 사항은 기내지를 참고하시기 바랍니다.

3. 끊어 읽기를 해야 할 곳을 표시해 보십시오.

Ladies and gentlemen, we have started our duty free sales.
You may purchase items now, or pre-order items for your return flight. Transit passengers should check with our cabin crew for any restrictions before purchasing liquids or gels. For more information, refer to the in-flight catalogue in your seat pocket.

Worksheet

4. 연음(이어 읽기)을 해야 할 곳을 표시해 보십시오.

We have started our duty free sales.
Transit passengers should check with our cabin crew.

5. 다음 한국어에 해당하는 영어 단어를 적어 보십시오.

- 기내판매 [ ]
- 액체류 [ ]
- 환승객 [ ]
- 귀국편 [ ]

6. 다음 문장의 억양을 **Key word**에 유의하여 선으로 그려 보십시오.

- We have started our duty free sales.
- You may purchase items now, or pre-order items for your return flight.
- Transit passengers should check with our cabin crew for any restrictions.
- For more information, refer to the in-flight catalogue in your seat pocket.

3 착륙 전 안내방송 Announcement Before Landing

1. 목적지 공항 접근 안내 Approaching

방송개요 및 유의사항

1. 방송 시점
   - TOD(Top Of Decent)에서 "Cabin crew, prepare for landing" 기장 방송 직후
   - 한일 및 한중 노선에서는 비행고도 2만 피트

2. 방송 내용
   - 승객 착륙 준비 및 짐 보관 안내
   - 단거리 기내판매 종료 안내
   - 검역관련 신고 및 건강질문서 작성 안내

3. 특징
   - 정보 전달이 목적, 또박또박 천천히

Approaching 방송은 목적지 공항에 접근했음을 알리는 방송입니다. 방송 시점은 항공기가 하강하여 비행고도 2만 피트에 도달했을 때의 표준신호(Seatbelt

Sign 3회 점멸과 동시에 chime 3회) 직후로 지정되어 왔으나, 최근 국내 대형항공사에서는 착륙전 정리업무와 안전업무 수행시간을 추가로 확보하고 Approaching 시점의 chime과 Turbulence chime과의 혼동을 방지하기 위해, 현행 Seatbelt Sign chime을 생략하고 TOD(Top Of Decent) 시점에 기장 방송만 실시하는 것으로 표준신호체계를 변경하였습니다. 여기서 TOD란 착륙 준비를 위한 항공기 강하 시점을 뜻하는 것으로 국제선에서는 대략 착륙 25분에서 30분 전 정도가 됩니다.

방송의 주요 내용은 착륙을 위한 승객들의 짐 보관 및 주변 정리 안내이며, 필요 시 검역 관련 신고 및 건강질문서 작성에 관한 내용이 추가됩니다.

착륙이 임박하여 승무원뿐 아니라 승객들도 착륙 준비로 부산한 시점이므로 서두르는 느낌이 들지 않도록 하며, 정확한 정보 전달을 목표로 또박또박 천천히 읽습니다. 또, 대부분의 문장이 길고 다소 생소한 단어들이 많이 나오므로 평소 연습을 충분히 해 두는 것이 좋습니다.

모델보이스를 들어 보십시오.

안내 말씀 드리겠습니다.
곧 (공항명)에 도착하겠습니다.
좌석 등받이와 (발 받침대) 테이블을 제자리로 해주시고,
꺼내 놓은 짐 또는 노트북 등 큰 전자기기는 앞 좌석 아래나 선반 속에 다시 보관해주시기 바랍니다.

[단거리]
또한 착륙 준비를 위해 기내판매를 마치겠습니다.
구매하지 못하신 분께서는 양해해 주시기 바랍니다.

(또한) 해외 감염병의 국내 유입을 방지하기 위해 해외에서 가축농장을 방문하셨거나 해외에서 생산된 농·수·축산물을 가져오신 분은 검역기관에 신고해 주시기 바랍니다.
그리고 검역 감염병 오염지역에 체류하거나 경유한 승객께서는 한국에 입국 시 반드시 건강상태 질문서를 작성해 검역관에게 제출하셔야 합니다.
검역 감염병 오염지역은 좌석에 비치된 안내문을 참고하시기 바랍니다.

아울러, 발열, 기침 등의 이상 증상이 있으신 분은 반드시 승무원에게 말씀해 주시고, 도착 후 검역관에게 신고해주십시오.
한국에 입국하신 이후 증상이 발견되는 경우에는 1339로 신고하시기 바랍니다.
감사합니다.

한 3-1

Ladies and gentlemen,
we are approaching _____ airport.
Please return your seat, and tray table to the upright position, and stow your carry-on items, including laptops and other larger electronic devices in the overhead bins or under the seat in front of you.

[단거리]
Also, we will now be ending our duty free sales to prepare for landing.

To prevent the spread of infectious diseases, if you work in the livestock industry, you must visit the quarantine center to undergo disinfection procedures.
If you have visited a livestock farm or if you are bringing agricultural, animal or marine products into Korea, please inform the quarantine center.
If you stayed in or passed through 'Quarantinable Disease Risk Areas', fill out the health questionnaire and submit it to the quarantine officer upon your arrival.
Information on affected areas can be found in your seat pocket.
If you have a fever, cough or other symptoms, you must inform the cabin crew and visit the quarantine center on arrival.
If you develop any of these symptoms after arriving in Korea, please call 1339.
Thank you.

영 3-1

1) 한국어 방송 연습

(1) 끊어 읽기(Pause)

표시된 대로 끊어 읽기에 주의하여 방송문을 읽어 봅시다.

안내 말씀 드리겠습니다.
곧 (공항명)에 도착하겠습니다.
좌석 등받이와 (발 받침대) 테이블을 제자리로 해주시고,
꺼내 놓은 짐 또는 노트북 등 큰 전자기기는/ 앞 좌석 아래나 선반 속에 다시 보관해주시기 바랍니다.

[단거리]
또한√ 착륙 준비를 위해 기내판매를 마치겠습니다.
구매하지 못하신 분께서는 양해해 주시기 바랍니다.

(또한)√ 해외 감염병의 국내 유입을 방지하기 위해√ 해외에서 가축농장을 방문하셨거나/ 해외에서 생산된 농·수·축산물을 가져오신 분은/ 검역기관에 신고해 주시기 바랍니다.
그리고√ 검역 감염병 오염지역에 체류하거나 경유한 승객께서는/ 한국에 입국 시√ 반드시 건강상태 질문서를 작성해√ 검역관에게 제출하셔야 합니다.
검역 감염병 오염지역은/ 좌석에 비치된 안내문을 참고하시기 바랍니다.
아울러, 발열, 기침 등의 이상 증상이 있으신 분은/ 반드시 승무원에게 말씀해 주시고, 도착 후√ 검역관에게 신고해주십시오.
한국에 입국하신 이후√ 증상이 발견되는 경우에는/ 1339로 신고하시기 바랍니다.
감사합니다.

- 한 문장의 길이가 상당히 길기 때문에 문장의 구조와 내용을 파악하여 뜻이 제대로 전달되도록 올바른 위치에서 끊어 읽어야 합니다.

• 긴 문장일수록 호흡조절이 중요하므로, 마침표 [.], 쉼표 [,] 등의 위치를 확인하고, 마침표는 2박자, 쉼표는 1박자, [/]는 1/2박자, [√]는 1/4박자 정도의 차이로 끊어 읽습니다.

• 주의를 집중시키기 위해 '안내 말씀 드립니다' 다음에 끊어 읽고, 본문 마지막 문장 다음에 끊어 읽어, '감사합니다'가 끝맺음말로서 정중하게 전달되도록 합니다.

(2) 발음(Pronunciation)

[장음]

안:내 / 말:씀 / 도:착 / 좌:석 / 전:자 / 선반 속:에

보:관 / 준:비 / 해:외 / 감:염 / 방:문 / 건:강 / 검:역

오:염 / 한:국 / 비:치 / 이:상 / 이:후 / 감:사

[이중모음]

감염병의 / 가져오신 / 경유 / 검역관 / 오염 / 지역

좌석 / 발열 / 기침 등의

[ㅎ발음]

공항 / 보관해 / 위해 / 구매하지 / 못하신 / 양해해

경유한 / 작성해 / 제출하셔야 / 참고하시기 / 신고해

입국하신 / 이후 / 신고하시기 / 감사합니다

• 장음은 반드시 길게 소리를 내고 이중모음은 각각의 음가대로 발음하되 첫 번째 모음의 입 모양을 정확히 만들어 발음합니다. 발음을 정확히 하기 위해서는 평소 장음과 이중모음에 대한 발음 연습을 통해 습관을 기르도록 하십시오.

• [ㅎ]은 탈락되어 [ㅇ]로 들리지 않도록 분명하게 발음합니다.

예) 공항 → [공앙] (×), 이후 → [이 우] (×)

• [의]가 관형격조사로 사용된 경우 [에]로 발음하여 읽습니다.
예) 감염병의 → [감염병에], 기침등의 → [기침등에]

• 우리말의 연음화, 경음화 등의 음운 현상에 맞게 발음합니다.
예) 감염병 → [가몀뼝], 검역관 → [거멱꽌] (연음화, 경음화)
발열 → [발렬] (×), [바렬] (○) (연음화)

적색으로 표시된 장음 발음에 주의하여 방송문을 읽어 봅시다.

안내 말씀 드리겠습니다.
곧 (공항명)에 도착하겠습니다.
좌석 등받이와 (발 받침대) 테이블을 제자리로 해주시고,
꺼내 놓은 짐 또는 노트북 등 큰 전자기기는/ 앞 좌석 아래나 선반 속에 다시 보관해주시기 바랍니다.

[단거리]
또한√ 착륙 준비를 위해 기내판매를 마치겠습니다.
구매하지 못하신 분께서는 양해해 주시기 바랍니다.

(또한)√ 해외 감염병의 국내 유입을 방지하기 위해√ 해외에서 가축농장을 방문하셨거나/ 해외에서 생산된 농·수·축산물을 가져오신 분은/ 검역기관에 신고해 주시기 바랍니다.
그리고√ 검역 감염병 오염지역에 체류하거나 경유한 승객께서는/ 한국에 입국 시√ 반드시 건강상태 질문서를 작성해√ 검역관에게 제출하셔야 합니다.
검역 감염병 오염지역은/ 좌석에 비치된 안내문을 참고하시기 바랍니다.
아울러, 발열, 기침 등의 이상 증상이 있으신 분은/ 반드시 승무원에게 말씀해 주시고, 도착 후√ 검역관에게 신고해주십시오.
한국에 입국하신 이후√ 증상이 발견되는 경우에는/ 1339로 신고하시기 바랍니다.
감사합니다.

(3) 강세와 억양(Accent & Intonation)

key word에 주의하여 방송문을 읽어 봅시다.

안내 말씀 드리겠습니다.
곧 (공항명)에 도착하겠습니다.
좌석 등받이와 (발 받침대) 테이블을 제자리로 해주시고,
꺼내 놓은 짐 또는 노트북 등 큰 전자기기는/ 앞 좌석 아래나 선반 속에 다시 보관해주시기 바랍니다.

[단거리]
또한√ 착륙 준비를 위해/ 기내판매를 마치겠습니다.
구매하지 못하신 분께서는 양해해 주시기 바랍니다.

(또한)√ 해외 감염병의 국내 유입을 방지하기 위해√ 해외에서 가축농장을 방문하셨거나/ 해외에서 생산된 농·수·축산물을 가져오신 분은/ 검역기관에 신고해 주시기 바랍니다.
그리고 검역 감염병 오염지역에 체류하거나 경유한 승객께서는/ 한국에 입국시√ 반드시 건강상태 질문서를 작성해√ 검역관에게 제출하셔야 합니다.
검역 감염병 오염지역은/ 좌석에 비치된 안내문을 참고하시기 바랍니다.
아울러, 발열, 기침 등의 이상 증상이 있으신 분은/ 반드시 승무원에게 말씀해 주시고, 도착 후√ 검역관에게 신고해주십시오.
한국에 입국하신 이후√ 증상이 발견되는 경우에는/ 1339로 신고하시기 바랍니다.
감사합니다.

- 억양은 말하는 것처럼 자연스러워야 하므로 같은 억양이 두번 이상 반복되지 않도록 상승 어조와 하강 어조를 적당히 변화 시켜 읽습니다. 단, 문장 끝에서는 반드시 하강 어조를 구사합니다.

• 내용상 가장 중요한 핵심단어를 강조합니다. 적색으로 쓰여 있는 핵심단어들을 소리 내어 읽어보십시오.

• ⌒ 표시가 있는 단어는 문장의 핵심단어이므로 음의 높이(pitch)를 높여 도드라지게 강조합니다. 특히, 공항명과 같이 괄호 안에 들어갈 단어나 숫자1339는 특별한 정보이므로 반드시 높이로써 강조합니다.

2) 영어 방송 연습

(1) 끊어 읽기(Pause)

표시된 대로 끊어 읽기에 주의하여 방송문을 읽어 봅시다.

Ladies and gentlemen,
we are approaching _____ airport.
Please return your seat, and tray table√ to the upright position, and stow your carry-on items, including laptops and other larger electronic devices/ in the overhead bins√ or under the seat in front of you.

[단거리]
Also, we will now be ending our duty free sales√ to prepare for landing.

To prevent the spread of infectious diseases, if you work in the livestock industry, you must visit the quarantine center√ to undergo disinfection procedures.
If you have visited a livestock farm/ or if you are bringing agricultural, animal or marine products into Korea, please inform the quarantine center.
If you stayed in√ or passed through 'Quarantinable Disease Risk Areas', fill out the health questionnaire/ and submit it√ to the quarantine officer√ upon your arrival.

Information on affected areas/ can be found√ in your seat pocket.
If you have a fever, cough or other symptoms, you must inform the cabin crew/ and visit the quarantine center on arrival.
If you develop any of these symptoms/ after arriving in Korea, please call 1339.
Thank you.

- 끊어 읽기는 내용을 전달하는 데 있어 가장 기본이 되는 요구사항입니다.

- 문장의 구조와 내용을 파악하고 어디서 끊어 읽을 것인지 정해 보십시오.

- 호흡 조절이 중요하므로 마침표와 쉼표에서는 반드시 끊어 읽습니다. 추가로 끊어 읽기가 필요한 경우에는 보통 'in, to, for' 등으로 시작하는 구나 접속사, 관계대명사 절 앞에서 끊어 읽습니다. 또, 긴 주어 다음에 끊어 읽습니다.

- 말하듯이 자연스럽게 들리기 위해서는 마침표는 2박자, 쉼표는 1박자라면, [/]는 1/2박자, [√]는 1/4박자 정도의 차이를 두어 읽는 것이 적당합니다.

- 승객의 주의를 집중시키기 위해 항상 첫 도입 부분인 'Ladies and gentlemen' 다음에 끊어 읽습니다.

(2) 발음(Pronunciation)

발음 기호를 보면서 단어를 따라 발음해 봅시다.

approaching	[əˈproʊʧiŋ]	agricultural	[ˌægrɪˈkʌlʧərəl]
return	[rɪˈtɜːrn]	animal	[ˈænɪml]
upright	[ˈʌpraɪt]	marine	[məˈriːn]
prevent	[prɪˈvent]	products	[ˈprɑːdʌkts]
infectious	[ɪnˈfekʃəs]	inform	[inˈfɔːrm]
diseases	[dɪˈziːziz]	questionnaire	[ˌkwestʃəˈner]
livestock	[ˈlaɪvstɑːk]	submit	[səbˈmɪt]
industry	[ˈɪndəstri]	arrival	[əˈraɪvl]
quarantine	[ˈkwɔːrəntiːn]	affected	[əˈfektɪd]
undergo	[ˌʌndərˈgoʊ]	fever	[ˈfiːvə(r)]
procedures	[prəˈsiːdʒərz]	cough	[kɔːf]
farm	[faːrm]	symptoms	[ˈsɪmptəmz]
bringing	[ˈbrɪŋɪŋ]	develop	[dɪˈveləp]

영 3-2

• 발음을 주의 깊게 들어보십시오.

• 단어의 철자가 아니라 발음 기호를 보면서 따라 읽어 보십시오.

• 이중모음 [oʊ], [aɪ]는 첫번째 모음에서 두번째 모음으로 빠져나가는 소리이므로 첫번째 모음을 조금 길게 발음하되 단음으로 소리 내지 않도록 합니다. 특히, 단모음 발음 시 입 모양이 변하지 않는지 확인해 보십시오.

예) [oʊ] approaching, undergo

[aɪ] livestock, arrival

- 장모음 [iː], [aː], [ɔː]는 길이를 충분히 길게 발음합니다.

  예) [iː] diseases, fever, marine, procedure, quarantine

  [aː] farm, products

  [ɔː] inform, cough, quarantine

- [r]와 [l]발음을 서로 구별하여 다음 단어를 발음해 보십시오.

  예) [r] return, upright, arrival

  [l] livestock, laptops, larger

- [f]와 [p]발음을 서로 구별하여 다음 단어들을 발음해 보십시오.

  예) [f] infectious, affected, cough, fever, farm, inform

  [p] approaching, prevent, product, procedures

- 악센트가 있는 음절의 위치를 확인해 보십시오.

- 손가락으로 산을 그리듯이 악센트가 있는 음절을 가장 높은 산의 정상이라 생각하고 그리면서 그 음절을 높고 힘있게 읽어 보십시오.

- 복수형 어미 's'나 'es', 과거형 어미 'd'나 'ed', 관사, 정관사 등을 빠뜨리고 발음하는 일이 없도록 주의합니다.

  예) items, laptops, devices, bins, diseases, products, procedures, symtoms, visited, affected, stayed, passed

연음에 주의하여 방송문을 읽어 봅시다.

Ladies and gentlemen,
we are approaching _____ airport.
Please return your seat, and tray table√ to the upright position, and stow your carry-on items, including laptops and other larger electronic devices/ in the overhead bins√ or under the seat in front of you.

[단거리]
Also, we will now be ending our duty free sales√ to prepare for landing.

To prevent the spread of infectious diseases, if you work in the livestock industry, you must visit the quarantine center√ to undergo disinfection procedures.
If you have visited a livestock farm/ or if you are bringing agricultural, animal or marine products into Korea, please inform the quarantine center.
If you stayed in√ or passed through 'Quarantinable Disease Risk Areas', fill out the health questionnaire/ and submit it√ to the quarantine officer√ upon your arrival.
Information on affected areas/ can be found√ in your seat pocket.
If you have a fever, cough or other symptoms, you must inform the cabin crew/ and visit the quarantine center on arrival.
If you develop any of these symptoms/ after arriving in Korea, please call 1339.
Thank you.

- 연음은 2~3개의 단어를 한 단어처럼 연결하여 발음합니다. 이때, 앞 단어의 악센트가 있던 모음이 전체 단어의 악센트를 대표하는 강음절로, 뒤에 따라오는 단어의 모음은 약화되어 약음절로 소리 납니다.

예) in front of → infrontof [in'frʌntəv]

• 자음 뒤에 [j]가 따라 오는 경우, [j]를 반모음으로 보는 경우에는 연음하여 발음하지만 반자음으로 보는 경우에는 연음을 하지 않아도 됩니다. 다만 이랬다저랬다 하지 않고 일관성 있게 발음하도록 합니다.

(3) 강세와 억양(Accent & Intonation)

key word에 주의하여 방송문을 읽어 봅시다.

Ladies and gentlemen,
we are approaching _____ airport.
Please return your seat, and tray table√ to the upright position, and stow your carry-on items, including laptops and other larger electronic devices/ in the overhead bins√ or under the seat in front of you.

[단거리]
Also, we will now be ending our duty free sales√ to prepare for landing.

To prevent the spread of infectious diseases, if you work in the livestock industry, you must visit the quarantine center√ to undergo disinfection procedures.
If you have visited a livestock farm/ or if you are bringing agricultural, animal or marine products into Korea, please inform the quarantine center.
If you stayed in√ or passed through 'Quarantinable Disease Risk Areas', fill out the health questionnaire/ and submit it√ to the quarantine officer√ upon your arrival.
Information on affected areas/ can be found√ in your seat pocket.
If you have a fever, cough or other symptoms, you must inform the cabin crew/ and visit the quarantine center on arrival.
If you develop any of these symptoms/ after arriving in Korea, please call 1339.
Thank you.

- 적색으로 쓰여 있는 핵심단어(key word)를 읽어 보십시오.

- 선으로 표시되어 있는 단어들의 높이(pitch)를 높여 읽어 보십시오.
  'airport, table, position, items, device, bins, sales, diseases, industry, center, procedures, farm, products, areas, questionnaire, pocket, crew' 등은 중요한 핵심단어이긴 하나, 이들 단어 만으로는 정확한 의미가 전달되지 않습니다. 이 단어들 앞에서 설명해 주는 역할을 하고 있는 단어들의 높이를 올려 읽어야 의미가 정확하게 전달됩니다.
  예) table 중에서도 'tray table', items 중에서도 'carry-on items'

- 방송에서 공항명과 같이 괄호 안에 들어갈 단어는 중요한 정보이므로 반드시 높이를 높여 도드라지게 읽어 강조하십시오.

- 억양은 끊어 읽는 곳에서의 어조를 말합니다. 하강조와 상승조를 적절히 섞어, 같은 억양이 두번 이상 반복되지 않아야 말하는 어조로 들립니다. 또한, 마침표로 끝나는 매 문장 끝의 어조는 반드시 하강 어조를 사용하십시오.

실/전/연/습 Actual Practice

■ 다음 방송문을 녹음하여 들어 보십시오.

손님 여러분, 착륙준비를 위해/ 좌석 등받이와 (발 받침대,) 테이블을 제자리로 해 주시고, 좌석 앞 주머니 속에 보관할 수 없는 큰 전자기기와 꺼내 놓은 짐은/ 앞 좌석 아래나 선반 속에 다시 보관해주시기 바랍니다.

[기내판매 미완료 시]
기내판매를 종료하오니/ 구매하지 못하신 분께서는 양해해주시기 바랍니다.

[CJJ, HIN, KPO, KUV, KWJ, PUS, TAE, WJU 도착 시]
이곳은 군사공항으로/ 사진촬영이 금지돼 있으니 협조해 주시기 바랍니다.

[해외 출발 전 노선(중국 제외/ HKG, TPE포함)]
대한민국 입국 시 검역 절차와 관련하여/ 질병관리청에서 안내 말씀 드립니다. 최근 중국내 코로나19 유행으로 인하여, 강화된 방역 조치를 시행하고 있습니다. 대한민국 도착일 기준으로 7일 이내, 중국을 방문·체류 후 타 국가 및 지역을 경유하여 대한민국에 입국하는 승객께서는/ Q-CODE 또는 건강상태질문서에 중국 방문·체류 사실을 정확하게 기재 후/ 제출하여 주시기 바랍니다.

(또한) 해외 감염병의 국내유입을 방지하기 위해/ 해외에서 생산된 농·수·축산물을 가져오신 분은/ 검역기관에 신고해 주시기 바랍니다.
특히 햄, 소시지, 육포 등 축산 식품과 생과일 등의 반입이/ 엄격히 금지되어 있습니다. 이를 신고하지 않고 반입하는 경우/ 최대 1,000만원 이하의 과태료가 부과됨을 알려 드립니다. 그리고, 가축 농장을 방문하셨거나 축산 관계자께서는/ 검역본부에 신고하여√ 소독 등 조치를 받으시기 바랍니다.
감사합니다.

실전 5-1

실/전/연/습 Actual Practice

■ 다음 방송문을 녹음하여 들어 보십시오.

For your safety, please return your seat and tray table/ to the upright position, and stow your large carry-on items and large electronic devices/ in the overhead bins√ or under the seat in front of you.
They may not be stowed√ in seat pockets.

[기내판매 미완료 시]
We will now be ending our duty free sales/ to prepare for landing.

[CJJ, HIN, KPO, KUV, KWJ, PUS, TAE, WJU 도착 시]
Due to military regulations, taking pictures of the airport/ is prohibited.

[해외 출발 전 노선(중국 제외/ HKG, TPE포함)]
This is an announcement from the Korea Disease Control and Prevention Agency(KDCA)/ regarding strengthened quarantine measures√ due to the recent COVID-19 pandemic situation in China.
Passengers arriving in Korea via other countries and regions√ after visiting or transiting in China√ within the past 7 days/ should declare their visit history√ in the health status questionnaire or Q-CODE.

If you are bringing agricultural, animal, or marine products into Korea, please inform the quarantine center/ to prevent the spread of infectious diseases. Livestock products√ such as ham, sausage and beef jerky and raw fruits/ are strictly prohibited.
Failure to report such items/ may result in a penalty of up to 10 million won.
Also, if you have visited livestock farm while overseas/ or if you work in the livestock industry, please visit the Quarantine Agency office in the customs area/ for quarantine and disinfection procedures.
Thank you for your cooperation.

실전 5-2

Worksheet

1. 끊어 읽기를 해야 할 곳을 표시해 보십시오.

안내 말씀 드리겠습니다. 곧 (공항명)에 도착하겠습니다.
좌석 등받이와 (발 받침대) 테이블을 제자리로 해 주시고, 꺼내 놓은 짐 또는 노트북 등 큰 전자기기는 앞 좌석 아래나 선반 속에 다시 보관해주시기 바랍니다.
해외 감염병의 국내 유입을 방지하기 위해 해외에서 가축농장을 방문하셨거나 해외에서 생산된 농·수·축산물을 가져오신 분은 검역기관에 신고해 주시기 바랍니다.
그리고 검역 감염병 오염지역에 체류하거나 경유한 승객께서는 한국에 입국 시 반드시 건강상태 질문서를 작성해 검역관에게 제출하셔야 합니다. 검역 감염병 오염지역은 좌석에 비치된 안내문을 참고하시기 바랍니다.
아울러, 발열, 기침 등의 이상 증상이 있으신 분은 반드시 승무원에게 말씀해 주시고, 도착 후 검역관에게 신고해 주십시오. 한국에 입국하신 이후 증상이 발견되는 경우에는 1339로 신고하시기 바랍니다. 감사합니다.

2. 장음인 글자를 동그라미로 표시해 보십시오.

안내 말씀 드리겠습니다. 곧 (공항명)에 도착하겠습니다.
좌석 등받이와 (발 받침대) 테이블을 제자리로 해 주시고, 꺼내 놓은 짐 또는 노트북 등 큰 전자기기는 앞 좌석 아래나 선반 속에 다시 보관해주시기 바랍니다.
해외 감염병의 국내 유입을 방지하기 위해 해외에서 가축농장을 방문하셨거나 해외에서 생산된 농·수·축산물을 가져오신 분은 검역기관에 신고해 주시기 바랍니다.

Worksheet

그리고 검역 감염병 오염지역에 체류하거나 경유한 승객께서는 한국에 입국 시 반드시 건강상태 질문서를 작성해 검역관에게 제출하셔야 합니다. 검역 감염병 오염지역은 좌석에 비치된 안내문을 참고하시기 바랍니다.
아울러, 발열, 기침 등의 이상 증상이 있으신 분은 반드시 승무원에게 말씀해 주시고, 도착 후 검역관에게 신고해 주십시오. 한국에 입국하신 이후 증상이 발견되는 경우에는 1339로 신고하시기 바랍니다. 감사합니다.

3. 끊어 읽기를 해야 할 곳을 표시해 보십시오.

To prevent the spread of infectious diseases, if you work in the livestock industry, you must visit the quarantine center to undergo disinfection procedures.
If you have visited a livestock farm or if you are bringing agricultural, animal or marine products into Korea, please inform the quarantine center.
If you stayed in or passed through 'Quarantinable Disease Risk Areas', fill out the health questionnaire and submit it to the quarantine officer upon your arrival. Information on affected areas can be found in your seat pocket.

4. 연음(이어 읽기)을 해야 할 곳을 표시해 보십시오.

Please return your seat, and tray table to the upright position, and stow your carry-on items, including laptops and other larger electronic devices, in the overhead bins or under the seat in front of you.

To prevent the spread of infectious diseases, if you work in the livestock industry, you must visit the quarantine center to undergo disinfection procedures.

5. 다음 한국어에 해당하는 영어 단어를 적어 보십시오.

- 휴대수하물 [ ]
- 감염성 질환 [ ]
- 가축농장 [ ]
- 검역설문서 [ ]
- 검역 감염병 오염지역 [ ]
- 전자기기 [ ]
- 검역기관 [ ]
- 농·수·축산물 [ ]
- 검역관 [ ]

6. 다음 문장의 억양을 key word에 유의하여 선으로 그려 보십시오.

- We are approaching _______ airport.
- Please return your seat, and tray table to the upright position.
- You must visit the quarantine center to undergo disinfection procedures.
- Information on affected areas can be found in your seat pocket.
- Please inform the quarantine center.

2. 목적지 공항 착륙 안내 Landing

방송개요 및 유의사항

1. **방송 시점**
   - 비행고도 1만 피트, Landing Signal 후
2. **방송 내용**
   - 착륙 및 좌석벨트 착용 안내
   - 창문 덮개 close 요청
3. **특징**
   - 정중하고 분명한 어조로 착륙 준비 촉구

Landing 방송은 목적지 공항에 착륙이 임박했음을 알리는 방송입니다.
방송 시점은 항공기의 비행고도가 1만 피트에 도달했을 때이며, 운항승무원의 Landing Signal(chime 3회와 동시에 좌석벨트 사인 3회 점멸)에 따라 실시하게 되어 있습니다.
주요 내용은 승객들의 착륙 준비를 위한 안내이며, 승무원들의 승객들의 착륙 준비 상태에 대한 실제적인 점검이 이어집니다.
착륙이 임박하여 승객들의 철저한 착륙 준비를 촉구하는 내용이므로 정중하나 분명한 어조로 실시합니다.

모델보이스를 들어 보십시오.

손님 여러분,
우리 비행기는 곧 착륙하겠습니다.
좌석벨트를 매 주십시오.

[YNJ]
그리고, 창문 덮개는 닫아 두시기 바랍니다.

감사합니다.

한 3-2

Ladies and gentlemen,
we will be landing shortly.
Please fasten your seatbelt.

[YNJ]
And close your window shades.

Thank you.

영 3-3

1) 방송 연습

(1) 끊어 읽기(Pause)

표시된 대로 끊어 읽기에 주의하여 방송문을 읽어 봅시다.

손님 여러분,
우리 비행기는 곧 착륙하겠습니다.
좌석벨트를 매 주십시오.

[YNJ]
그리고, 창문 덮개는 닫아 두시기 바랍니다.

감사합니다.

Ladies and gentlemen,
we will be landing shortly.
Please fasten your seatbelt.

[YNJ]
And close your window shades.

Thank you.

- 올바른 위치에서 끊어 읽어야 뜻이 제대로 전달되므로 먼저 문장의 구조와 내용을 파악합니다.

- 마침표 [.]가 있는 문장 끝에서는 반드시 하강 어조로 읽습니다.

- 짧은 방송문이므로 승객들의 주의를 집중시켜야 하는 것이 중요합니다. 어떤 방송이라도 처음 시작 부분과 본문 내용, 그리고 마지막 인사 부분을 나눠 읽는 것이 보다 정중한 느낌이 들 뿐 아니라 방송의 효과 면에서도 훨씬 좋습니다.
  따라서, 방송의 첫 부분인 '손님 여러분', 'Ladies and gentlemen' 다음에 끊어 읽고, 본문의 마지막 단어인 '바랍니다', 'shades'에서 끊어 읽은 다음, 마지막 인사인 '감사합니다', 'Thank you'를 정중하게 마무리합니다.

(2) 발음(Pronunciation)

[장음]
좌:석 / 머:주십시오 / 감:사

[이중모음]
여러분 / 착륙 / 좌석

[ㅎ발음]
비행기 / 감사합니다

- 발음은 무엇보다 습관이 중요합니다. 우리말에는 많은 음운법칙이 있으므로 전문적인 훈련을 받지 않은 학습자들에게 모국어의 발음이 더 어려울 수 있습니다. 기본적으로 장음과 이중모음, [ㅎ]만이라도 정확하게 발음하려고 노력하는 것만으로도 발음의 명료도가 향상되고 성의 있게 들립니다.
- 위에 표기된 단어들을 정확한 입 모양으로 발음해 보십시오.

적색으로 표시된 장음 발음에 주의하여 방송문을 읽어 봅시다.

손님 여러분,
우리 비행기는 곧 착륙하겠습니다.
좌석벨트를 매 주십시오.

[YNJ]
그리고, 창문 덮개는 닫아 두시기 바랍니다.

감사합니다.

발음 기호를 보면서 단어를 따라 발음해 봅시다.

ladies	[ˈleɪdiz]	fasten	[ˈfæsn]
gentlemen	[ˈdʒentlmən]	window	[ˈwɪndoʊ]
landing	[ˈlændɪŋ]	shades	[ʃeɪdz]
shortly	[ˈʃɔːrtli]		

영 3-4

- 발음을 주의 깊게 들어보십시오.
- 단어의 철자가 아니라 발음 기호를 보면서 따라 읽어 보십시오.
- 자음 끝소리 뒤에 우리말의 [으] 발음을 넣어 읽으면 안 됩니다. 'short'와 'ly'를 따로 번갈아 발음해 보십시오.
  예) shortly → [쇼틀리] (×), shades → [쉐이드즈] (×)
- [l]은 [r]과 혼동하여 발음하지 않도록 주의해야 합니다. [l]을 발음할 때 입술을 내밀지 않아야 하며, 혀끝은 치조에 닿아야 합니다.
  예) ladies → radies (×), landing → randing (×)

연음에 주의하여 방송문을 읽어 봅시다.

Ladies and gentlemen,
we will be landing shortly.
Please fasten your seatbelt.

[YNJ]
And close your window shades.

Thank you.

(3) 강세와 억양(Accent & Intonation)

key word에 주의하여 방송문을 읽어 봅시다.

손님 여러분,
우리 비행기는 곧 착륙하겠습니다.
좌석벨트를 매 주십시오.

[YNJ]
그리고, 창문 덮개는 닫아 두시기 바랍니다.

감사합니다.

- 억양은 말하는 것처럼 자연스러워야 합니다. 문장 끝에서는 하강 어조를 사용하며 반드시 끊어 읽어 서두르는 느낌이 없도록 합니다.
- ⌒ 표시가 있는 핵심단어는 음의 높이(pitch)를 높여 강조합니다.

Key Word에 주의하여 방송문을 읽어 봅시다.

Ladies and gentlemen,
we will be landing shortly.
Please fasten your seatbelt.

[YNJ]
And close your window shades.

Thank you.

- 적색으로 쓰여 있는 핵심단어(key word)를 큰 소리로 읽어 보십시오.
- 이 핵심단어들의 높이(pitch)를 높여 읽어 보십시오.
- 'shortly', 'seatbelt', 'shades' 등 문장의 마지막 단어들을 악센트의 위치에 맞게 조금 힘주어 올려 읽어 보십시오.

실/전/연/습 Actual Practice

■ 다음 방송문을 녹음하여 들어 보십시오.

손님 여러분,
우리 비행기는 곧 착륙하겠습니다.
좌석벨트를 매 주십시오.

[YNJ]
그리고, 창문 덮개는 닫아 주시기 바랍니다.

감사합니다.

실전 6-1

Ladies and gentlemen,
we will be landing shortly.
Please fasten your seatbelt.

[YNJ]
And close your window shades.

Thank you.

실전 6-2

Worksheet

1. 끊어 읽기를 해야 할 곳을 표시해 보십시오.

Ladies and gentlemen, we will be landing shortly. Please fasten your seatbelt and close your window shades. Thank you.

2. 장음인 글자를 동그라미로 표시해 보십시오.

손님 여러분, 우리 비행기는 곧 착륙하겠습니다. 좌석벨트를 매 주십시오. 그리고 창문 덮개는 닫아 두시기 바랍니다. 감사합니다.

3. 다음 단어의 발음 기호를 적어 보십시오.

- landing [ ]
- fasten [ ]
- shades [ ]

4. 다음 문장의 억양을 **key word**에 유의하여 선으로 그려 보십시오.

- We will be landing shortly.
- Please fasten your seatbelt and close your window shades.

4 착륙 후 안내방송 Announcement After Landing

1. 목적지 공항 도착 안내 Farewell

방송개요 및 유의사항

1. 방송 시점
   - 착륙 후 Engine Reverse 종료 시점
2. 방송 내용
   - 도착지 정보 제공
   - Taxiing 중 착석 유지
   - Overhead Bin 주의
   - 당사 이용에 대한 감사 인사
3. 특징
   - 진심으로 감사의 마음을 표현

Farewell 방송은 정상적인 비행 절차에 따른 마지막 안내방송으로, 방송 시점은 항공기가 착륙한 후로 엔진 역추진(Engine Reverse)으로 인한 소음이 잦아들 때를 기다렸다가 실시하게 됩니다. 방송의 내용은 도착지 공항정보와 승객 안전사항, 항공사 이용에 대한 감사 인사를 담고 있습니다. 긴 비행 여정의 마무리를 장식하는 방송이므로 승객들에게 감사의 느낌이 전달되도록 정성껏 방송합니다.

모델보이스를 들어 보십시오.

손님 여러분,
우리 비행기는 (공항명)에 도착했습니다.

[30분 이상 지연/기상, 천재지변 등 귀책 사유가 아닌 경우]
______ 관계로 도착이 예정보다 늦어졌습니다.

비행기가 완전히 멈춘 후 좌석벨트 표시등이 꺼질 때까지 자리에서 기다려 주시고, 선반을 여실 때는 안에 있는 물건이 떨어질 수 있으니 조심해 주십시오.
오늘도 스카이팀 회원사인 저희 (항공사명)을 이용해 주셔서 대단히 감사합니다.
저희 승무원들은 앞으로도 안전하고 편안하게 여행하실 수 있도록 정성을 다하겠습니다.
감사합니다.

한 4-1

Ladies and gentlemen,
we have landed at (공항명) (international) airport.

[30분 이상 지연/기상, 천재지변 등 귀책 사유가 아닌 경우]
Today we were delayed due to ______.

Please remain seated until the captain turns off the seatbelt sign.
Be careful when opening the overhead bins as the contents may fall out.
Thank you for choosing (항공사명), a member of SkyTeam and we hope to see you again soon.

영 4-1

공항명 읽는 법(도시명)+(공항명)

도시명과 공항명이 중복되는 경우 도시명은 생략합니다.

도시명	한국어	영어
인천	(인천 국제공항)	(Incheon) Int'l Airport
김포	(서울) (김포 국제공항)	(Seoul) (Gimpo Int'l Airport)
하네다(일본)	(도쿄) (하네다 국제공항)	(Tokyo) (Haneda Int'l Airport)
로스앤젤레스	(로스앤젤레스 국제공항)	(Los Angeles Int'l Airport)
뉴욕	(뉴욕) (존 에프 케네디 국제공항)	(New York) (John F. Kennedy Int'l Airport)
싱가포르	(싱가포르) (창이 국제공항)	(Singapore) (Changi Int'l Airport)
파리	(파리) (샤를 드 골 국제공항)	(Paris) (Charles De Gaulle Int'l Airport)

1) 한국어 방송 연습

(1) 끊어 읽기(Pause)

표시된 대로 끊어 읽기에 주의하여 방송문을 읽어 봅시다.

손님 여러분,
우리 비행기는/ (공항명)에 도착했습니다.

[30분 이상 지연/기상, 천재지변 등 귀책 사유가 아닌 경우]
______ 관계로/ 도착이 예정보다 늦어졌습니다.

비행기가 완전히 멈춘 후/ 좌석벨트 표시등이 꺼질 때까지 자리에서 기다려 주시고, 선반을 여실 때는/ 안에 있는 물건이 떨어질 수 있으니 조심해 주십시오.
오늘도√ 스카이팀 회원사인 저희 (항공사명)을 이용해 주셔서/ 대단히 감사합니다.
저희 승무원들은/ 앞으로도 안전하고 편안하게 여행하실 수 있도록√ 정성을 다하겠습니다.
감사합니다.

- 올바른 위치에서 끊어 읽어야 뜻이 제대로 전달되고 호흡조절이 잘되어야 효과적으로 발음이나 억양을 구사할 수 있습니다. 문장의 구조와 내용을 파악하기 위해 먼저 주어 동사로 이루어진 핵심 구문을 찾아 읽어보십시오.
  예) 우리 비행기는 / 도착했습니다. 오늘도 / 대단히 감사합니다. 저희 승무원들은 / 정성을 다하겠습니다.

- 마침표 [.]나 쉼표 [,] 등의 위치를 확인하고, 한번에 읽거나 말하는 분량은 5~6개 단어가 적당하므로 필요 시 [/]나 [√] 등의 부호로 표시하여 끊어 읽습니다.

• 문장이 끝나는 것을 알리는 마침표에서는 반드시 하강조로 끊어 읽고, 말하듯이 자연스럽게 들리도록 마침표는 2박자, 쉼표는 1박자, [/]는 1/2박자, [√]는 1/4박자로 쉬는 정도의 차이를 두어 읽습니다.

• 승객의 주의를 집중시키기 위해 첫 시작 부분인 '손님 여러분' 다음과 본문을 마친 후 끊어 읽고 인사말인 '감사합니다'를 정중하게 표현합니다.

(2) 발음(Pronunciation)

[장음]
도:착 / 예:정 / 멈춘 후:/ 좌:석
조:심 / 회:원사 / 이:용 / 대:단히 / 감:사

[이중모음]
관계 / 예정 / 완전히 / 표시등 / 회원사
저희 / 승무원 / 편안하게 / 여행

[ㅎ발음]
비행기 / 완전히 / 멈춘 후 / 조심해 / 저희
회원사 / 이용해 / 대단히 / 안전하고 / 편안하게
여행하실 수 / 다하겠습니다

• 장음 음절은 반드시 길게 소리를 내고 이중모음은 각각의 음가대로 발음하되 첫모음의 입 모양을 정확히 만들어 발음합니다.

예) 좌석 → 자석 (×), 회원사 → 히언사 (×), 표시등 → 펴시등 (×)

• [ㅎ]은 탈락되어 [ㅇ]으로 들리지 않도록 분명하게 발음합니다.

예) 비행기 → 비앵기 (×), 대단히 → 대다니 (×), 안전하고 → 안저나고 (×)

• '저희'는 [저히]로 읽고 '관계'는 [관계] 또는 [관게]로 읽어도 무방합니다.

적색으로 표시된 장음 발음에 주의하여 방송문을 읽어 봅시다.

손님 여러분,
우리 비행기는/ (공항명)에 도착했습니다.

[30분 이상 지연/기상, 천재지변 등 귀책 사유가 아닌 경우]
______ 관계로/ 도착이 예정보다 늦어졌습니다.

비행기가 완전히 멈춘 후/ 좌석벨트 표시등이 꺼질 때까지 자리에서 기다려 주시고, 선반을 여실 때는/ 안에 있는 물건이 떨어질 수 있으니 조심해 주십시오.
오늘도√ 스카이팀 회원사인 저희 (항공사명)을 이용해 주셔서/ 대단히 감사합니다.
저희 승무원들은/ 앞으로도 안전하고 편안하게 여행하실 수 있도록√ 정성을 다하겠습니다.
감사합니다.

(3) 강세와 억양(Accent & Intonation)

key word에 주의하여 방송문을 읽어 봅시다.

손님 여러분,
우리 비행기는/ (공항명)에 도착했습니다.

[30분 이상 지연/기상, 천재지변 등 귀책 사유가 아닌 경우]
______ 관계로/ 도착이 예정보다 늦어졌습니다.

비행기가 완전히 멈춘 후/ 좌석벨트 표시등이 꺼질 때까지 자리에서 기다려 주시고, 선반을 여실 때는/ 안에 있는 물건이 떨어질 수 있으니 조심해 주십시오.
오늘도√ 스카이팀 회원사인 저희 (항공사명)을 이용해 주셔서/ 대단히 감사합니다.

저희 승무원들은/ 앞으로도 안전하고 편안하게 여행하실 수 있도록√ 정성을 다하겠습니다.
감사합니다.

- 억양은 말하듯이 자연스러워야 합니다. 상승조와 하강조를 적당히 변화 시켜 끊어 읽되, 같은 어조가 두번 이상 반복되지 않도록 하십시오.

- '마침표'가 있는 문장 끝에서는 반드시 하강 어조로 읽습니다.

- 문장 강세는 문장에서 가장 중요한 단어를 강조하라는 의미입니다. 우리말은 어느 특정 발음을 세게 읽는 대신 내용상 가장 중요한 핵심단어(key word)를 높이(pitch)를 이용해서 강조합니다. 특히, 괄호 안에 들어가는 공항명, 항공사명은 가장 중요한 정보이므로 반드시 높이를 주어 강조하십시오.

- ⌒ 표시가 있는 단어는 문장의 핵심단어이므로 음의 높이를 높여 두드러지게 강조해 읽어 보십시오.

- 문장 앞에서 접속사와 같이 말의 내용이나 분위기를 전환하는 역할을 하는 '오늘도', '앞으로도'는 뒤 문장에 자연스럽게 연결하고, '완전히', '대단히', '안전하고 편안하게' 등은 동사를 꾸며 주는 부사이므로 높이를 주어 감정을 표현해 보십시오.

2) 영어 방송 연습

(1) 끊어 읽기(Pause)

표시된 대로 끊어 읽기에 주의하여 방송문을 읽어 봅시다.

Ladies and gentlemen,
we have landed at (공항명) (international) airport.

[30분 이상 지연/기상, 천재지변 등 귀책 사유가 아닌 경우]
Today we were delayed/ due to ______.

Please remain seated/ until the captain turns off the seatbelt sign.
Be careful when opening the overhead bins/ as the contents may fall out.
Thank you for choosing (항공사명), a member of SkyTeam/ and we hope to see you again soon.

- 문장 내용과 구조를 파악하고 어디서 끊어 읽을 것인지 정하십시오.

- 마침표와 쉼표 외에 문장이 길어 추가로 끊어 읽기가 필요한 경우에는 구나 절을 이끄는 접속사나 관계대명사 앞에서, 혹은 긴 주어 다음에 [/]나 [√]로 표시하여 끊어 읽습니다.
  예) 'due', 'until', 'as', 'and'

- 마침표는 2박자, 쉼표는 1박자, [/]는 1/2박자, [√]는 1/4박자 정도의 차이를 두고 읽는 것이 적당합니다.

- 주의를 집중시키기 위해 방송의 첫 부분인 'Ladies and gentlemen' 다음에 끊어 읽으십시오.

(2) 발음(Pronunciation)

발음 기호를 보면서 단어를 따라 발음해 봅시다.

ladies	[ˈleɪdiz]	seated	[ˈsiːtid]
gentlemen	[ˈdʒentlmən]	captain	[ˈkæptɪn]
landed	[ˈlændɪd]	careful	[ˈkerfl]
international	[ˌɪntərˈnæʃnəl]	contents	[ˈkɑːntents]
airport	[ˈerpɔːrt]	choosing	[ˈʧuːziŋ]
today	[təˈdeɪ]	team	[tiːm]
delayed	[dɪˈleɪd]	soon	[suːn]
remain	[rɪˈmeɪn]		

영 4-2

- 발음을 주의 깊게 들어보십시오.

- 단어의 철자가 아닌 발음 기호를 보면서 따라 읽어 보십시오.

- 이중모음을 단모음으로 발음하지 않도록 주의하십시오.
  예) ladies → [레디스] (×), remain → [리멘] (×)

- 'seated', 'landed'의 과거형 발음 [ɪd]에 주의하여 단모음인 [ɪ]를 장모음 [iː]로 길게 발음하지 않도록 주의하십시오.

- 장모음은 충분한 길이로 발음하여 짧아지지 않도록 합니다.
  예) choosing [uː], soon [uː], team [iː]

- [r]과 [l]의 발음을 혼동하지 않도록 주의하십시오.
  예) ladies, landed
  remain

• 악센트의 위치를 잘 듣고 따라 읽어 보십시오.

• 악센트가 있는 음절을 가장 높은 산의 정상이라 생각하고 손가락으로 그리면서 그 음절을 높고 힘있게 읽어 보십시오.

연음에 주의하여 방송문을 읽어 봅시다.

Ladies and gentlemen,
we have landed at (공항명) (international) airport.

[30분 이상 지연/기상, 천재지변 등 귀책 사유가 아닌 경우]
Today we were delayed/ due to ______.

Please remain seated/ until the captain turns off the seatbelt sign.
Be careful when opening the overhead bins/ as the contents may fall out.
Thank you for choosing (항공사명), a member of SkyTeam/ and we hope to see you again soon.

• 선으로 표시된 2개의 단어를 한 단어처럼 연결하여 발음해 보십시오.

• 앞 단어의 악센트가 있던 모음은 전체 단어의 악센트를 대표하는 강음절로, 뒤에 따라오는 단어의 모음은 약화되어 약음절로 소리가 납니다.

• 'turns off'에서 'off'는 부사이므로 전형적으로 강세를 주어 읽어야 하며, 'up'으로 잘못 발음하지 않도록 하십시오. 또, 시제나 복수형 어미의 발음을 정확히 구분하여 빠뜨리지 않도록 주의합니다.

예) turn off / turns off / turned off

(3) 강세와 억양(Accent & Intonation)

key word에 주의하여 방송문을 읽어 봅시다.

Ladies and gentlemen,
we have landed at (공항명) (international) airport.

[30분 이상 지연/기상, 천재지변 등 귀책 사유가 아닌 경우]
Today we were delayed/ due to ______.

Please remain seated/ until the captain turns off the seatbelt sign.
Be careful when opening the overhead bins/ as the contents may fall out.
Thank you for choosing (항공사명), a member of SkyTeam/ and we hope to see you again soon.

- 적색으로 쓰여 있는 핵심단어(key word)를 큰 소리로 읽어 보십시오.

- 핵심단어(key word)들의 높이(pitch)를 높여 읽어 보십시오. 특히, 공항명, 항공사명 등 괄호 안에 들어갈 단어들은 중요한 정보이므로 반드시 높이로써 강조합니다.

- 억양은 끊어 읽는 곳에서의 어조를 말합니다. 하강조와 상승조를 적절히 섞어 사용하여 같은 억양이 두번 이상 반복되지 않도록 읽어보십시오.

- 끊어 읽기를 할 때마다 마지막 단어에 힘을 주어 살짝 올려 읽으십시오. 영어는 한국어와 달리 마지막 단어의 악센트가 있는 음절에 힘이 실리는데, 이것이 구어체의 특징입니다.

- 부탁이나 요청을 할 때의 'Please' 또는 마지막 문장의 'Thank' 등은 감정을 넣어 표현해 보십시오. 특히, 마지막 문장은 모든 방송의 마지막을 장식하는 인사말로서 진심으로 감사의 느낌을 전달해 보십시오.

실/전/연/습 Actual Practice

■ 다음 방송문을 녹음하여 들어 보십시오.

손님 여러분, 편안한 여행 되셨습니까?
우리 비행기는 _____(국제) 공항에 도착했습니다.
비행기가 완전히 멈춘 후/ 좌석벨트 표시등이 꺼질 때까지/ 자리에 앉아서 기다려 주십시오.
선반을 여실 때는/ 안에 있는 물건이 떨어질 수 있으니 주의하시기 바랍니다.

[A220 운영 시]
그리고 내리실 때는/ 기내 선반에 부딪히지 않도록 조심하십시오.

[Multi-Portion 구간 중간 기착지 도착 시]
또한, 최종목적지까지 가시는 분들은/ 중간 기착지인 이 곳에 도착하면√ 모든 짐을 갖고 내리시고/ 탑승권도 잊지 마시기 바랍니다.

오늘도√ 스카이팀 회원사인 (항공사명)을 이용해 주셔서 대단히 감사합니다.
저희 승무원들은/ 앞으로도√ 안전하고 편안하게 여행하실 수 있도록 정성을 다하겠습니다.
감사합니다.

실전 7-1

실/전/연/습 Actual Practice

■ 다음 방송문을 녹음하여 들어 보십시오.

Ladies and gentlemen, we have landed at ____(international) airport.
Please remain seated/ until the captain turns off the seatbelt sign.
Be careful when opening the overhead bins/ as items may fall out.

[A220 운영 시]
When leaving your seat, watch out for the corners of open overhead bins.

[Multi-Portion 구간 중간 기착지 도착 시]
Also, if you are continuing on to your final destination with us, be sure to take all your belongings√ including your boarding pass/ before proceeding to the transit area.

Thank you for choosing (항공사명) and a member of SkyTeam/
and we hope to see you again soon.

실전 7-2

Worksheet

1. 끊어 읽기를 해야 할 곳을 표시해 보십시오.

손님 여러분, 우리 비행기는 (공항명)에 도착했습니다. 비행기가 완전히 멈춘 후 좌석벨트 표시등이 꺼질 때까지 자리에서 기다려 주시고, 선반을 여실 때는 안에 있는 물건이 떨어질 수 있으니 조심해 주십시오. 오늘도 스카이팀 회원사인 저희 (항공사명)을 이용해 주셔서 대단히 감사합니다. 저희 승무원들은 앞으로도 안전하고 편안하게 여행하실 수 있도록 정성을 다하겠습니다. 감사합니다.

2. 장음인 글자를 동그라미로 표시해 보십시오.

손님 여러분, 우리 비행기는 (공항명)에 도착했습니다. 비행기가 완전히 멈춘 후 좌석벨트 표시등이 꺼질 때까지 자리에서 기다려 주시고, 선반을 여실 때는 안에 있는 물건이 떨어질 수 있으니 조심해 주십시오.
오늘도 스카이팀 회원사인 저희 (항공사명)을 이용해 주셔서 대단히 감사합니다. 저희 승무원들은 앞으로도 안전하고 편안하게 여행하실 수 있도록 정성을 다하겠습니다. 감사합니다.

3. 끊어 읽기를 해야 할 곳을 표시해 보십시오.

Ladies and gentlemen, we have landed at (공항명) (international) airport. Please remain seated until the captain turns off the seatbelt sign. Be careful when opening the overhead bins as the contents may fall out. Thank you for choosing (항공사명), a member of SkyTeam and we hope to see you again soon.

4. 연음(이어 읽기)을 해야 할 곳을 표시해 보십시오.

Please remain seated until the captain turns off the seatbelt sign. Be careful when opening the overhead bins as the contents may fall out. Thank you for choosing (항공사명), a member of SkyTeam and we hope to see you again soon.

5. 다음 문장의 억양을 **key word**에 유의하여 선으로 그려 보십시오.

- Please remain seated until the captain turns off the seatbelt sign.

- Be careful when opening the overhead bins as the contents may fall out.

- We hope to see you again soon.

CHAPTER

02 비정상 상황 안내방송
Irregular In-flight Announcement

항공기 운항과 관련한 최대 관심사는 안전과 경제성 및 출 · 도착 정시운항과 승객의 서비스에 초점이 맞춰져 있습니다. 특히, 각 부문의 공조체제 하에서 여객과 화물을 출발지에서 목적지까지 최적의 운송스케줄을 계획하여 운송하는 것이 중요한데, 이러한 계획된 정상적인 규정과 절차에서 벗어나는 모든 운항 상황을 비정상 상황이라고 합니다.

비행 중 발생하는 비정상 상황은 매우 다양하고 복잡하지만 크게 승객 안전에 관한 사안과 서비스 관련 승객불편 사안으로 나눌 수 있습니다. 승객 안전에 관련된 사안으로는 응급환자, 기내 화재, 기체 결함 발생 등이 있는데 안전과 관련된 사안들은 사태가 악화되는 경우 비상착륙(수)과 같은 비상사태로 발전될 수도 있습니다. 또, 서비스 관련 승객불편 사안으로는 항공기 지연 및 대기, 기상악화로 인한 Turbulence 및 회항, 객실온도, 오락시스템, 화장실 등의 설비고장 등이 자주 발생하고 있습니다.

이러한 비정상 상황 발생 시의 안내방송은 사안의 중요성을 감안하여 객실사무장이 기장에게서 정확한 용어를 전달받아 실시하게 되어 있습니다. 최초 비정상 상황 발생 시 안내방송을 실시한 후 상황이 호전되지 않는 경우, 객실사무장은 진행 상황에 대해 추가 안내방송을 실시해야 합니다. 이 과정에서 무엇보다 객실사무장과 기장과의 원활한 의사소통이 중요합니다.

비행 중 자주 발생하는 비정상 상황의 유형과 방송문을 다음 표로 정리하였습니다.

▶ **비정상 상황 유형 및 방송문**

구분	방송문	사태악화 시
승객 안전 관련	응급환자	• 비상착륙(수): 준비된 비상사태 • 시간이 없을 때
	기내 화재	
	기내난동승객	
승객 불편 관련	Turbulence	
	지연 및 대기	
	회항 및 임시착륙	
	기내설비 고장	

1 Turbulence

방송개요 및 유의사항

1. 방송 시점
- Seatbelt Sign On 직후

2. 방송 내용
- 좌석벨트 즉시 착용 안내
- 화장실 사용 제한 및 유아동반승객 안내

3. 특징
- 단호하고 강한 어조로 신속하게 실시
- 상황에 따라 객실사무장이 2차 방송 실시

Turbulence란 비행 중 항공기가 난기류를 만나서 흔들리는 일반적인 현상을 말합니다. 항공기가 지상에 있을 때를 제외하고, 이륙에서부터 착륙에 이르기까지 거의 모든 단계에서 발생할 수 있기 때문에 승객과 승무원의 부상 요인 중 가장 큰 부분을 차지합니다.

Turbulence 안내방송은 항공사마다 표준신호에 따라 실시하도록 규정되어 있는데, 일부 항공사에서는 기장이 직접 방송을 실시하기도 합니다. 일반적으로, 좌석벨트 표시등이 1회 chime과 함께 켜지면 즉시 1차 Turbulence 방송을 실시하고, 비행기가 계속 요동이 심한 상태에서 재차 좌석벨트 표시등이 2회 chime과 함께 점멸 후 켜지면 2차 Turbulence 방송을 실시합니다.

이런 Turbulence 상황이 오래 지속되는 경우 승객들의 불편이 예상되므로 객실사무장은 기장에게 예상되는 Turbulence 지속시간이나 현재 상황을 문의한 후 안내방송을 실시합니다. 경우에 따라 객실사무장은 서비스 일시 중단방송을 실시하고 상황이 호전됨에 따라 서비스 재개방송, 상황 종료 후에 사과방송 등을 추가로 실시하기도 합니다. 또, 필요 시 기장도 추가적으로 방송을 할 수 있습니다.

Turbulence는 강도에 따라 Light, Moderate, Severe Turbulence로 나뉘며, 승무원들의 행동 절차도 Turbulence 레벨에 따라 달라집니다. Light Turbulence인 경우에는 식사서비스는 가능하지만, Moderate 이상에서는 모든 서비스를 즉시 중단하고 승무원들도 가장 가까운 Jump Seat이나 승객 좌석에 착석하여 좌석벨트를 착용합니다. 이 경우, 승무원들은 승객의 좌석벨트를 무리하게 확인하지 않으며 안내방송도 Jump Seat에 착석하여 좌석벨트를 착용한 후에 실시합니다.

▶ Turbulence Guidelines

구분	Light	Moderate	Severe
객실현상	컵 안의 음료수가 흔들림	컵 안의 음료수가 밖으로 튐 기내보행 곤란	물건들이 바닥으로 떨어짐 기내보행 불가
신호(좌석벨트사인)	1회	2회	
객실서비스	식사서비스는 조심스럽게 수행	즉시 중단	
좌석벨트점검	Jump Seat로 이동하면서 확인	가까운 Jump Seat나 승객 좌석에 착석한 상태에서 주위 승객에서 구두로 좌석벨트 착용 지시	
기내방송	Turbulence	Turbulence 서비스 일시중단	
객실조명	Dim		

1. Turbulence 1차: 좌석벨트 표시등이 켜진 경우

모델보이스를 들어 보십시오.

손님 여러분,
좌석벨트를 매주시기 바랍니다.

한 5-1

Ladies and gentlemen,
please fasten your seatbelt.

영 5-1

1) 방송 연습

(1) 끊어 읽기(Pause)

표시된 대로 끊어 읽기에 주의하여 방송문을 읽어 봅시다.

손님 여러분,
좌석벨트를 매주시기 바랍니다.

Ladies and gentlemen,
please fasten your seatbelt.

- 한 문장의 간결한 방송문이므로 마침표와 쉼표에서 반드시 끊어 읽습니다.
- 단호하고 긴박한 어조로 방송하되 서두르는 느낌이 들지 않도록 합니다.

(2) 발음(Pronunciation)

장음과 연음에 주의하여 방송문을 읽어 봅시다.

> 손님 여러분,
> 좌석벨트를 매주시기 바랍니다.

> Ladies and gentlemen,
> please fasten your seatbelt.

- 적색으로 표시된 장음은 길게, 이중모음은 정확한 입 모양으로 발음합니다.
  예) 좌석 → 자석 (×), 매주시기 → 메주시기 (×)

- [l]이 [r]로, [f]가 [P]로 잘못 발음되지 않도록 주의하십시오.
  예) ladies → radies (×), please → prease (×), frease (×), fasten → pasten (×)

(3) 강세와 억양(Accent & Intonation)

key word에 주의하여 방송문을 읽어 봅시다.

> 손님 여러분,
> 좌석벨트를 매주시기 바랍니다.

> Ladies and gentlemen,
> please fasten your seatbelt.

- 내용상 핵심단어(key word)인 '좌석벨트'와 'seatbelt'를 읽어 보십시오.

- 표시가 있는 '좌석벨트'와 'seatbelt'를 높이로 두드러지게 강조해 보십시오.

2. Turbulence 2차: 좌석벨트 표시등이 켜진 채, 장시간 흔들리는 경우

좌석벨트 표시등이 켜져 있는 상태에서 다시 좌석벨트 표시등이 chime 2회와 함께 점멸되거나, 장시간 Turbulence가 지속되어 승객의 주의를 환기시킬 필요가 있다고 판단될 때 객실사무장 또는 객실사무장이 위임한 승무원이 실시합니다.

모델보이스를 들어 보십시오.

손님 여러분,
비행기가 계속해서 흔들리고 있습니다.
좌석벨트를 매셨는지 다시 한번 확인해 주시고 화장실 사용은 삼가시기 바랍니다.
그리고 유아를 동반하신 손님께서는 안전하게 유아를 안아 주시기 바랍니다.

한 5-2

Ladies and gentlemen,
we are continuing to experience turbulence.
Please keep your seatbelt fastened and refrain from using the restrooms.
If you are traveling with an infant, we ask you to take your baby out of the bassinet.

영 5-2

1) 방송 연습

(1) 끊어 읽기(Pause)

표시된 대로 끊어 읽기에 주의하여 방송문을 읽어 봅시다.

손님 여러분,
비행기가 계속해서 흔들리고 있습니다.
좌석벨트를 매셨는지 다시 한번 확인해 주시고/ 화장실 사용은 삼가시기 바랍니다.
그리고 유아를 동반하신 손님께서는/ 안전하게 유아를 안아 주시기 바랍니다.

Ladies and gentlemen,
we are continuing to experience turbulence.
Please keep your seatbelt fastened/ and refrain from using the restrooms.
If you are traveling with an infant, we ask you to take your baby√ out of the bassinet.

(2) 발음(Pronunciation)

장음과 이중모음, [ㅎ]발음을 연습해 봅시다.

[장음]
계:속 / 좌:석 / 매:셨는지 / 사:용

[이중모음]
계속 / 확인 / 화장실 / 사용 / 유아

[ㅎ발음]
비행기 / 다시 한번 / 확인해 / 동반하신

적색으로 표시된 장음 발음에 주의하여 방송문을 읽어 봅시다.

손님 여러분,
비행기가 계속해서 흔들리고 있습니다.
좌석벨트를 매셨는지 다시 한번 확인해 주시고/ 화장실 사용은 삼가시기 바랍니다.
그리고 유아를 동반하신 손님께서는/ 안전하게 유아를 안아 주시기 바랍니다.

발음 기호를 보면서 단어를 따라 발음해 봅시다.

ladies	[ˈleɪdiz]	refrain	[rɪˈfreɪn]
gentlemen	[ˈdʒentlmən]	restrooms	[ˈrestruːmz]
continuing	[kəntínjuːiŋ]	traveling	[trǽvəliŋ]
experience	[ɪkˈspɪriəns]	infant	[ˈɪnfənt]
turbulence	[ˈtɜːrbjələns]	bassinet	[ˌbæsɪˈnet]
fastened	[ˈfæsnd]		

영 5-3

연음에 주의하여 방송문을 읽어 봅시다.

Ladies and gentlemen,
we are continuing to experience turbulence.
Please keep your seatbelt fastened/ and refrain from using the restrooms.
If you are traveling with an infant, we ask you to take your baby√ out of the bassinet.

(3) 강세와 억양(Accent & Intonation)

key word에 주의하여 방송문을 읽어 봅시다.

손님 여러분,
비행기가 계속해서 흔들리고 있습니다.
좌석벨트를 매셨는지 다시 한번 확인해 주시고/ 화장실 사용은 삼가시기 바랍니다.
그리고 유아를 동반하신 손님께서는/ 안전하게 유아를 안아 주시기 바랍니다.

Ladies and gentlemen,
we are continuing to experience turbulence.
Please keep your seatbelt fastened/ and refrain from using the restrooms.
If you are traveling with an infant, we ask you to take your baby√ out of the bassinet.

- 적색으로 표시된 핵심단어(key word)들을 차례로 읽어 보십시오.
- ⌒ 표시가 있는 핵심단어들의 높이(pitch)를 높여 두드러지게 강조해 보십시오.
- '계속해서, 다시 한번, 안전하게'와 같은 부사들은 자연스럽게 높이를 높여 읽어 보십시오.
- 접속사 '그리고'는 어색하지 않도록 뒤 문장에 자연스럽게 연결해 보십시오.

3. Turbulence 2차: 좌석벨트 표시등이 켜져 있으나 흔들리지 않는 경우

장시간 좌석벨트 표시등이 켜져 있는데도 항공기가 흔들리지 않은 경우, 화장실 이용을 원하는 승객들의 불편이 예상되므로 객실사무장이 기장에게 상황을 문의하여 지속적인 좌석벨트 착용 지시가 있는 경우에 이 방송을 실시합니다.

모델보이스를 들어 보십시오.

안내 말씀 드리겠습니다.

A: 지속적인 주의가 필요할 때

우리 비행기는 기류가 불안정한 지역을 지나고 있습니다.

B: 난기류 재 진입이 예상될 때

우리 비행기는 잠시 후에 다시 기류변화가 심한 지역을 지나갈 예정입니다.

좌석벨트를 계속 매 주시고 화장실 사용은 삼가시기 바랍니다.

한 5-3

Ladies and gentlemen,

A: 지속적인 주의가 필요할 때

the captain has informed us that we are still in an area of turbulence.

Please keep your seatbelt fastened until the seatbelt sign has been turned off

B: 난기류 재 진입이 예상될 때

we are still in an area of anticipated turbulence.

Please remain seated with your seatbelt securely fastened

and refrain from using the restrooms.

영 5-4

1) 방송 연습

(1) 끊어 읽기(Pause)

표시된 대로 끊어 읽기에 주의하여 방송문을 읽어 봅시다.

안내 말씀 드리겠습니다.

A: 지속적인 주의가 필요할 때

우리 비행기는/ 기류가 불안정한 지역을 지나고 있습니다.

B: 난기류 재 진입이 예상될 때

우리 비행기는/ 잠시 후에√ 다시 기류변화가 심한 지역을 지나갈 예정입니다.

좌석벨트를 계속 매 주시고/ 화장실 사용은 삼가시기 바랍니다.

Ladies and gentlemen,

A: 지속적인 주의가 필요할 때

the captain has informed us/ that we are still√ in an area of turbulence.
Please keep your seatbelt fastened/ until the seatbelt sign has been turned off/

B: 난기류 재 진입이 예상될 때

we are still√ in an area of anticipated turbulence.
Please remain seated/ with your seatbelt securely fastened/

and refrain from using the restrooms.

- 각 문장의 내용이 정확하게 전달될 수 있도록 마침표에서 충분히 끊어 읽습니다.
- 추가로 끊어 읽을 때는 'that'이나 'until', 'and'와 같은 접속사 앞에서, 'in'이나 with'로 시작하는 구 앞에서 바르게 끊어 읽도록 합니다.

(2) 발음(Pronunciation)

장음과 이중모음, [ㅎ]발음을 연습해 봅시다.

[장음]

안:내 / 말:씀 / 잠:시후: / 변:화 / 예:정

좌:석 / 계:속 / 매:주시고 / 사:용

[이중모음]

기류 / 변화 / 지역 / 예정 / 좌석 / 계속 / 화장실 / 사용

[ㅎ발음]

비행기 / 불안정한 / 잠시 후에 / 변화

적색으로 표시된 장음 발음에 주의하여 방송문을 읽어 봅시다.

안내 말씀 드리겠습니다.

A: 지속적인 주의가 필요할 때

우리 비행기는/ 기류가 불안정한 지역을 지나고 있습니다.

B: 난기류 재 진입이 예상될 때

우리 비행기는/ 잠시 후에√ 다시 기류변화가 심한 지역을 지나갈 예정입니다.

좌석벨트를 계속 매 주시고/ 화장실 사용은 삼가시기 바랍니다.

발음 기호를 보면서 단어를 따라 발음해 봅시다.

area	[ˈeriə]	securely	[səˈkjʊrli]
anticipated	[ænˈtɪsɪpeɪtid]	fastened	[ˈfæsnd]
turbulence	[ˈtɜːrbjələns]	refrain	[rɪˈfreɪn]
remain	[rɪˈmeɪn]	restrooms	[ˈrestruːmz]
seated	[ˈsiːtid]		

영 5-5

연음에 주의하여 방송문을 읽어 봅시다.

Ladies and gentlemen,

A : 지속적인 주의가 필요할 때

the captain has informed us/ that we are still√ in an area of turbulence.
Please keep your seatbelt fastened/ until the seatbelt sign has been turned off/

B : 난기류 재 진입이 예상될 때

we are still√ in an area of anticipated turbulence.
Please remain seated/ with your seatbelt securely fastened/

and refrain from using the restrooms.

(3) 강세와 억양(Accent & Intonation)

key word에 주의하여 방송문을 읽어 봅시다.

안내 말씀 드리겠습니다.

A : 지속적인 주의가 필요할 때

우리 비행기는/ 기류가 불안정한 지역을 지나고 있습니다.

B : 난기류 재 진입이 예상될 때

우리 비행기는/ 잠시 후에√ 다시 기류변화가 심한 지역을 지나갈 예정입니다.

좌석벨트를 계속 매 주시고/ 화장실 사용은 삼가시기 바랍니다.

Ladies and gentlemen,

A: 지속적인 주의가 필요할 때

the captain has informed us/ that we are still√ in an area of turbulence.
Please keep your seatbelt fastened/ until the seatbelt sign has been turned off/

B: 난기류 재 진입이 예상될 때

we are still√ in an area of anticipated turbulence.
Please remain seated/ with your seatbelt securely fastened/

and refrain from using the restrooms.

- 적색으로 표시된 핵심단어(key word)들을 차례로 읽어 보십시오.
- ⌒ 표시가 있는 핵심단어들의 높이(pitch)를 높여 두드러지게 강조해 보십시오.
- '잠시 후에', '다시'와 같은 부사는 높이(pitch)를 높여 자연스럽게 강조합니다.

실/전/연/습 Actual Practice

■ 다음 방송문을 녹음하여 들어 보십시오.

손님 여러분,
좌석벨트를 매주시기 바랍니다.

장음

좌:석
매:주시기

Ladies and gentlemen,
please fasten your seatbelt.

발음

ladies [ˈleɪdiz]
gentlemen
[ˈdʒentlmən]
fasten [ˈfæsn]

손님 여러분,
비행기가 계속해서 흔들리고 있습니다.
좌석벨트를 매셨는지 다시 한번 확인해주시고 화장실 사용은 삼가시기 바랍니다.

장음

계:속
좌:석
매:셨는지
사:용

Ladies and gentlemen,
we are continuing to experience turbulence.
Please keep your seatbelt fastened and refrain from using the restrooms.

발음

continuing [kəntínju:iŋ]
experience
[ɪkˈspɪriəns]
fastened [ˈfæsnd]
turbulence
[ˈtɜ:rbjələns]
refrain [rɪˈfreɪn]
restrooms [ˈrestru:mz]

Worksheet

1. 끊어 읽기를 해야 할 곳을 표시해 보십시오.

손님 여러분, 비행기가 계속해서 흔들리고 있습니다. 좌석벨트를 매셨는지 다시 한번 확인해 주시고 화장실 사용은 삼가시기 바랍니다.

안내 말씀 드리겠습니다. 우리 비행기는 기류가 불안정한 지역을 지나고 있습니다. 좌석벨트 표시등이 꺼질 때까지 자리에서 잠시만 기다려 주시고 화장실 사용은 삼가시기 바랍니다.

2. 장음인 글자를 동그라미로 표시해 보십시오.

손님 여러분, 비행기가 계속해서 흔들리고 있습니다. 좌석벨트를 매셨는지 다시 한번 확인해 주시고 화장실 사용은 삼가시기 바랍니다.

안내 말씀 드리겠습니다. 우리 비행기는 기류가 불안정한 지역을 지나고 있습니다. 좌석벨트 표시등이 꺼질 때까지 자리에서 잠시만 기다려 주시고 화장실 사용은 삼가시기 바랍니다.

3. 끊어 읽기를 해야 할 곳을 표시해 보십시오.

Ladies and gentlemen, we are continuing to experience turbulence. Please keep your seatbelt fastened and refrain from using the restrooms.

Ladies and gentlemen, the captain has informed us that we are still in an area of turbulence. Please keep your seatbelt fastened until the seatbelt sign has been turned off and refrain from using the restrooms.

4. 연음(이어 읽기)을 해야 할 곳을 표시해 보십시오.

The captain has informed us that we are still in an area of turbulence. Please keep your seatbelt fastened until the seatbelt sign has been turned off and refrain from using the restrooms.

We are still in an area of anticipated turbulence. Please remain seated with your seatbelt securely fastened and refrain from using the restrooms.

5. 다음 문장의 억양을 key word에 유의하여 선으로 그려 보십시오.

- We are continuing to experience turbulence.

- Please keep your seatbelt fastened and refrain from using the restrooms.

- The seatbelt sign has been turned off.

2 지연 및 대기 Flight Delay

지연(Delay)은 항공기 운항 중 거의 모든 단계에서 발생할 수 있는 대표적인 비정상 상황입니다. 항공기가 정상적으로 출발 · 이륙하여 정시에 착륙 · 도착하는 것이 바람직하지만 공항 사정이나 기상 변화, 승객 미탑승, 화물이나 기내식 탑재 지연의 항공사 사정 등 여러 가지 사유로 지연이 되곤 합니다.
비행 시점별로 대표적인 지연 사유에 따른 방송문을 아래 표로 정리하였습니다.

▶ 비행 시점별 지연 및 대기 안내방송

구분	원인	방송문
출발 지연	승객 탑승 지연 기상 관련 공항 및 항로 혼잡 수하물 탑재 항공기 점검	출발 지연: General 관제탑의 출발허가 대기 출발 지연: 추가 지연 상태악화로 인한 항공기 교체 상태악화로 인한 운항 취소
이륙 지연	기상 관련 공항 및 항로 혼잡 항공기 점검	이륙 지연: General 관제탑의 이륙허가 대기 이륙 지연: 추가 지연 Taxiing 중 터미널로 되돌아감
착륙 지연	기상 관련 공항 사정	Go-around 공중선회(착륙대기) 공중선회: 추가 지연
착륙 후 지연	공항 및 Taxiway 혼잡 조기 도착 Gate(주기장) 사용 중 검역대기	Taxiway에서의 대기: General Bridge(Step Car) 연결 대기 Gate(주기장) 변경으로 인한 이동 하기지연: General

① 항공기 출발 지연

지연상황 중에서도 가장 빈번히 발생하는 상황으로 승객 탑승 후 기상, 정비, 운송, 관제 등의 사유로 인해 항공기가 탑승 게이트(주기장)에서 Push Back을 못하는 경우를 말합니다. 일반적으로 정시 출발시각(Standard Time of Departure) 10분 경과 후에 객실사무장이 처음 실시하며, 매 30분마다 추가 방송을 실시합니다. 이 상황이 악화되면 항공기 교체나 운항 취소로 발전될 수 있습니다.

② 항공기 이륙 지연

탑승 게이트에서 Push Back한 항공기가 이륙을 위해 활주로에 진입하기 직전에 이륙이 지연되는 경우를 말합니다. 보통, 기상이나 항로 혼잡으로 관제탑(Air Traffic Control Tower)의 이륙허가를 받을 때까지 대기하는 사례가 가장 많이 발생합니다.

③ 항공기 착륙 지연

항공기가 목적지 공항 상공에 도착하여 기상상태나 공항사정 등의 이유로 관제탑으로부터 착륙허가를 받지 못하는 경우를 말합니다. 항공기는 착륙허가를 받을 때까지 공항상공을 선회하게 되며, 이때 착륙대기 방송을 실시합니다. 이 상황이 악화되면 출발지 공항으로 회항하거나 대체공항에 임시착륙하는 상황으로 발전될 수 있습니다.

또, 항공기가 착륙직전에 돌풍이나 활주로 폐쇄 등 긴급한 사정으로 인해 착륙을 포기하고 긴급 상승하는 경우도 있습니다. 예기치 못한 돌발상황으로 놀란 승객들이 불안해할 수 있으므로 침착하고 신속하게 안내방송(Go-around)을 실시해야 합니다. 이 경우, 객실에서는 긴급 상승한 사유를 알 수 없고 운항승무원들은 사후조치에 매우 바쁜 상태이기 때문에 객실사무장이 1차 방송을 실시한 후 기장이 2차로 방송을 실시합니다.

④ 항공기 착륙 후 지연

항공기가 목적지 공항에 착륙 후 승객 하기를 위해 배정된 게이트로 가는 동안 공항 혼잡으로 Taxiway에서 대기하는 경우도 있고 배정된 게이트를 다른 항공기가 사용하고 있어 대기하는 경우도 자주 발생합니다.

그 밖에 항공기가 배정된 게이트나 주기장에 무사히 도착하였다 하더라도 뜻하지 않은 상황이 발생하여 승객 하기가 지연될 수도 있습니다. 공항 당국의 요청으로, 혹은 승객 하기용 Bridge 또는 Step Car의 연결을 기다리거나 주기장으로부터 공항터미널까지 승객을 수송할 버스의 도착이 늦어지는 경우에 하기 지연 안내방송을 실시합니다.

한편, 국내 항공사 편으로 미국 공항에 출 도착 시, 지연이 발생하는 경우 'Tarmac Delay Rule'에 의해 출발시간 기준으로 매 30분마다 승객에게 지연사유 및 예상시간에 대하여 방송으로 안내해야 합니다. 이를 위반하는 경우에는 고액의 배상금을 지불하게 되어 있습니다.

Tarmac Delay Rule

2018년 11월 부 발효된 US DOT(미국교통부)의 지상 지연 규정으로, 미국내 공항(괌 포함)의 Tarmac(램프 또는 활주로)상에서 승객이 기내 대기를 하는 경우

- 4시간 이내 승객 하기 기회 제공
- 지연 2시간 이내 스낵 및 물을 포함한 음료수 제공
- 매 30분마다 지연 사유 및 이륙 또는 Gate 주기 예상시간 등을 포함한 지연 상황 안내
- 위반 시 승객 1인당 과징금 최고 27,500 USD 부과

1. 출발 지연 안내 Delay in Departure

방송개요 및 유의사항

1. 방송 시점

- STD 10분 경과 시 최초 실시하고 매 30분마다 추가 실시

2. 방송 내용

- 지연 사유
- 대기 및 출발 예정 시각

3. 특징

- 승객 불편 사안이므로 정중하고 성의 있게
- 객실사무장이 실시

모델보이스를 들어 보십시오.

손님 여러분,
우리 비행기는 (출발 준비가 끝났습니다만)

[승객 탑승]	일부 (연결편) 손님이 탑승하길 기다리고 있어
[기상]	이곳 공항의 (짙은) 안개로 인해
[수하물]	손님 여러분의 짐을 싣고 있어
[점검]	출발 전 항공기를 점검하고 있어

출발이 늦어지고 있습니다.
잠시 (약_____) 후에 출발하겠습니다.
손님 여러분의 양해를 바랍니다.

한 6-1

Ladies and gentlemen,

[승객 탑승]	since we are waiting for some transit passengers to board,
[기상]	due to heavy fog at (공항명) airport,
[수하물]	due to loading baggage to the cargo compartment,
[점검]	due to a technical check of this aircraft,

our departure is being delayed.
We will be departing in a few (______) minutes.
We appreciate your understanding.

영 6-1

1) 방송 연습

(1) 끊어 읽기(Pause)

표시된 대로 끊어 읽기에 주의하여 방송문을 읽어 봅시다.

손님 여러분,
우리 비행기는 (출발 준비가 끝났습니다만)/

[승객 탑승]	일부 (연결편) 손님이 탑승하길 기다리고 있어/
[기상]	이곳 공항의 (짙은) 안개로 인해/
[수하물]	손님 여러분의 짐을 싣고 있어/
[점검]	출발 전 항공기를 점검하고 있어/

출발이 늦어지고 있습니다.
잠시 (약______) 후에/ 출발하겠습니다.
손님 여러분의 양해를 바랍니다.

Ladies and gentlemen,

[승객 탑승]	since we are waiting for some transit passengers to board,
[기상]	due to heavy fog/ at (공항명) airport,
[수하물]	due to loading baggage/ to the cargo compartment,
[점검]	due to a technical check of this aircraft,

our departure is being delayed.
We will be departing/ in a few (______) minutes.
We appreciate your understanding.

- 네모 칸에 들어 있는 지연사유 중 해당 비행편에 적합한 상황을 선택합니다.

- 신뢰감이 드는 정중하고 분명한 어조로 방송을 합니다.

(2) 발음(Pronunciation)

장음과 이중모음, [ㅎ]발음을 연습해 봅시다.

[장음]

준:비 / 안:개 / 잠:시후:

[ㅎ발음]

비행기 / 공항 / 점검하고 / 잠시후 / 인해 / 양해

[기타]

공항의 → 공항에, 여러분의 → 여러분에

- 장음과 이중모음은 길이와 입 모양에 주의하고 [ㅎ]은 [ㅇ]으로 소리 나지 않도록 정확히 발음해 보십시오.

- '의' 발음은 관형격조사로 쓰인 경우에는 [에]로 발음합니다.

적색으로 표시된 장음 발음에 주의하여 방송문을 읽어 봅시다.

손님 여러분,

우리 비행기는 (출발 준비가 끝났습니다만)/

[승객 탑승]	일부 (연결편) 손님이 탑승하길 기다리고 있어/
[기상]	이곳 공항의 (짙은) 안개로 인해/
[수하물]	손님 여러분의 짐을 싣고 있어/
[점검]	출발 전 항공기를 점검하고 있어/

출발이 늦어지고 있습니다.

잠시 (약_____) 후에/ 출발하겠습니다.

손님 여러분의 양해를 바랍니다.

발음 기호를 보면서 단어를 따라 발음해 봅시다.

transit	[ˈtrænzɪt]	compartment	[kəmˈpɑːrtmənt]
passenger	[ˈpæsɪndʒə(r)]	technical	[ˈteknɪkl]
board	[bɔːrd]	departure	[dɪˈpɑːrtʃə(r)]
loading	[ˈloʊdɪŋ]	delayed	[dɪˈleɪd]
baggage	[ˈbægɪdʒ]	appreciate	[əˈpriːʃieɪt]

영 6-2

연음에 주의하여 방송문을 읽어 봅시다.

Ladies and gentlemen,

[승객 탑승]	since we are waiting for some transit passengers to board,
[기상]	due to heavy fog/ at (공항명) airport,
[수하물]	due to loading baggage/ to the cargo compartment,
[점검]	due to a technical check of this aircraft,

our departure is being delayed.
We will be departing/ in a few (______) minutes.
We appreciate your understanding.

(3) 강세와 억양(Accent & Intonation)

key word에 주의하여 방송문을 읽어 봅시다.

손님 여러분,
우리 비행기는 (출발 준비가 끝났습니다만)/

[승객 탑승]	일부 (연결편) 손님이 탑승하길 기다리고 있어/
[기상]	이곳 공항의 (짙은 안개)로 인해/
[수하물]	손님 여러분의 짐을 싣고 있어/
[점검]	출발 전 항공기를 점검하고 있어/

출발이 늦어지고 있습니다.
잠시 (약_______) 후에/ 출발하겠습니다.
손님 여러분의 양해를 바랍니다.

Ladies and gentlemen,

[승객 탑승]	since we are waiting for some transit passengers to board,
[기상]	due to heavy fog/ at (공항명) airport,
[수하물]	due to loading baggage/ to the cargo compartment,
[점검]	due to a technical check of this aircraft,

our departure is being delayed.
We will be departing/ in a few (_______) minutes.
We appreciate your understanding.

- 적색으로 표시된 내용상 핵심단어(key word)를 읽어 보십시오.
- ⌒ 표시가 있는 핵심단어들을 높이로 두드러지게 강조해 보십시오.

실/전/연/습 Actual Practice

■ 다음 방송문을 녹음하여 들어 보십시오.

손님 여러분,
우리 비행기는 일부 연결편 손님이 탑승하길 기다리고 있어 출발이 늦어지고 있습니다.
잠시 후에 출발하겠습니다.
손님 여러분의 양해를 바랍니다.

장음

잠:시후:

Ladies and gentlemen,
since we are waiting for some transit passengers to board, our departure is being delayed.
We will be departing in a few miutes.
We appreciate your understanding.

발음

transit [ˈtrænzɪt]
passenger [ˈpæsɪndʒə(r)]
board [bɔ:rd]
departure [dɪˈpɑ:rtʃə(r)]
delayed [dɪˈleɪd]
appreciate [əˈpri:ʃieɪt]

2. 상황 종료 후 재출발 Restart After Case Closed

방송개요 및 유의사항

1. 방송 시점
   - 상황 종료 후 기장의 지시에 다라

2. 방송 내용
   - 지연상황 종료 및 출발 안내
   - 승객 착석 및 좌석벨트 착용 안내

3. 특징
   - 밝고 활기찬 어조로 실시

모델보이스를 들어 보십시오.

손님 여러분, 오랫동안 기다리셨습니다.
우리 비행기는 곧 출발하겠습니다.
손님 여러분께서는 (자리에 앉아) 좌석벨트를 매주시기 바랍니다.

한 6-2

Thank you for waiting, ladies and gentlemen.
We will be departing soon.
We ask you to please remain seated with your seatbelt fastened.
Your cooperation will be appreciated.

영 6-3

1) 방송 연습

(1) 끊어 읽기(Pause)

표시된 대로 끊어 읽기에 주의하여 방송문을 읽어 봅시다.

손님 여러분, 오랫동안 기다리셨습니다.
우리 비행기는/ 곧 출발하겠습니다.
손님 여러분께서는/ (자리에 앉아) 좌석벨트를 매주시기 바랍니다.

Thank you for waiting, ladies and gentlemen.
We will be departing soon.
We ask you to please remain seated/ with your seatbelt fastened.
Your cooperation will be appreciated.

• 밝고 활기찬 톤으로 재출발 안내 및 항공기 출발관련 승객협조사항을 정중하고 분명하게 전달합니다.

• 짧은 문장이므로 전체적으로 속도가 빨라지지 않도록 문장과 문장 사이는 2박자 정도 끊어 읽습니다.

(2) 발음(Pronunciation)

적색으로 표시된 장음 발음에 주의하여 방송문을 읽어 봅시다.

손님 여러분, 오랫동안 기다리셨습니다.
우리 비행기는/ 곧 출발하겠습니다.
손님 여러분께서는/ (자리에 앉아) 좌석벨트를 매주시기 바랍니다.

발음기호를 보면서 단어를 따라 발음해 봅시다.

ladies	[ˈleɪdiz]	seated	[ˈsiːtid]
gentlemen	[ˈdʒentlmən]	fastened	[ˈfæsnd]
departing	[dɪˈpɑːrtɪŋ]	cooperation	[koʊˌɑːpəˈreɪʃn]
remain	[rɪˈmeɪn]	appreciate	[əˈpriːʃieɪt]

영 6-4

연음에 주의하여 방송문을 읽어 봅시다.

Thank you for waiting, ladies and gentlemen.
We will be departing soon.
We ask you to please remain seated/ with your seatbelt fastened.
Your cooperation will be appreciated.

(3) 강세와 억양(Accent & Intonation)

key word에 주의하여 방송문을 읽어 봅시다.

손님 여러분, 오랫동안 기다리셨습니다.
우리 비행기는/ 곧 출발하겠습니다.
손님 여러분께서는/ (자리에 앉아) 좌석벨트를 매주시기 바랍니다.

Thank you for waiting, ladies and gentlemen.
We will be departing soon.
We ask you to please remain seated/ with your seatbelt fastened.
Your cooperation will be appreciated.

• 적색으로 표시된 핵심단어(key word)를 읽어 보십시오.

• 표시가 있는 핵심단어들을 높이로 두드러지게 강조해 보십시오.

• '오랫동안', '곧', 'please', 'soon'과 같은 부사는 높이(pitch)를 주어 읽습니다.

실/전/연/습 Actual Practice

■ 다음 방송문을 녹음하여 들어 보십시오.

손님 여러분, 오랫동안 기다리셨습니다.
우리 비행기는 곧 출발하겠습니다.
손님 여러분께서는 (자리에 앉아)
좌석벨트를 매주시기 바랍니다.

장음

좌:석벨트
매:주시기

Thank you for waiting, ladies and gentlemen.
We will be departing soon.
We ask you to please remain seated with your seatbelt fastened.
Your cooperation will be appreciated.

발음

ladies [ˈleɪdiz]
gentlemen [ˈdʒentlmən]
remain [rɪˈmeɪn]
seated [ˈsiːtid]
fastened [ˈfæsnd]
departing [dɪˈpɑːrtɪŋ]
cooperation [koʊˌɑːpəˈreɪʃn]
appreciate [əˈpriːʃieɪt]

Worksheet

1. 끊어 읽기를 해야 할 곳을 표시해 보십시오.

손님 여러분, 우리 비행기는 일부 연결편 손님이 탑승하길 기다리고 있어 출발이 늦어지고 있습니다. 잠시 후에 출발하겠습니다. 손님 여러분의 양해를 바랍니다.

2. 장음인 글자를 동그라미로 표시해 보십시오.

우리 비행기는 일부 연결편 손님이 탑승하길 기다리고 있어 출발이 늦어지고 있습니다. 잠시 후에 출발하겠습니다. 손님 여러분의 양해를 바랍니다.

3. 끊어 읽기를 해야 할 곳을 표시해 보십시오.

Ladies and gentlemen, since we are waiting for some transit passengers to board, our departure is being delayed. We will be departing in a few minutes. We appreciate your understanding.

4. 연음(이어 읽기)을 해야 할 곳을 표시해 보십시오.

Ladies and gentlemen, since we are waiting for some transit passengers to board, our departure is being delayed. We will be departing in a few minutes.

5. 다음 문장의 억양을 **key word**에 유의하여 선으로 그려 보십시오.

- We are waiting for some transit passengers to board.
- Our departure is being delayed.

3 승객 불편 상황 안내방송

방송개요 및 유의사항

1. 방송 시점
   - 상황 파악 및 기장에게 보고 후

2. 방송 내용
   - 비정상 상황 발생
   - 승객 협조 사항

3. 특징
   - 차분하고 분명한 어조
   - 신속한 원인 파악, 정확한 용어 사용

비행 중 자주 발생하는 비정상 상황의 유형은 크게 안전 관련 사안과 서비스 관련 사안으로 나눠 생각할 수 있습니다. 이중 안전 관련 사안은 승객의 생명에 지장을 줄 수 있는 만큼 그 중요성을 감안하여 다음 장에서 비상 안내방송으로 다루기로 하고, 이 절에서는 서비스 관련 사안을 중심으로 승객 불편 상황에 관한 안내방송을 학습해 보겠습니다. 서비스 관련 승객 불편 상황으로는 항공기 지연 및 대기, 난기류로 인한 Turbulence, 항공기의 회항 또는 임시착륙, 객실 온도, 객실 오락, 급수, 조명 시스템, 화장실, 좌석 등의 기내설비 고장, 탑재물 부족이나 기내판매 미실시, 그 외 Turbulence로 인한 서비스 제한 등 다양한 사안들이 있습니다.

이중에서 항공기 지연 및 대기, Turbulence는 비정상 상황 방송 중에서도 발생 빈도가 높은 사안이기 때문에 일반적인 승객 불편 상황과 별도로 분류하여 이미 학습을 마쳤습니다. 항공기의 회항 또는 임시착륙 상황은 기상악화에 기인하는 경우가 가장 빈번합니다. 이 사안은 부득이한 운항 스케줄 변동으로 인해 승객에게 큰 불편을 초래하지만, 그 원인의 경중이나 상황이 어떻게 전개되는지에 따라 위험도가 달라질 수 있으므로 다음 절인 비상상황 안내방송에서 심도 있게 다루도록 하겠습니다.

1. 기내설비 고장 Equipment Failure

모델보이스를 들어 보십시오.

안내 말씀 드리겠습니다.

A. 온도 조절 장치의 이상으로 기내가 (몹시) 덥습니다(춥습니다).
B. 비디오(오디오) 시스템의 이상으로 영상물(운항정보/음악)을 감상하실 수 없게 되었습니다.
C. (일부) 좌석 설비의 이상으로 독서등(승무원 호출버튼)을 사용하실 수 없게 되었습니다.
D. 기내 급수 장치의 이상으로 따뜻한 음료를 드리지 못하게 되었습니다.
E. 기내 조명 장치의 이상으로 밝기 조절을 할 수 없게 되었습니다.

이 점 널리 양해해 주시기 바랍니다.
도움이 필요하신 분은 저희 승무원에게 말씀해 주시면 정성껏 도와드리겠습니다.

한 7-1

Ladies and gentlemen, due to a problem with

A. the temperature control system, the cabin is hotter(colder) than normal at the moment.
B. the video(audio) system, we are unable to present the in-flight movie (flight information/music/news).
C. some in-seat service units, some passenger will be unable to use the reading lights(call button).
D. the water supply system, we are unable to provide hot water at the moment.

E. the cabin light control system, we are unable to change the brightness of the cabin lights.

We regret any inconvenience that you may experience at this time.
Thank you for your understanding.

영 7-1

1) 방송 연습

(1) 끊어 읽기(Pause)

표시된 대로 끊어 읽기에 주의하여 방송문을 읽어 봅시다.

안내 말씀 드리겠습니다.

A. 온도 조절 장치의 이상으로/ 기내가 (몹시) 덥습니다(춥습니다).
B. 비디오(오디오) 시스템의 이상으로/ 영상물(운항정보/음악)을 감상하실 수 없게 되었습니다.
C. (일부) 좌석 설비의 이상으로/ 독서등(승무원 호출버튼)을 사용하실 수 없게 되었습니다.
D. 기내 급수 장치의 이상으로/ 따뜻한 음료를 드리지 못하게 되었습니다.
E. 기내 조명 장치의 이상으로/ 밝기 조절을 할 수 없게 되었습니다.

이 점√ 널리 양해해 주시기 바랍니다.
도움이 필요하신 분은/ 저희 승무원에게 말씀해 주시면 정성껏 도와드리겠습니다.

Ladies and gentlemen,// due to a problem with

A. the temperature control system,/ the cabin is hotter(colder) than normal√ at the moment.
B. the video(audio) system,/ we are unable to present the in-flight movie (flight information/music/news).
C. some in-seat service units,/ some passenger will be unable to use the reading lights(call button).
D. the water supply system,/ we are unable to provide hot water√ at the moment.
E. the cabin light control system,/ we are unable to change the brightness of the cabin lights.

We regret any inconvenience/ that you may experience√ at this time.
Thank you for your understanding.

(2) 발음(Pronunciation)

적색으로 표시된 장음 발음에 유의하여 방송문을 읽어 봅시다.

안내 말씀 드리겠습니다.

A. 온도 조절 장치의 이상으로/ 기내가 (몹시) 덥습니다(춥습니다).
B. 비디오(오디오) 시스템의 이상으로/ 영상물(운항정보/음악)을 감상하실 수 없게 되었습니다.
C. (일부) 좌석 설비의 이상으로/ 독서등(승무원 호출버튼)을 사용하실 수 없게 되었습니다.

D. 기내 급수 장치의 이상으로/ 따뜻한 음료를 드리지 못하게 되었습니다.
E. 기내 조명 장치의 이상으로/ 밝기 조절을 할 수 없게 되었습니다.

이 점√ 널리 양해해 주시기 바랍니다.
도움이 필요하신 분은/ 저희 승무원에게 말씀해 주시면 정성껏 도와드리겠습니다.

• [의]를 발음할 때 조사로 쓰인 '장치의', '시스템의', '설비의'는 각각 '장치에', '시스템에', '설비에'로 읽고, 낱말의 끝에 사용된 '저희'는 '저히'로 읽습니다.

발음 기호를 보면서 단어를 따라 발음해 봅시다.

temperature	[ˈtemprətʃə(r)]	provide	[ˈprəˈvaɪd]
control	[kənˈtroʊl]	brightness	[braɪtnis]
moment	[ˈmoʊmənt]	regret	[rɪˈgret]
present	[prɪˈzent]	inconvenience	[ˌɪnkənˈvi:niəns]
passenger	[ˈpæsɪndʒə(r)]	experience	[ɪkˈspɪriəns]
supply	[səˈplaɪ]	understanding	[ˌʌndərˈstændɪŋ]

영 7-2

(3) 강세와 억양(Accent & Intonation)

key word에 주의하여 방송문을 읽어 봅시다.

안내 말씀 드리겠습니다.

A. 온도 조절 장치의 이상으로/ 기내가 (몹시) 덥습니다(춥습니다).
B. 비디오(오디오) 시스템의 이상으로/ 영상물(운항정보/음악)을 감상하실 수 없게 되었습니다.
C. (일부) 좌석 설비의 이상으로/ 독서등(승무원 호출버튼)을 사용하실 수 없게 되었습니다.
D. 기내 급수 장치의 이상으로/ 따뜻한 음료를 드리지 못하게 되었습니다.
E. 기내 조명 장치의 이상으로/ 밝기 조절을 할 수 없게 되었습니다.

이 점√ 널리 양해해 주시기 바랍니다.
도움이 필요하신 분은/ 저희 승무원에게 말씀해 주시면 정성껏 도와드리겠습니다.

- 적색으로 표시된 핵심단어(key word)들을 먼저 읽어 보십시오.
- ⌒ 표시가 있는 단어들을 높이로 두드러지게 표현해 보십시오.
- 수식어의 역할을 하는 형용사나 부사는 감정을 넣어 높게 읽으십시오.
  예) 몹시, 일부, 따뜻한, 널리, 정성껏

Ladies and gentlemen,// due to a problem with

A. the temperature control system,/ the cabin is hotter(colder) than normal√ at the moment.

B. the video(audio) system,/ we are unable to present the in-flight movie (flight information/music/news).

C. some in-seat service units,/ some passenger will be unable to use the reading lights(call button).

D. the water supply system,/ we are unable to provide hot water√ at the moment.

E. the cabin light control system,/ we are unable to change the brightness of the cabin lights.

We regret any inconvenience/ that you may experience√ at this time.
Thank you for your understanding.

- 적색으로 표시된 핵심단어(key word)들을 먼저 읽어 보십시오.
- ⌒ 표시가 있는 단어들을 높이로 두드러지게 표현해 보십시오.
- 문장의 끝 단어는 강음절에 악센트를 주어 잘 들리도록 하고, 문장 끝의 억양은 반드시 하강어조를 사용하여 끝을 완전히 내리십시오.

실/전/연/습 Actual Practice

■ 다음 방송문을 녹음하여 들어 보십시오.

안내 말씀 드리겠습니다.
비디오 시스템의 이상으로 영상물을 감상하실 수 없게 되었습니다.
이 점 널리 양해해 주시기 바랍니다.
도움이 필요하신 분은 저희 승무원에게 말씀해 주시면 정성껏 도와드리겠습니다.

장음

안:내
말:씀
이:상
없:게

Ladies and gentlemen,
due to a problem with the video system,
we are unable to present the in-flight movie.
We regret any inconvenience that you may experience at this time.
Thank you for your understanding.

발음

present [prɪˈzent]
regret [rɪˈgret]
inconvenience [ˌɪnkənˈviːniəns]
experience [ɪkˈspɪriəns]
understanding [ˌʌndərˈstændɪŋ]

참고

❖ Cabin High Temperature

■ 다음 방송문을 듣고 앞의 방송문의 상황과 비교하여 어떤 차이가 있는지 이야기해 보십시오.

안내 말씀 드리겠습니다.
지금, 기내가 몹시 덥습니다.
하지만 이륙을 하면/ 곧 적정 온도에 도달하게 됩니다.
잠시만 기다려 주시기 바랍니다.

참고 3-1

Ladies and gentlemen.
The uncomfortable cabin temperature will be adjusted/
as the conditioning system operates after take-off.
Thank you for your patience.

참고 3-2

2. 화장실 고장 Lavatory Breakdown

모델보이스를 들어 보십시오.

안내 말씀 드리겠습니다.
지금 이 비행기의 일부 화장실을 사용하실 수 없게 됐습니다.
앞쪽(중간/뒤쪽)에 앉으신 손님께서는 뒤쪽(앞쪽/중간)의 화장실을 이용해 주시기 바랍니다.
손님 여러분의 양해를 바랍니다.

한 7-2

Ladies and gentlemen,
we would like to inform you that the lavatory located in the front(middle/back) of the cabin are currently out of service.
Please use the lavatory in the back(front/middle) of the cabin.
Thank you for your understanding.

영 7-3

1) 방송 연습

(1) 끊어 읽기(Pause)

표시된 대로 끊어 읽기에 주의하여 방송문을 읽어 봅시다.

안내 말씀 드리겠습니다.
지금√ 이 비행기의 일부 화장실을 사용하실 수 없게 됐습니다.
앞쪽(중간/뒤쪽)에 앉으신 손님께서는/ 뒤쪽(앞쪽/중간)의 화장실을 이용해 주시기 바랍니다.
손님 여러분의 양해를 바랍니다.

Ladies and gentlemen,
we would like to inform you/ that the lavatory located in the front(middle/back) of the cabin/ are currently out of service.
Please use the lavatory√ in the back(front/middle) of the cabin.
Thank you for your understanding.

(2) 발음(Pronunciation)

적색으로 표시된 장음 발음에 유의하여 방송문을 읽어 봅시다.

안내 말씀 드리겠습니다.
지금√ 이 비행기의 일부 화장실을 사용하실 수 없게 됐습니다.
앞쪽(중간/뒤쪽)에 앉으신 손님께서는/ 뒤쪽(앞쪽/중간)의 화장실을 이용해 주시기 바랍니다.
손님 여러분의 양해를 바랍니다.

- '비행기의', '앞쪽(중간/뒤쪽)의', '손님 여러분의'에서 [의]가 조사이므로 [에]로 읽습니다.
- '화장실'이 '하장실'로 소리 나지 않도록 이중모음 [화]를 정확히 발음하십시오.
- '비행기', '이용해', '양해'의 [ㅎ]이 [ㅇ]으로 소리 나지 않도록 정확히 발음하십시오.

발음 기호를 보면서 단어를 따라 발음해 봅시다.

lavatory	[ˈlævətɔ:ri]	currently	[ˈkɜ:rəntli]
located	[ˈloʊkeɪtɪd]	understanding	[ˌʌndərˈstændɪŋ]

영 7-4

(3) 강세와 억양(Accent & Intonation)

key word에 주의하여 방송문을 읽어 봅시다.

안내 말씀 드리겠습니다.
지금√ 이 비행기의 일부 화장실을 사용하실 수 없게 됐습니다.
앞쪽(중간/뒤쪽)에 앉으신 손님께서는/ 뒤쪽(앞쪽/중간)의 화장실을 이용해 주시기 바랍니다.
손님 여러분의 양해를 바랍니다.

Ladies and gentlemen,
we would like to inform you/ that the lavatory located in the front(middle/back) of the cabin/ are currently out of service.
Please use the lavatory√ in the back(front/middle) of the cabin.
Thank you for your understanding.

- 적색으로 표시된 핵심단어(key word)들을 먼저 읽어 보십시오.
- ⌒ 표시가 있는 단어들을 높이로 두드러지게 표현해 보십시오.
- 영어의 경우, 문장의 끝 단어는 강음절의 악센트를 반드시 지켜 잘 들리게 발음하고, 문장 끝의 억양은 반드시 하강어조를 사용하여 끝을 내리십시오.

실/전/연/습 Actual Practice

■ 다음 방송문을 녹음하여 들어 보십시오.

안내 말씀 드리겠습니다.
지금 이 비행기의 일부 화장실을 사용하실 수 없게 됐습니다.
앞쪽(중간/뒤쪽)에 앉으신 손님께서는 뒤쪽(앞쪽/중간)의 화장실을 이용허 주시기 바랍니다.
손님 여러분의 양해를 바랍니다.

장음

안:내
말:씀
사:용
없:게
뒤:쪽
이:용

Ladies and gentlemen,
we would like to inform you that the lavatory located in the middle of the cabin are currently out of service.
Please use the lavatory in the back of the cabin.
Thank you for your understanding.

발음

lavatory [ˈlævətɔːri]
located [ˈloʊkeɪtɪd]
currently [ˈkɜːrəntli]
understanding [ˌʌndərˈstændɪŋ]

3. 탑재물품 부족 Lack of Loaded Items

모델보이스를 들어 보십시오.

손님 여러분,
지금 비행기에 입국카드(세관신고서/면세품용 쇼핑백)이 부족합니다.
(공항명)에 도착하여 바로 드리겠습니다.
손님 여러분의 양해를 바랍니다.

한 7-3

Ladies and gentlemen,
due to an insufficient supply of entry card(customs form/shopping bag) on board, our ground staff will distribute them upon your arrival at (공항명).
Thank you for your kind understanding.

영 7-5

1) 방송 연습

(1) 끊어 읽기(Pause)

표시된 대로 끊어 읽기에 주의하여 방송문을 읽어 봅시다.

손님 여러분,
지금√ 비행기에 입국카드(세관신고서/면세품용 쇼핑백)이 부족합니다.
(공항명)에 도착하여 바로 드리겠습니다.
손님 여러분의 양해를 바랍니다.

Ladies and gentlemen,
due to an insufficient supply of entry card(customs form/shopping bag) on board, our ground staff will distribute them/ upon your arrival√ at (공항명).
Thank you for your kind understanding.

(2) 발음(Pronunciation)

적색으로 표시된 장음 발음에 유의하여 방송문을 읽어 봅시다.

손님 여러분,
지금√ 비행기에 입국카드(세관신고서/면세품용 쇼핑백)이 부족합니다.
(공항명)에 도착하여 바로 드리겠습니다.
손님 여러분의 양해를 바랍니다.

- '손님 여러분의'는 [의]가 조사이므로 [에]로 발음합니다.

발음 기호를 보면서 단어를 따라 발음해 봅시다.

insufficient	[ˌɪnsəˈfɪʃnt]	board	[bɔːrd]
supply	[səˈplaɪ]	staff	[stæf]
customs	[ˈkʌstəmz]	distribute	[dɪˈstrɪbjuːt]
form	[fɔːrm]	arrival	[əˈraɪvl]

영 7-6

(3) 강세와 억양(Accent & Intonation)

key word에 주의하여 방송문을 읽어 봅시다.

손님 여러분,
지금√ 비행기에 입국카드(세관신고서/면세품용 쇼핑백)이 부족합니다.
(공항명)에 도착하여 바로 드리겠습니다.
손님 여러분의 양해를 바랍니다.

Ladies and gentlemen,
due to an insufficient supply of entry card(customs form/ shopping bag) on board, our ground staff will distribute them/ upon your arrival√ at (공항명).
Thank you for your kind understanding.

- 적색으로 표시된 핵심단어(key word)들을 먼저 읽어 보십시오.

- 표시가 있는 단어들을 높이로 두드러지게 표현해 보십시오.

- 영어 문장의 끝 단어는 강음절의 악센트를 반드시 지켜 잘 들리게 발음하고, 문장의 끝에서는 반드시 하강어조를 사용하여 끝을 내리십시오.

- 'insufficient supply'나 'ground staff'와 같은 복합어는 핵심단어(key word) 앞에서 수식어의 역할을 하는 'insufficient', 'ground'를 더 높여 읽으십시오.
  예) **entry** card, **customs** form, **shoppin**g bag, **kind** understanding

실/전/연/습 Actual Practice

■ 다음 방송문을 녹음하여 들어 보십시오.

손님 여러분,
지금 비행기에 세관신고서가 부족합니다.
(인천) 국제공항에 도착하여 바로 드리겠습니다.
손님 여러분의 양해를 바랍니다.

장음

세:관
도:착

Ladies and gentlemen,
due to an insufficient supply of customs form on board, our ground staff will distribute them upon your arrival at (Incheon) international airport.
Thank you for your kind understanding.

발음

insufficient [ˌɪnsəˈfɪʃnt]
supply [səˈplaɪ]
customs [ˈkʌstəmz]
form [fɔːrm]
board [bɔːrd]
staff [stæf]
distribute [dɪˈstrɪbjuːt]
arrival [əˈraɪvl]

4. 기내판매 미실시 No In-flight Sales

모델보이스를 들어 보십시오.

손님 여러분,
오늘 비행 시간이 짧아 면세품을 (충분히) 판매하지 못했습니다.
이 점 널리 양해해 주시기 바랍니다.
다음 기회에는 더욱 알찬 서비스로 여러분을 모실 것을 약속드리겠습니다.

한 7-4

Ladies and gentlemen,
we were unable to afford (enough) duty-free sales due to limited flight time.
We ask you for your kind understanding.

영 7-7

1) 방송 연습

(1) 끊어 읽기(Pause)

표시된 대로 끊어 읽기에 주의하여 방송문을 읽어 봅시다.

손님 여러분,
오늘√ 비행 시간이 짧아/ 면세품을 (충분히) 판매하지 못했습니다.
이 점√ 널리 양해해 주시기 바랍니다.
다음 기회에는/ 더욱 알찬 서비스로√ 여러분을 모실 것을 약속드리겠습니다.

> Ladies and gentlemen,
> we were unable to afford (enough) duty-free sales/ due to limited flight time.
> We ask you for your kind understanding.

- 숨이 차지 않도록 단어 5~6개 정도의 길이로 적당히 끊어 읽으십시오.

- 문장이 긴 경우에는 내용을 파악하여 미리 끊어 읽을 곳을 표시하는 것이 중요합니다. 단문(주어+술어)에서는 절이나 구 앞에서 끊어 읽기를 하고, 2개 이상의 단문으로 된 복문에서는 문장과 문장을 이어주는 접속사나 관계대명사 앞에서 끊어 읽으십시오.

(2) 발음(Pronunciation)

적색으로 표시된 장음 발음에 유의하여 방송문을 읽어 봅시다.

> 손님 여러분,
> 오늘√ 비행 시간이 짧아/ 면세품을 (충분히) 판매하지 못했습니다.
> 이 점√ 널리 양해해 주시기 바랍니다.
> 다음 기회에는/ 더욱 알찬 서비스로√ 여러분을 모실 것을 약속드리겠습니다.

- '비행 시간', '양해해', '기회에는'에서 [ㅎ]이 [ㅇ]으로 소리 나지 않도록 정확히 발음하십시오.

- '기회'는 [기해]로 소리 나지 않도록 단모음 [외]의 발음에 주의하십시오.

발음 기호를 보면서 단어를 따라 발음해 봅시다.

unable	[ʌn'eɪbl]	afford	[ə'fɔːrd]
enough	[ɪ'nʌf]	limited	['lɪmɪtɪd]

영 7-8

- 'We ask you for your kind understanding'에서 'ask you', 'kind understanding'은 연음으로 발음하십시오.

(3) 강세와 억양(Accent & Intonation)

key word에 주의하여 방송문을 읽어 봅시다.

손님 여러분,
오늘√ 비행 시간이 짧아/ 면세품을 (충분히) 판매하지 못했습니다.
이 점√ 널리 양해해 주시기 바랍니다.
다음 기회에는/ 더욱 알찬 서비스로√ 여러분을 모실 것을 약속드리겠습니다.

Ladies and gentlemen,
we were unable to afford (enough) duty-free sales/ due to limited flight time.
We ask you for your kind understanding.

- 적색으로 표시된 핵심단어(key word)들을 먼저 읽어 보십시오.

- ⌒ 표시가 있는 단어들을 높이로 두드러지게 표현해 보십시오.

• '충분히', '널리', '더욱'과 같은 부사는 높이를 주어 뒤의 동사와 자연스럽게 연결시켜 읽으십시오.

• 'sales', ' time', 'understanding'과 같은 문장의 마지막 단어는 악센트를 반드시 지켜 잘 들리게 발음하고, 문장의 끝에서는 반드시 하강 어조를 사용하십시오.

• 'duty free sales'나 'flight time'과 같은 복합어는 핵심단어(key word)인 'sales', 'time' 앞에서 수식어의 역할을 하는 'duty free', 'flight'을 좀더 높게 읽으십시오.
또 이들 단어를 꾸며 주는 'enough'와 'limited'도 연결하여 한 단어처럼 자연스럽게 붙여 읽습니다.
예) enough duty-free sales, limited flight time

실/전/연/습 Actual Practice

■ 다음 방송문을 녹음하여 들어 보십시오.

손님 여러분,
오늘 비행 시간이 짧아 면세품을 충분히 판매하지 못했습니다.
이 점 널리 양해해 주시기 바랍니다.
다음 기회에는 더욱 알찬 서비스로 여러분을 모실 것을 약속드리겠습니다.

장음

면:세품
모:실 것을

Ladies and gentlemen,
we were unable to afford enough duty-free sales due to limited flight time.
We ask you for your kind understanding.

발음

unable [ʌnˈeɪbl]
enough [ɪˈnʌf]
afford [əˈfɔːrd]
limited [ˈlɪmɪtɪd]

Worksheet

1. 기내판매 중인 상황에 알맞은 **Turbulence** 방송문을 한국어와 영어로 적어 보십시오.

상황 ❶

비행기가 갑자기 흔들리며 좌석벨트 사인이 켜졌습니다.

상황 ❷

좌석벨트 사인이 켜져 있는 상태로 비행기가 계속 흔들립니다.

화장실을 가려고 좌석에서 일어나는 승객이 여러 명 보입니다.

Worksheet

2. 식사 서비스 중인 상황에 알맞은 Turbulence 방송문을 한국어와 영어로 적어 보십시오.

상황 ❶

갑자기 좌석벨트 사인이 켜지며 비행기가 심하게 흔들립니다.

사무장의 지시에 따라 식사 서비스를 일시 중단합니다.

(Turbulence와 이로 인한 서비스 제한 안내방송을 함께 실시합니다.)

상황 ❷

좌석벨트 사인이 꺼지고, Turbulence 상황이 호전되었습니다.

사무장의 지시에 따라 식사 서비스를 다시 시작합니다.

참고

❖ Turbulence로 인한 서비스 제한 안내방송

Turbulence로 인한 서비스 제한 안내방송은 Turbulence 1, 2차 방송에 이어 실시합니다. 즉, 서비스 도중 Turbulence가 발생하였다면 객실사무장은 Turbulence 방송을 한 다음, 승객의 안전을 위해 기장에게 객실 상황을 전달한 후 필요 시 뜨거운 음료 제공 불가, 서비스 일시 중단, 서비스 미실시 등의 방송을 추가로 실시할 수 있습니다. 서비스를 중단한 경우에는 상황이 호전되는 대로 서비스 재개 시 안내방송을 해야 합니다.

▶ Hot Beverage 제공 불가 시

(손님 여러분,) 잠시 뜨거운 음료 서비스를 중단하겠습니다.
기류가 안정되는 대로 뜨거운 음료 서비스를 다시 시작하겠으니/ 양해 해 주시기 바랍니다.

참고 4-1

(Ladies and gentlemen,)
we will resume service of hot beverages/ when conditions improve.
Thank you for your understanding.

참고 4-2

▶ 서비스 일시 중단

또한, 지금 비행기가 심하게 흔들리고 있어/ 식사(음료) 서비스를 잠시 중단하겠습니다.
이 점 양해해 주시기 바랍니다.

참고 4-3

We will continue serving meals(beverages)/ as soon as the turbulence is over.
Thank you for your understanding.

참고 4-4

▶ 서비스 미실시

또한 오랫동안 비행기가 계속해서 흔들릴 것으로 예상돼/ 식사(음료) 서비스를 할 수 없게 됐습니다.
이 점 널리 양해해 주시기 바랍니다.

참고 4-5

We are continuing to experience turbulence/ and are unable to serve meals(beverages) at this time.
We ask for your understanding.

참고 4-6

▶ 서비스 재개 시

손님 여러분,
기류 변화로 인해 비행기가 (다소, 많이) 흔들렸습니다.
하지만 지금은 기류의 영향권에서 벗어나 정상 운항하고 있습니다.
곧 식사(음료)를 드리겠습니다.

참고 4-7

Ladies and gentlemen,
we will now resume our meal(beverage) service.
Thank you for your patience/ and please enjoy the rest of the flight.

참고 4-8

4 비상상황 안내방송 Emergency Situation

방송개요 및 유의사항

1. 방송 시점
   - 사안 발생시
   - 상황 파악 및 기장에게 보고 후
2. 방송 내용
   - 비정상 상황 발생
   - 승객 협조 사항
3. 특징
   - 차분하고 분명한 어조로
   - 정확한 용어로 신속하게 실시

비상상황은 비정상 상황 중 승무원의 상황 판단과 대처능력을 가장 필요로 하는 긴급한 상황입니다. 승객의 안전을 최우선으로 승객의 궁금증과 불안감을 해소하고 쾌적하고 편안한 비행을 할 수 있도록 신속하고 적절하게 방송을 실시해야 합니다.

또, 비행 중 객실에서 발생하는 다양한 형태의 비정상 상황은 자칫 비상상황으로 악화될 수 있으므로 승무원들의 사전예방 활동은 물론 상황 발생 시 신속하고 정확한 초기 대응이 무엇보다 중요합니다. 따라서 각 항공사에서는 비정상 상황에 대한 각각의 대응 절차를 마련하고 평상시 교육훈련을 통해 승무원들의 업무 숙련도를 향상시키기 위해 부단히 노력하고 있습니다.

객실사무장은 비정상 상황 발생 시 기장으로부터 상세한 정보를 받아 정확한 용어로 적시에 방송을 실시해야 합니다. 위급상황에서의 안내방송은 보다 정확하고 꼼꼼한 태도와 정중하면서도 단호한 어조가 요구됩니다.

비상상황 안내방송 기본원칙

- 모든 승객이 알아듣기에 적절한 크기의 분명한 목소리
- 신뢰감을 줄 수 있는 정중하면서도 단호한 어조
- 급히 서두르는 느낌이 들지 않는 적당한 속도
- 한국어와 영어로만 실시

지금부터, 비정상 상황 중에서 비교적 발생빈도가 많고 비상상황으로 발전할 수 있는 위중한 사안인 '응급환자', '기내 화재', '기내난동승객' 발생 시의 안내방송을 차례로 학습해 보겠습니다.

1. 응급환자 Doctor Paging

모델보이스를 들어 보십시오.

안내 말씀 드리겠습니다.
지금 기내에 응급환자가 발생했습니다.
손님 중에 의사선생님이 계시면
저희 승무원에게 말씀해 주십시오.

한 8-1

Ladies and gentlemen,
we have a passenger in need of emergency medical care.
If there is a medical doctor on board, please contact one of our crew.

영 8-1

1) 방송 연습

(1) 끊어 읽기(Pause)

표시된 대로 끊어 읽기에 주의하여 방송문을 읽어 봅시다.

안내 말씀 드리겠습니다.
지금 기내에 응급환자가 발생했습니다.
손님 중에 의사선생님이 계시면/
저희 승무원에게 말씀해 주십시오.

Ladies and gentlemen,
we have a passenger/ in need of emergency medical care.
If there is a medical doctor on board, please contact one of our crew.

(2) 발음(Pronunciation)

장음과 이중모음, [ㅎ]발음에 유의하여 방송문을 읽어 봅시다.

안내 말씀 드리겠습니다.
지금 기내에 응급환자가 발생했습니다.
손님 중에 의사선생님이 계시면/
저희 승무원에게 말씀해 주십시오.

- 적색으로 표시된 장음과 '환자', '계시면', '승무원', '응급환자'의 이중모음 발음에 주의하십시오.
- [의]의 발음은 '의사'에서는 [의], '저희'에서는 [이]로 발음합니다.

발음 기호를 보면서 단어를 따라 발음해 봅시다.

ladies	[ˈleɪdiz]	medical	[ˈmedɪkl]
gentlemen	[ˈdʒentlmən]	care	[ker]
passenger	[ˈpæsɪndʒə(r)]	contact	[ˈkɑːntækt]
emergency	[iˈmɜːrdʒənsi]		

영 8-2

연음에 주의하여 방송문을 읽어 봅시다.

Ladies and gentlemen,
we have a passenger/ in need of emergency medical care.
If there is a medical doctor on board, please contact one of our crew.

(3) 강세와 억양(Accent & Intonation)

key word에 주의하여 방송문을 읽어 봅시다.

안내 말씀 드리겠습니다.
지금 기내에 응급환자가 발생했습니다.
손님 중에 의사선생님이 계시면/
저희 승무원에게 말씀해 주십시오.

Ladies and gentlemen,
we have a passenger/ in need of emergency medical care.
If there is a medical doctor on board, please contact one of our crew.

- 적색으로 표시된 핵심단어(key word)들을 읽어 보십시오.
- ⌒ 표시가 있는 핵심단어들을 높이로 두드러지게 강조해 보십시오.

실/전/연/습 Actual Practice

■ 다음 방송문을 녹음하여 들어 보십시오.

안내 말씀 드리겠습니다.
지금 기내에 응급환자가 발생했습니다.
손님 중에 의사선생님이 계시면
저희 승무원에게 말씀해 주십시오.

장음

안:내
말:씀
계:시면

Ladies and gentlemen,
we have a passenger in need of emergency medical care.
If there is a medical doctor on board,
please contact one of our crew.

발음

ladies [ˈleɪdiz]
gentlemen [ˈdʒentlmən]
passenger [ˈpæsɪndʒə(r)]
emergency [iˈmɜːrdʒənsi]
medical [ˈmedɪkl]
care [ker]
contact [ˈkɑːntækt]

2. 기내 화재 Cabin Fire

모델보이스를 들어 보십시오.

손님 여러분,
지금 비행기 내에 작은 화재가 발생하여 저희 승무원들이 진압하고 있습니다.
저희 승무원들은 이런 경우에 대비하여 잘 훈련돼 있습니다.
손님 여러분께서는 동요하지 마시고 침착하게 승무원의 지시에 따라 주시기 바랍니다.

한 8-2

Ladies and gentlemen,
a minor fire has broken out in the cabin, but it is now under control.
Please do not be alarmed.
We ask you to please follow the instructions of our cabin crew, well trained for this type of situation.
Thank you for your cooperation.

영 8-3

1) 방송 연습

(1) 끊어 읽기(Pause)

표시된 대로 끊어 읽기에 주의하여 방송문을 읽어 봅시다.

손님 여러분,
지금 비행기 내에 작은 화재가 발생하여/ 저희 승무원들이 진압하고 있습니다.
저희 승무원들은/ 이런 경우에 대비하여 잘 훈련돼 있습니다.
손님 여러분께서는 동요하지 마시고/ 침착하게 승무원의 지시에 따라 주시기 바랍니다.

Ladies and gentlemen,
a minor fire has broken out/ in the cabin, but it is now under control.
Please do not be alarmed.
We ask you to please follow the instructions of our cabin crew, well trained for this type of situation.
Thank you for your cooperation.

(2) 발음(Pronunciation)

장음과 이중모음, [ㅎ]발음에 유의하여 방송문을 읽어 봅시다.

손님 여러분,
지금 비행기 내에 작은 화재가 발생하여/ 저희 승무원들이 진압하고 있습니다.
저희 승무원들은/ 이런 경우에 대비하여 잘 훈련돼 있습니다.
손님 여러분께서는 동요하지 마시고/ 침착하게 승무원의 지시에 따라 주시기 바랍니다.

- 적색으로 표시된 장음과 '승무원', '훈련'의 이중모음에 주의하고, [ㅎ]은 [ㅇ]으로 소리 나지 않도록 발음에 주의하십시오.

- 음운 현상에 주의하며 발음해 보십시오.
  예) 진압→[지납] ; 연음화, 훈련→[훌련] ; 유음화, 침착하게→[침차카게] ; 격음화

발음 기호를 보면서 단어를 따라 발음해 봅시다.

control	[kənˈtroʊl]
alarmed	[əˈlɑːrmd]
instructions	[ɪnˈstrʌkʃnz]
situation	[ˌsɪtʃuˈeɪʃn]
cooperation	[koʊˌɑːpəˈreɪʃn]

영 8-4

연음에 주의하여 방송문을 읽어 봅시다.

Ladies and gentlemen,
a minor fire has broken out/ in the cabin, but it is now under control.
Please do not be alarmed.
We ask you to please follow the instructions of our cabin crew, well trained for this type of situation.
Thank you for your cooperation.

(3) 강세와 억양(Accent & Intonation)

key word에 주의하여 방송문을 읽어 봅시다.

손님 여러분,
지금 비행기 내에 작은 화재가 발생하여/ 저희 승무원들이 진압하고 있습니다.
저희 승무원들은/ 이런 경우에 대비하여 잘 훈련돼 있습니다.
손님 여러분께서는 동요하지 마시고/ 침착하게 승무원의 지시에 따라 주시기 바랍니다.

Ladies and gentlemen,
a minor fire has broken out in the cabin, but it is now under control.
Please do not be alarmed.
We ask you to please follow the instructions of our cabin crew, well trained for this type of situation.
Thank you for your cooperation.

- 적색으로 표시된 핵심단어(key word)들을 읽어 보십시오.

- ⌒ 표시가 있는 핵심단어들을 높이로 두드러지게 강조해 보십시오.

실/전/연/습 Actual Practice

■ 다음 방송문을 녹음하여 들어 보십시오.

손님 여러분,
지금 비행기 내에 작은 화재가 발생하여 저희 승무원들이 진압하고 있습니다.
저희 승무원들은 이런 경우에 대비하여 잘 훈련돼 있습니다.
손님 여러분께서는 동요하지 마시고 침착하게 승무원의 지시에 따라 주시기 바랍니다.

장음

화:재
진:압
대:비
훈:련
동:요

Ladies and gentlemen,
a minor fire has broken out in the cabin, but it is now under control.
Please do not be alarmed.
We ask you to please follow the instructions of our cabin crew, well trained for this type of situation.
Thank you for your cooperation.

발음

control [kənˈtroʊl]
alarmed [əˈlɑːrmd]
instructions [ɪnˈstrʌkʃnz]
situation [ˌsɪtʃuˈeɪʃn]
cooperation [koʊˌɑːpəˈreɪʃn]

3. 기내난동승객 Unruly Passenger

모델보이스를 들어 보십시오.

손님 여러분,
저는 여러분을 모시고 가는 사무장입니다.
(잠시) 기내 소란이 있었던 점 양해하시기 바랍니다.
원만한 사태해결에 협조해 주신 손님 여러분께 다시 한번 감사를 드립니다.
저희 승무원들은 목적지까지 여러분의 편안한 여행을 위해 최선을 다하겠습니다.

한 8-3

Ladies and gentlemen,
this is the purser speaking.
There was an unexpected cabin disturbance caused by one of our passengers, but it is now under control.
Thank you for your understanding.

영 8-5

1) 방송 연습

(1) 끊어 읽기(Pause)

표시된 대로 끊어 읽기에 주의하여 방송문을 읽어 봅시다.

손님 여러분, 저는 여러분을 모시고 가는 사무장입니다.
(잠시) 기내 소란이 있었던 점/ 양해하시기 바랍니다.
원만한 사태해결에 협조해 주신 손님 여러분께/ 다시 한번 감사를 드립니다.
저희 승무원들은/ 목적지까지✓ 여러분의 편안한 여행을 위해 최선을 다하겠습니다.

Ladies and gentlemen,
this is the purser speaking.
There was an unexpected cabin disturbance/ caused by one of our passengers, but it is now under control.
Thank you for your understanding.

(2) 발음(Pronunciation)

장음과 이중모음, [ㅎ]발음에 유의하여 방송문을 읽어 봅시다.

손님 여러분, 저는 여러분을 모시고 가는 사무장입니다.
(잠시) 기내 소란이 있었던 점/ 양해하시기 바랍니다.
원만한 사태해결에 협조해 주신 손님 여러분께/ 다시 한번 감사를 드립니다.
저희 승무원들은/ 목적지까지√ 여러분의 편안한 여행을 위해 최선을 다하겠습니다.

발음 기호를 보면서 단어를 따라 발음해 봅시다.

unexpected	[ˌʌnɪkˈspektɪd]
disturbance	[dɪˈstɜːrbəns]
passenger	[ˈpæsɪndʒə(r)]
control	[kənˈtroʊl]
understanding	[ˌʌndərˈstændɪŋ]

영 8-6

연음에 주의하여 방송문을 읽어 봅시다.

Ladies and gentlemen,
this is the purser speaking.
There was an unexpected cabin disturbance/ caused by one of our passengers, but it is now under control.
Thank you for your understanding.

(3) 강세와 억양(Accent & Intonation)

key word에 주의하여 방송문을 읽어 봅시다.

손님 여러분, 저는 여러분을 모시고 가는 사무장입니다.
(잠시) 기내 소란이 있었던 점/ 양해하시기 바랍니다.
원만한 사태해결에 협조해 주신 손님 여러분께/ 다시 한번 감사를 드립니다.
저희 승무원들은/ 목적지까지 여러분의 편안한 여행을 위해 최선을 다하겠습니다.

Ladies and gentlemen,
this is the purser speaking.
There was an unexpected cabin disturbance/ caused by one of our passengers, but it is now under control.
Thank you for your understanding.

- 적색으로 표시된 핵심단어(key word)들을 읽어 보십시오.
- ⌒ 표시가 있는 핵심단어들을 높이로 두드러지게 강조해 보십시오.

- 핵심단어가 적절한 높이로 강조되면 우선 말이 잘 들리므로 말하고자 하는 내용을 효과적으로 전달할 수 있습니다. 또, 음폭이 넓어짐에 따라 발음도 용이해질 뿐 아니라 어조가 오르락내리락 하는 동안 자연스럽게 tone이 밝아져서 전체적으로 훨씬 더 활기차고 친절한 느낌의 방송을 할 수 있게 됩니다.

- 방송의 기술적인 면을 생각해 보면 무엇보다 말하는 억양과 적절한 감정표현이 중요하다고 할 수 있습니다. 따라서 '양해를 바랍니다', '다시 한번 감사를 드립니다', ' 저희 승무원들은 최선을 다하겠습니다'에서는 승객에게 감사 또는 사과의 뜻이 제대로 전달되도록 최대한 감정을 표현해 보십시오.

실/전/연/습 Actual Practice

■ 다음 방송문을 녹음하여 들어 보십시오.

손님 여러분,
저는 여러분을 모시고 가는 사무장입니다.
(잠시) 기내 소란이 있었던 점 양해하시기 바랍니다.
원만한 사태해결에 협조해 주신 손님 여러분께 다시 한번 감사를 드립니다.
저희 승무원들은 목적지까지 여러분의 편안한 여행을 위해 최선을 다하겠습니다.

장음

모:시고
해:결
감:사
최:선

Ladies and gentlemen,
this is the purser speaking.
There was an unexpected cabin disturbance caused by one of our passengers, but it is now under control.
Thank you for your understanding.

발음

disturbance [dɪˈstɜːrbəns]
unexpected [ˌʌnɪkˈspektɪd]
passenger [ˈpæsɪndʒə(r)]
control [kənˈtroʊl]
understanding [ˌʌndərˈstændɪŋ]

Worksheet

1. 끊어 읽기를 해야 할 곳을 표시해 보십시오.

손님 여러분, 지금 비행기 내에 작은 화재가 발생하여 저희 승무원들이 진압하고 있습니다. 저희 승무원들은 이런 경우에 대비하여 잘 훈련돼 있습니다. 손님 여러분께서는 동요하지 마시고 침착하게 승무원의 지시에 따라 주시기 바랍니다.

2. 장음인 글자를 동그라미로 표시해 보십시오.

지금 비행기 내에 작은 화재가 발생하여 저희 승무원들이 진압하고 있습니다. 저희 승무원들은 이런 경우에 대비하여 잘 훈련돼 있습니다.

원만한 사태 해결에 협조해 주신 손님 여러분께 다시 한번 감사를 드립니다. 저희 승무원들은 목적지까지 여러분의 편안한 여행을 위해 최선을 다하겠습니다.

3. 끊어 읽기를 해야 할 곳을 표시해 보십시오.

We have a passenger in need of emergency medical care. There was an unexpected cabin disturbance caused by one of our passengers, but it is now under control.

4. 연음(이어 읽기)을 해야 할 곳을 표시해 보십시오.

We ask you to please follow the instructions of our cabin crew, well trained for this type of situation. We have a passenger in need of emergency medical care.

5. 다음 문장의 억양을 **key word**에 유의하여 선으로 그려 보십시오.

A minor fire has broken out in the cabin, but now it is under control.

4. 회항 결정 후 안내 Diverting(Returning)

모델보이스를 들어 보십시오.

안내 말씀 드리겠습니다.
공항 관제탑으로부터 지금 _______ 공항에 안개가 너무 짙어(눈이 너무 많이 내려/비가 너무 많이 내려/바람이 너무 심하게 불어) 이착륙을 할 수 없다는 연락을 받았습니다.
손님 여러분의 안전을 위해 우리 비행기는

A. _______ 공항에 임시착륙할 예정입니다.
B. _______ 공항으로 되돌아갈 예정입니다.
C. 목적지를 변경해 _______ 공항에 착륙할 예정입니다.

기장의 연락에 따르면, 안전운항에는 전혀 지장이 없으며 공항에는 앞으로 약 _______분 후에 도착하겠습니다.
자세한 사항은 도착 후 다시 알려드리겠습니다.

한 8-4

Ladies and gentlemen,
due to poor weather conditions at _______ airport caused by dense fog (heavy snow/heavy rain/strong winds),

A. we will be landing at _______ airport.
B. we will be returning to _______ airport.
C. we will be diverting to _______ airport.

We will be landing in ____ minutes.
We will provide more information as soon as it becomes available.
Thank you for your understanding.

영 8-7

1) 방송 연습

(1) 끊어 읽기(Pause)

표시된 대로 끊어 읽기에 주의하여 방송문을 읽어 봅시다.

안내 말씀 드리겠습니다.
공항 관제탑으로부터√ 지금 _______ 공항에 안개가 너무 짙어(눈이 너무 많이 내려/비가 너무 많이 내려/바람이 너무 심하게 불어)/ 이착륙을 할 수 없다는 연락을 받았습니다.
손님 여러분의 안전을 위해/ 우리 비행기는

A. _______ 공항에 임시착륙할 예정입니다.
B. _______ 공항으로 되돌아갈 예정입니다.
C. 목적지를 변경해√ _______ 공항에 착륙할 예정입니다.

기장의 연락에 따르면, 안전운항에는 전혀 지장이 없으며/
공항에는/ 앞으로√ 약 _____분 후에 도착하겠습니다.
자세한 사항은/ 도착 후√ 다시 알려드리겠습니다.

Ladies and gentlemen,
due to poor weather conditions√ at ______ airport/ caused by dense fog (heavy snow/heavy rain/strong winds),

A. we will be landing at ________ airport.
B. we will be returning to ________ airport.
C. we will be diverting to ________ airport.

We will be landing in ____ minutes.
We will provide more information/ as soon as it becomes available.
Thank you for your understanding.

• 숨이 차지 않도록 단어 5~6개 정도의 길이로 적당히 끊어 읽고, 마침표나 쉼표와 같은 문장 부호가 있는 곳에서는 반드시 충분히 Pause를 두고 읽으십시오.

• '앞으로', '도착 후'는 '앞으로 약', '도착 후 다시'로 붙여 읽지 말고, 뒤에 오는 동사와 바르게 연결되도록 끊어 읽으십시오.

• 긴 문장의 경우에는 미리 끊어 읽을 곳을 파악하는 것이 중요합니다. 단문(주어+술어)에서는 절이나 구 앞에서 끊어 읽기를 하고, 2개 이상의 단문으로 된 복문에서는 문장과 문장을 이어주는 접속사나 관계대명사 앞에서 끊어 읽으십시오.

(2) 발음(Pronunciation)

적색으로 표시된 장음 발음에 유의하여 방송문을 읽어 봅시다.

안내 말씀 드리겠습니다.
공항 관제탑으로부터√ 지금 ________ 공항에 안개가 너무 짙어(눈이 너무 많이 내려/비가 너무 많이 내려/바람이 너무 심하게 불어)/ 이착륙을 할 수 없다는 연락을 받았습니다.
손님 여러분의 안전을 위해/ 우리 비행기는

A. ________ 공항에 임시착륙할 예정입니다.
B. ________ 공항으로 되돌아갈 예정입니다.
C. 목적지를 변경해√________ 공항에 착륙할 예정입니다.

기장의 연락에 따르면, 안전운항에는 전혀 지장이 없으며/
공항에는/ 앞으로√ 약 ______분 후에 도착하겠습니다.
자세한 사항은/ 도착 후√ 다시 알려드리겠습니다.

• '공항', '비행기', '운항', '사항', '전혀', '후' 등에서 [ㅎ]이 [ㅇ]으로 소리 나지 않도록 발음에 주의하십시오.

• '관제탑', '예정'이 '간제탑', '애정'으로 소리 나지 않도록 이중모음을 정확히 발음하십시오.

• '착륙할'은 '창뉴칼'로, '도착 후'는 '도차쿠'로 발음하십시오.

• '손님 여러분의', '기장의'에서 [의]는 [에]로 발음하십시오.

발음 기호를 보면서 단어를 따라 발음해 봅시다.

weather	[ˈweðə(r)]
caused	[kɔ́:zd]
landing	[ˈlændɪŋ]
returning	[rɪˈtɜ:rnɪŋ]
diverting	[daɪˈvɜ:rtɪŋ]

영 8-8

• 3인칭 단수나 복수의 발음을 빠뜨리지 않도록 정확히 발음하십시오.

예) conditions, strong winds, minutes, becomes

(3) 강세와 억양(Accent & Intonation)

key word에 주의하여 방송문을 읽어 봅시다.

안내 말씀 드리겠습니다.
공항 관제탑으로부터√ 지금 ______공항에 안개가 너무 짙어(눈이 너무 많이 내려/비가 너무 많이 내려/바람이 너무 심하게 불어)/ 이착륙을 할 수 없다는 연락을 받았습니다.
손님 여러분의 안전을 위해/ 우리 비행기는

A. ______공항에 임시착륙할 예정입니다.
B. ______공항으로 되돌아갈 예정입니다.
C. 목적지를 변경해√______공항에 착륙할 예정입니다.

기장의 연락에 따르면, 안전운항에는 전혀 지장이 없으며/
공항에는/ 앞으로√ 약 ______ 분 후에 도착하겠습니다.
자세한 사항은/ 도착 후√ 다시 알려드리겠습니다.

- 적색으로 표시된 핵심단어(key word)들을 읽어 보십시오.
- ⌒ 표시가 있는 핵심단어들을 높이로 두드러지게 강조해 보십시오.
- '너무', '전혀'와 같은 부사는 음을 높여 뒤의 동사와 자연스럽게 연결시켜 읽으십시오.
- (괄호) 안에 있는 말, 특히 공항경과 같은 고유명사나 숫자는 가장 중요한 정보이므로 반드시 높이로 강조하여 잘 들리도록 하십시오.

Ladies and gentlemen,

due to poor weather conditions√ at ______ airport/ caused by dense fog (heavy snow/heavy rain/strong winds),

A. we will be landing at ________ airport.
B. we will be returning to ________ airport.
C. we will be diverting to ________ airport.

We will be landing in ____ minutes.
We will provide more information/ as soon as it becomes available.
Thank you for your understanding.

- 'conditions', 'airport', 'fog', 'minutes', 'information', 'understanding'과 같은 문장의 마지막 단어는 악센트를 반드시 지켜 잘 들리게 발음하고, 문장의 끝에서는 반드시 하강 어조를 사용하십시오.

- 'weather conditions'나 'dense fog', 'heavy rain', 'strong winds' 등에서는 핵심단어 앞에서 수식어의 역할을 하는 'weather', 'dense', 'heavy', 'strong'을 좀더 높게 읽으십시오. 또, 'poor weather conditions'도 한 단어처럼 자연스럽게 붙여 읽습니다.

- (괄호) 안에 있는 말, 특히 공항명과 같은 고유명사나 숫자는 가장 중요한 정보이므로 반드시 높이로 강조하여 잘 들리도록 하십시오.

실/전/연/습 Actual Practice

■ 다음 방송문을 녹음하여 들어 보십시오.

안내 말씀 드리겠습니다.
공항 관제탑으로부터 지금 (인천)국제공항에 안개가 너무 짙어 이착륙을 할 수 없다는 연락을 받았습니다.
손님 여러분의 안전을 위해 우리 비행기는 목적지를 변경해 (서울 김포)국제공항에 임시착륙하겠습니다.
기장의 연락에 따르면, 안전운항에는 전혀 지장이 없으며 공항에는 앞으로 약 (40)분 후에 도착하겠습니다.
자세한 사항은 도착 후 다시 알려드리겠습니다.

장음

안:개
이:착륙
없:다
예:정
운:항
후:
도:착
사:항

Ladies and gentlemen,
due to poor weather conditions at (Incheon) international airport caused by dense fog, we will be diverting to (Seoul Kimpo) international airport.
We will be landing in (40) minutes.
We will provide more information as soon as it becomes available.
Thank you for your understanding.

발음

weather [ˈweðə(r)]
caused [kɔ́:zd]
landing [ˈlændɪŋ]
returning [rɪˈtɜ:rnɪŋ]
diverting [daɪˈvɜ:rtɪŋ]

Worksheet

1. 비행 중 응급환자가 발생한 상황에 알맞은 안내 방송문을 한국어와 영어로 적어 보십시오.

2. 긴급착륙을 안내하는 방송문을 아래 사유를 사용하여 한국어와 영어로 완성해 보십시오. 위급한 환자가 발생하여 앵커리지 국제공항에 임시착륙할 예정이며 착륙까지 남은 시간은 30분입니다.

• 사유: 기내에 응급환자가 생겨

due to a passenger who needs emergency medical care

5 비상사태 안내방송 Emergency Landing(Ditching)

©연합뉴스

방송개요 및 유의사항

1. **방송 시점**
   - 비상사태에 대한 기장과의 협의 및 승무원에게 상황 전파 후
2. **방송 내용**
   - 긴급 상황 안내
   - 승객 안정 유도
3. **특징**
   - 차분하고 분명한 어조로 긴장감 있게
   - 비상사태 유형과 잔여시간에 따라 방송문 구분

비상사태의 유형은 크게 비상착륙(Emergency Landing)과 비상착수(Emergency Ditching)로 나눠집니다. 항공기가 운항 중 또는 이 · 착륙 중 뜻하지 않은 비정상 상황을

만나게 되어 긴급히 육지에 착륙하는 것을 비상착륙이라 하고 육지에 착륙할 수 없는 상황에서 바다나 강, 호수 등에 착륙하는 것을 비상착수라고 합니다.

또, 비상착륙(수)은 준비된 비상착륙(수)과 준비되지 않은 비상착륙(수)의 두 가지 종류가 있습니다. 준비된 비상착륙(수)은 운항승무원, 객실승무원, 탑승객들이 비상착륙(수)에 대한 준비를 할 시간이 있는 경우로, 승무원들이 비상사태에 대비하여 객실을 준비하고 승객에게 안내방송을 통해 탈출을 위한 안전브리핑을 할 수 있다는 것을 의미합니다. 반면, 준비되지 않은 비상착륙(수)는 승무원에게 비상사태에 대비할 시간이 전혀 주어지지 않는 경우로, 이 · 착륙 시 제일 많이 발생하고 사전예고가 없는 경우가 일반적입니다.

비상사태의 유형과 착륙(수)까지의 잔여 시간에 따라 객실에서의 준비 사항이 달라지므로, 안내방송 또한 시간 여유가 있을 때와 시간이 없을 때로 구분하여 실시합니다.

1. 준비된 비상사태 Anticipated Emergency Landing(Ditching)

모델보이스를 들어 보십시오.

손님 여러분, 주목해 주십시오.
긴급사태가 발생했습니다.
이 비행기는 약 _____분 후에 비상착륙(수)하겠습니다.
저희 승무원들은 이러한 상황에 대비해 충분히 훈련을 받았습니다.
침착해 주시고 지금부터 객실승무원들의 지시에 따라 주십시오.

한 9-1

Ladies and gentlemen, we need your attention.
We will have to make an emergency landing(ditching) in about ______ minutes.
We are trained to handle this situation.
Remain calm and follow the instructions of your cabin crew.

영 9-1

1) 방송 연습

(1) 끊어 읽기(Pause)

표시된 대로 끊어 읽기에 주의하여 방송문을 읽어 봅시다.

손님 여러분, 주목해 주십시오.
긴급사태가 발생했습니다.
이 비행기는/ 약 ______분 후에√ 비상착륙(수)하겠습니다.
저희 승무원들은/ 이러한 상황에 대비해 충분히 훈련을 받았습니다.
침착해 주시고/ 지금부터√ 객실승무원들의 지시에 따라 주십시오.

Ladies and gentlemen, we need your attention.
We will have to make an emergency landing(ditching)/ in about ______ minutes.
We are trained to handle this situation.
Remain calm/ and follow the instructions of your cabin crew.

(2) 발음(Pronunciation)

장음과 이중모음, [ㅎ]발음에 유의하여 방송문을 읽어 봅시다.

손님 여러분, 주목해 주십시오.
긴급사태가 발생했습니다.
이 비행기는/ 약 ______분 후에√ 비상착륙(수)하겠습니다.
저희 승무원들은/ 이러한 상황에 대비해 충분히 훈련을 받았습니다.
침착해 주시고/ 지금부터√ 객실승무원들의 지시에 따라 주십시오.

발음 기호를 보면서 단어를 따라 발음해 봅시다.

ladies	[ˈleɪdiz]	ditching	[ˈdɪtʃɪŋ]
gentlemen	[ˈdʒentlmən]	situation	[ˌsɪtʃuˈeɪʃn]
attention	[əˈtenʃn]	remain	[rɪˈmeɪn]
landing	[ˈlændɪŋ]	instructions	[ɪnˈstrʌkʃnz]

영 9-2

연음에 주의하여 방송문을 읽어 봅시다.

Ladies and gentlemen, we need your attention.
We will have to make an emergency landing(ditching)/ in about ______ minutes.
We are trained to handle this situation.
Remain calm/ and follow the instructions of your cabin crew.

(3) 강세와 억양(Accent & Intonation)

key word에 주의하여 방송문을 읽어 봅시다.

손님 여러분, 주목해 주십시오.
긴급사태가 발생했습니다.
이 비행기는/ 약 ______분 후에√ 비상착륙(수)하겠습니다.
저희 승무원들은/ 이러한 상황에 대비해 충분히 훈련을 받았습니다.
침착해 주시고/ 지금부터√ 객실승무원들의 지시에 따라 주십시오.

Ladies and gentlemen, we need your attention.
We will have to make an emergency landing(ditching)/ in about ______ minutes.
We are trained to handle this situation.
Remain calm/ and follow the instructions of your cabin crew.

- 적색으로 표시된 핵심단어(key word)를 읽어 보십시오.
- 표시가 있는 핵심단어들을 높이로 두드러지게 강조해 보십시오.
- 신뢰감을 주기 위해 하강 어조를 사용합니다.

실/전/연/습 Actual Practice

■ 다음 방송문을 녹음하여 들어 보십시오.

손님 여러분, 주목해 주십시오.
긴급사태가 발생했습니다.
이 비행기는 약 ______분 후에 비상착륙(수)
하겠습니다.
저희 승무원들은 이러한 상황에 대비해 충분히 훈련을 받았습니다.
침착해 주시고 지금부터 객실승무원들의 지시에 따라 주십시오.

장음

주:목
후:
대:비
훈:련

Ladies and gentlemen, we need your attention.
We will have to make an emergency
landing(ditching) in about ______minutes.
We are trained to handle this situation.
Remain calm and follow the instructions of your cabin crew.

발음

attention [əˈtenʃn]
landing [ˈlændɪŋ]
ditching [ˈdɪtʃɪŋ]
gentlemen
[ˈdʒentlmən]
instructions
[ɪnˈstrʌkʃnz]
situation [ˌsɪtʃuˈeɪʃn]
remain [rɪˈmeɪn]

2. 시간이 없을 때 When No Time

모델보이스를 들어 보십시오.

긴급사태가 발생했습니다.
지금부터 긴급착륙(수)하겠습니다.
좌석벨트를 매십시오.
양팔을 엇갈리게 하여 앞 좌석 상단에 갖다 대십시오.
머리는 팔에 대십시오.

한 9-2

Attention!
This is an emergency landing(ditching).
Fasten your seatbelt.
Cross your arms and put them on top of your front seat.
Lean forward and put your head into your arms.

영 9-3

1) 방송 연습

(1) 끊어 읽기(Pause)

표시된 대로 끊어 읽기에 주의하여 방송문을 읽어 봅시다.

긴급사태가 발생했습니다.
지금부터 긴급착륙(수)하겠습니다.
좌석벨트를 매십시오.
양팔을 엇갈리게 하여/ 앞 좌석 상단에 갖다 대십시오.
머리는 팔에 대십시오.

Attention!
This is an emergency landing(ditching).
Fasten your seatbelt.
Cross your arms/ and put them on top of your front seat.
Lean forward/ and put your head into your arms.

(2) 발음(Pronunciation)

장음과 이중모음, [ㅎ]발음에 유의하여 방송문을 읽어 봅시다.

긴급사태가 발생했습니다.
지금부터 긴급착륙(수)하겠습니다.
좌석벨트를 매십시오.
양팔을 엇갈리게 하여/ 앞 좌석 상단에 갖다 대십시오.
머리는 팔에 대십시오.

발음 기호를 보면서 단어를 따라 발음해 봅시다.

attention	[əˈtenʃn]
emergency	[iˈmɜːrdʒənsi]
landing	[ˈlændɪŋ]
ditching	[ˈdɪtʃɪŋ]
lean	[liːn]
forward	[ˈfɔːrwərd]

영 9-4

연음에 주의하여 방송문을 읽어 봅시다.

Attention!
This is an emergency landing(ditching).
Fasten your seatbelt.
Cross your arms/ and put them on top of your front seat.
Lean forward/ and put your head into your arms.

(3) 강세와 억양(Accent & Intonation)

key word에 주의하여 방송문을 읽어 봅시다.

긴급사태가 발생했습니다.
지금부터 긴급착륙(수)하겠습니다.
좌석벨트를 매십시오.
양팔을 엇갈리게 하여/ 앞 좌석 상단에 갖다 대십시오.
머리는 팔에 대십시오.

Attention!
This is an emergency landing(ditching).
Fasten your seatbelt.
Cross your arms/ and put them on top of your front seat.
Lean forward/ and put your head into your arms.

- 적색으로 표시된 핵심단어(key word)를 읽어 보십시오.

- 표시가 있는 핵심단어들을 높이로 두드러지게 강조해 보십시오.

- 긴박한 상황이므로 분명하게 또박또박 발음하고, 짧은 문장이나 문장과 문장 사이는 끊어 읽어 전체적으로 속도가 빨라지지 않도록 합니다.

- 신뢰감을 주기 위해 하강 어조를 사용합니다.

실/전/연/습 Actual Practice

■ 다음 방송문을 녹음하여 들어 보십시오.

긴급사태가 발생했습니다.
지금부터 긴급착륙(수)하겠습니다.
좌석벨트를 매십시오.
양팔을 엇갈리게 하여 앞 좌석 상단에 갖다 대십시오.
머리는 팔에 대십시오.

장음

좌:석
상:단

Attention!
This is an emergency landing(ditching).
Fasten your seatbelt.
Cross your arms and put them on top of your front seat.
Lean forward and put your head into your arms.

발음

attention [ə'tenʃn]
emergency [i'mɜːrdʒənsi]
landing ['lændɪŋ]
ditching ['dɪtʃɪŋ]
lean [liːn]
forward ['fɔːrwərd]

Worksheet

1. 끊어 읽기를 해야 할 곳을 표시해 보십시오.

이 비행기는 약 20분 후에 비상착륙하겠습니다. 침착해주시고 지금부터 객실승무원의 지시에 따라 주십시오.

2. 장음인 글자를 동그라미로 표시해 보십시오.

손님 여러분, 주목해주십시오. 긴급사태가 발생했습니다.
이 비행기는 약 20분 후에 비상착륙하겠습니다.
저희 승무원들은 이러한 상황에 대비해 충분히 훈련을 받았습니다.

3. 끊어 읽기를 해야 할 곳을 표시해 보십시오.

We will have to make an emergency landing in about 30 minutes.
Lean forward and put your head into your arms.

4. 연음(이어 읽기)를 해야 할 곳을 표시해 보십시오.

We will have to make an emergency landing in about 30 minutes.
Lean forward and put your head into your arms.

참고

❖ 감압(Decompression) 발생 안내

항공기의 고도가 높아질수록 기압은 낮아지므로 높은 고도에서는 기내압력 조절장치를 작동시켜 기내압력을 높임으로써 인체가 지상처럼 활동하는 데 지장이 없도록 합니다. 감압(Decompression) 현상은 이러한 기내압력 조절 시스템의 오작동이나 항공기의 구조적 손상으로 인해 기내압력을 더 이상 유지할 수 없게 되는 것입니다.

감압이 발생하면 객실에 산소마스크가 떨어짐과 동시에 PRAM(Pre-Recorded Announcement Module)을 통해 감압 발생 안내방송이 자동으로 흘러나옵니다. 이때 모든 탑승자는 신속히 산소마스크를 착용해야 하며, 운항승무원은 산소마스크가 필요 없는 고도까지 최대한 빨리 항공기를 하강시켜야 합니다. 항공기가 정상적으로 호흡할 수 있는 고도인 3000m(10,000피트)에 도달하면 객실승무원은 운항승무원의 지시에 따라 산소마스크를 벗고 기내의 다른 사람을 도울 수 있습니다.

비상 강하 중!
벨트를 매고 마스크를 코와 입에 대십시오.

참고 5-1

Attention!
Emergency decent!
Fasten your seatbelt!
Put the mask on your nose and mouth!

참고 5-2

부록

공항 공식 명칭
Official Name of Airport

1. 국제 공항 International Airport

2. 국내 공항 Domestic Airport

(도시명) (공항명) International Airport

- 공항명의 3 Letter code를 기준으로 알파벳 순서로 정리하였습니다.
- 도시명과 공항명이 같은 경우, 공항명은 생략하였습니다.
- 한국어는 현지어 발음을 원칙으로 표기하였습니다.

1. 국제 공항

CODE	한국어	영어
AKL	오클랜드	AUCKLAND
AMS	암스테르담, 스키폴	AMSTERDAM, SCHIPOL
ANC	앵커리지, 테드 스티븐스	ANCHORAGE, TED STEVENS
AOJ	아오모리	AOMORI
ATL	애틀랜타, 하츠필드 잭슨 애틀랜타	ATLANTA, HARTSFIELD JACKSON ATLANTA
AXT	아키타	AKITA
BAH	바레인	BAHRAIN
BCN	바르셀로나, 엘프라트	BARCELONA, EL PRAT
BKI	코타키나발루	KOTAKINABALU
BKK	방콕, 스완나품	BANGKOK, SUVARNABHUMI
BNE	브리즈번	BRISBANE [brizbn]
BOM	뭄바이, 챠뜨라빠티 시와지	MUMBAI, CHATRAPATI SHIVAJI
BOS	보스턴, 로간	BOSTON, LOGAN
CAI	카이로	CAIRO
CAN	광저우, 바이윈	GUANGZHOU, BAI YUN
CDG	파리, 샤를 드 골	PARIS, CHARLES DE GAULLE
CEB	세부, 막탄 세부	CEBU, MACTAN CEBU
CGK	자카르카, 수카노 하타	JAKARTA, SOEKARNO HATTA
CGO	정저우	ZHENGZHOU

CODE	한국어	영어
CHC	크라이스트처치	CHRISTCHURCH
CMB	콜롬보, 반다라나이커	COLOMBO, BANDARANAIKE
CNS	케언스	CAIRNS
CNX	치앙마이	CHIANGMAI
CSX	창사, 후앙후아	CHANGSHA, HUANGHUA
CTS	삿포로, 신 치토세	SAPPORO, NEW CHITOSE
CTU	청두, 청두 쌍류	CHENGDU, CHEUNGDU SHUANGLIU
CXR	냐짱, 깜라인	NHA TRANG, CAM RANH
DAD	다낭	DA NANG
DEL	델리, 인디라 간디	DELHI, INDIRA GANDHI
DEN	덴버	DENVER
DFW	댈러스, 포트월스	DALLAS, FORT WORTH
DLC	다롄, 쪼우쑤이쯔	DALIAN, ZHOUSHUIZI
DPS	덴파사르 발리, 응우라라이	DENPASAR BALI, NGURAH RAI [ŋuːrarai]
DXB	두바이	DUBAI
EWR	뉴어크	NEWARK
FCO	로마, 피우치미노	ROME, FIUMICINO
FRA	프랑크푸르트	FRANKFURT
FSZ	시즈오카, 후지산 시즈오카	SHIZUOKA, Mt. FUJI SHIZUOKA
FUK	후쿠오카	FUKUOKA
GRU	상파울루, 과루료스	SAO PAULO, GUARULHOS
GUM	괌	GUAM
HAN	하노이, 노이바이	HANOI, NOI BAI
HFE	허페이, 신치아노	HEFEI, XINQIAO
HGH	항저우, 샤오산	HANGZHOU, XIAOSHAN
HIJ	히로시마	HIROSHIMA
HKD	하코다테	HAKODATE
HKG	홍콩	HONGKONG

CODE	한국어	영어
HKT	푸껫	PHUKET
HNA	하나마키, 이와테 하나마키	HANAMAKI, IWATE HANAMAKI
HND	도쿄, 하네다	TOKYO HANEDA
HNL	호놀룰루, 다니엘 케이 이노우에	HONOLULU DANIEL K. INOUYE
IAD	워싱턴 디씨, 덜레스	WASHINGTON D.C DULLES
IAH	휴스톤, 조지 부쉬 인터콘티넨탈	HOUSTON, GEORGE BUSH INTERCONTINENTAL
IKT	이르쿠츠크	IRKUTSK
IST	이스탄불, 아타튀르크	ISTANBUL, ATATURUK
JED	제다, 킹 압둘아지즈	JEDDAH, KING ABDUL AZIZ
JFK	뉴욕, 존 에프 케네디	NEW YORK, JOHN F. KENNEDY
KIJ	니가타	NIGATA
KIX	오사카, 간사이	OSAKA, KANSAI
KMG	쿤밍, 창쉐이	KUNMING, CHANGSHUI
KMQ	고마쓰	KOMATSU
KOJ	가고시마	KAGOSHIMA
KTM	카트만두, 트리부반	KATHMANDU, TRIBHUVAN
KUL	쿠알라룸푸르	KUALA LUMPUR
KWE	구이양, 롱동바오	GUIYANG, LONGDONGBAO
LAS	라스베이거스, 맥캐런	LAS VEGAS, MC CARRAN
LAX	로스앤젤레스	LOS ANGELES
LED	상트페테르부르크, 풀코보	ST. PETERSBURG, PULKOVO
LGW	런던, 개트윅	LONDON, GATWICK
LHR	런던, 히드로	LONDON, HEATHROW
MAD	마드리드, 바라하스	MADRID, BARAJAS [bara:has]
MDG	무단장, 하이랑	MUDANJIANG, HAILANG
MEL	멜버른	MELBOURNE
MLE	말레, 벨라나	MALE, VELANA
MNL	마닐라, 니노이 아키노	MANILA, NINOY AQUINO

CODE	한국어	영어
MUC	뮌헨, 프란츠 요제프 스트라우스	MUNICH [mjú:nik], FRANZ JOSEF STRAUSS
MXP	밀라노, 말펜사	MILAN, MALPENSA
NAN	난디	NADI
NBO	나이로비, 조모 케냐타	NAIROBI, JOMO KENYATTA
NGO	나고야, 주부	NAGOYA, CENTRAL JAPAN
NGS	나가사키	NAGASAKI
NKG	난징, 루커우	NANJING, LUKOU
NRT	도쿄, 나리타	TOKYO, NARITA
OIT	오이타	OITA
OKA	오키나와, 나하	OKINAWA, NAHA
ORD	시카고, 오헤어	CHICAGO, O'HARE
PEK	베이징, 소우뚜	BEIJING, CAPITAL
PEN	페낭	PENANG
PNH	프놈펜	PHNUMPANH
PRG	프라하, 바츨라프 하벨	PRAGUE [prɑ:g], VACLAV HAVEL
PVG	상하이, 푸동	SHANGHAI, PUDONG
REP	시엠립	SIEM REAP
RGN	양곤	YANGON
ROR	코로르, 팔라우	KOROR, PALAU
RUH	리야드, 킹 칼리드	RIYADH, KING KHALED
SDJ	센다이	SENDAI
SEA	시애틀, 타코마	SEATTLE, TACOMA
SFO	샌프란시스코	SAN FRANCISCO
SGN	호찌민, 탄손넛	HOCHIMINH, TANSONNHAT
SHA	상하이, 홍차오	SHANGHAI, HONGGIAO
SHE	선양, 타오쎈	SHENYANG, TAOXIAN
SIA	시안, 쎈양	SIAN, XIANYANG
SIN	싱가포르, 창이	SINGAPORE, CHANGI

CODE	한국어	영어
SPN	사이판	SAIPAN
SVO	모스크바, 쉐레메트예보	MOSCOW, SHEREMETYEVO
SYD	시드니, 킹스폴드 스미스	SYDNEY, KINGSFORD SMITH
SYX	싼야, 펑황	SANYA, FENGHUANG
SZX	선전, 바오안	SHENZHEN, BAOAN
TAO	칭다오, 류팅	QINGDAO, LIUTING
TAS	타슈켄트,이슬람 카리모프 타슈켄트	TASHKENT, ISLAM KARIMOV TASHKENT
TLV	텔아비브, 벤 구리온	TEL AVIV, BEN GURION
TNA	지난, 야오창	JINAN, YAOQIANG
TPE	타이베이, 타이완 타오유엔	TAIPEI, TAIWAN TAOYUAN
TSN	텐진, 빈하이	TIANJIN, BINHAI
TXN	황상, 툰시	HUANGSHAN , TUNXI
ULN	울란바타르, 칭기스칸	ULAANBAATAR, CHINGGIS KHAAN
URC	우루무치, 디워푸	URUMQI, DIWOPU
UTP	파타야, 우타파오	PATTAYA, U-TAPAO
VIE	비엔나	VIENNA
VVO	블라디보스토크	VLADIVOSTOK
WEH	웨이하이	WEIHAI
WUH	우한, 텐허	WUHAN, TIANHE
XIY	시안, 시엔양	XIAN, XIANYANG
XMN	샤먼, 까오치	XIAMEN, GAOQI
YNJ	옌지	YANJI
YNT	옌타이	YANTAI
YVR	밴쿠버	VANCOUVER
YYZ	토론토, 레스터 비 피어슨	TORONTO, LESTER B. PEARSON
ZRH	취리히	ZURICH

2. 국내 공항

CODE	한국어	영어
CJJ	청주	CHEONGJU
CJU	제주	JEJU
GMP	서울, 김포	SEOUL, GIMPO
HIN	진주, 사천	JINJU, SACHEON
ICN	인천	INCHEON
KPO	포항	POHANG
KUV	군산	GUNSAN
KWJ	광주	GWANGJU
MWX	무안	MUAN
PUS	부산, 김해	BUSAN, GIMHAE
RSU	여수	YEOSU
TAE	대구	DAEGU
USN	울산	ULSAN
WJU	원주	WONJU
YNY	양양	YANGYANG

• 포항, 군산, 광주, 여수, 울산, 원주공항은 국제공항이 아니므로 공식 명칭은 **(도시명)+공항**으로 읽습니다.

참고문헌

1. 강범모, 언어, 풀어 쓴 언어학 개론, 한국문화사, 1991

2. 권성미, 한국어 발음교육론, 한글파크, 2000

3. 배양서, 영어의 음성 • 음운 • 발음, 한신문화사, 1984

4. 신지영, 한국어의 말소리, ㈜박이정, 2014

5. 전영우, 표준 한국어발음사전, 민지사, 2007

6. 최성수, 항공기내방송 업무, 한올, 2017

7. 케빈 강, 윤훈관, 미국 영어와 영국 영어를 비교합니다, 사람 In, 2019

8. 허용, 김선정, 대조언어학, 소통, 2016

9. A. C. GIMSON, 영어 음성학개론(An Introduction to the Pronunciation of English), 신남철 역, 한신문화사, 1983

10. B. M. 로우, D. B. 레빈, 초보자를 위한 언어학개론(A Concise Introduction to Linguistics), 장영준, 유재기, 박명관 역, (주)시그마프레스, 2007

11. David Kosofsky, 한국식 영어의 허점과 오류(Common Problems in Korean English), (주)외국어연수사, 1989

12. In-flight Announcement, Korean Air, 2019

13. John Trim, 표준 영어 발음(English Pronunciation Illustrated), 이현복 역, 과학사, 1980

14. Wells & Colson, 음성학, 이론과 실제(Practical Phonetics), 이현복 역, 탐구당, 1982

15. 한국 민족문화 대백과, http://encykorea.aks.ac.kr

16. http://www.google.co.kr

17. http://www.naver.com

Worksheet Answer Keys

p126

6-1

- This is Korea Air flight ______ bound for ______ via ______.

  or

- This is Korea Air flight ______ bound for ______ via ______.

  or

- This is Korea Air flight ______ bound for ______ via ______.

6-2

- We will be departing shortly.

6-3

- Thank you for your cooperation.

p146

6-1

- We would like to welcome you on board Korea Air.

6-2

- Our cabin crew will be happy to assist you in any way we can.

  or

- Our cabin crew will be happy to assist you in any way we can.

p164

5-1

- The captain has turned off the seatbelt sign.

5-2

- We recommend that you keep your seatbelt fastened at all times.

or

- We recommend that you keep your seatbelt fastened at all times.

or

- We recommend that you keep your seatbelt fastened at all times.

5-3

- Smoking and the use of electronic cigarettes are against the law.

or

- Smoking and the use of electronic cigarettes are against the law.

p176

6-1

- We have started our duty free sales.

6-2

- You may purchase items now, or pre-order items for your return flight.

or

- You may purchase items now, or pre-order items for your return flight.

or

- You may purchase items now, or pre-order items for your return flight.

6-3

- Transit passengers should check with our cabin crew for any restrictions.

or

- Transit passengers should check with our cabin crew for any restrictions.

or

- Transit passengers should check with our cabin crew for any restrictions.

or

- Transit passengers should check with our cabin crew for any restrictions.

6-4

- For more information, refer to the in-flight catalogue in your seat pocket.

or

- For more information, refer to the in-flight catalogue in your seat pocket.

or

- For more information, refer to the in-flight catalogue in your seat pocket.

p195

6-1

- We are approaching _______ airport.

6-2

- Please return your seat, and tray table to the upright position.

or

- Please return your seat, and tray table to the upright position.

or

- Please return your seat, and tray table to the upright position.

6-3

- You must visit the quarantine center to undergo disinfection procedures.

or

- You must visit the quarantine center to undergo disinfection procedures.

6-4

- Information on affected areas can be found in your seat pocket.

or

- Information on affected areas can be found in your seat pocket.

or

- Information on affected areas can be found in your seat pocket.

or

- Information on affected areas can be found in your seat pocket.

6-5

- Please inform the quarantine center.

p204

4-1

- We will be landing shortly.

4-2

- Please fasten your seatbelt and close your window shades.

or

- Please fasten your seatbelt and close your window shades.

p219

5-1

- Please remain seated until the captain turns off the seatbelt sign.

or

- Please remain seated until the captain turns off the seatbelt sign.

5-2

- Be careful when opening the overhead bins as the contents may fall out.

or

- Be careful when opening the overhead bins as the contents may fall out.

5-3

- We hope to see you again soon.

p237

5-1

- We are continuing to experience turbulence.

5-2

- Please keep your seatbelt fastened and refrain from using the restrooms.

or

- Please keep your seatbelt fastened and refrain from using the restrooms.

5-3

- The seatbelt sign has been turned off.

p252

5-1

- We are waiting for some transit passengers to board.

5-2

- Our departure is being delayed.

p294

5-1

- A minor fire has broken out in the cabin, but now it is under control.

or

- A minor fire has broken out in the cabin, but now it is under control.